PEDAGOGIA

teoria, formação, profissão

PEDAGOGIA

teoria, formação, profissão

Selma Garrido Pimenta
José Leonardo Rolim de Lima Severo
(Orgs.)

1ª edição
2ª reimpressão

CORTEZ EDITORA

© Direitos para esta publicação exclusiva
CORTEZ EDITORA
Rua Monte Alegre, 1074 – Perdizes
05014-001 – São Paulo – SP
Tel.: (11) 3864-0111 Fax: (11) 3864-4290
cortez@cortezeditora.com.br
www.cortezeditora.com.br

Direção
José Xavier Cortez

Editor
Amir Piedade

Preparação
Alessandra Biral

Revisão
Alexandre Ricardo da Cunha
Rodrigo da Silva Lima
Tatiana Tanaka

Edição de Arte
Mauricio Rindeika Seolin

Capa
Vivian Lobenwein

Obra em conformidade ao
Novo Acordo Ortográfico da Língua Portuguesa

Dados Internacionais de Catalogação na Publicação (CIP)
(Câmara Brasileira do Livro, SP, Brasil)

Pedagogia: teoria, formação, profissão / organização Selma Garrido Pimenta, José Leonardo Rolim de Lima Severo. – 1. ed. – São Paulo: Cortez Editora, 2021.

Bibliografia.
ISBN 978-65-5555-108-2

1. Educação 2. Pedagogia 3. Professores – Formação profissional I. Pimenta, Selma Garrido. II. Severo, José Leonardo Rolim de Lima.

21-73286 CDD-370

Índices para catálogo sistemático:

1. Pedagogia : Educação 370

Aline Graziele Benitez – Bibliotecária – CRB-1/3129

Impresso no Brasil – fevereiro de 2024

Sumário

Introdução

As motivações que deram origem a este livro se situam na esteira de uma trajetória de interlocuções desenvolvidas pelos(as) organizadores(as) e autores(as) ao longo dos últimos anos, as quais têm sido reconhecidamente relevantes na composição de um quadro de referências para a reflexão crítico-propositiva sobre o estatuto científico e formativo da Pedagogia no Brasil. São traços que caracterizam essas interlocuções a defesa do caráter científico da Pedagogia e a de sua condição de saber especializado sobre Educação. Em consequência, enfocam o curso de Pedagogia como lócus de formação de pedagogos(as) com *status* profissional específico, dentro e fora das escolas, cujo perfil engloba saberes e habilidades necessárias para a ação educativa, visando o desenvolvimento humano e social sob finalidades emancipatórias.

Diferentemente de outros contextos internacionais em que o estatuto científico e formativo da Pedagogia constitui-se em um tema de vigorosa produção acadêmica, nota-se, no Brasil, uma lacuna de materiais que tracem um registro sistemático e atualizado das questões que, ao longo do tempo, provocam o debate sobre a identidade da Pedagogia como campo epistêmico e de profissionalização de educadores(as). A principal contribuição de produções com um caráter esquemático dedicadas a essa finalidade é a organização e divulgação de repertório teórico-metodológico que delimite o âmbito epistemológico e gnosiológico dos campos científicos, refletindo estruturas de conformação interna desses campos que, por sua vez, expressam sua matriz identitária, aspecto fundamental no processo de consolidação acadêmica do espaço da Pedagogia em nosso país.

Historicamente, esse espaço é objeto de tensionamento sob diferentes abordagens epistemológicas acerca do saber pedagógico; ora representado como arte, ora como técnica ou tecnologia aplicada, ora como ciência, em suas diferentes acepções. O fato é que, embora vários(as) autores(as) tenham investido reflexões que subsidiam um debate teoricamente consistente e rigoroso sobre a Pedagogia no Brasil – os(as) principais deles(as) colaboram com este livro –, persistem, nas tradições acadêmicas e políticas de formação docente em vigência, formas de representação que desconfiguram sua condição de ciência da e para a Educação. Essas formas de representação se expressam em discursos que reservam à Pedagogia o lugar de tecnologia das Ciências Humanas e Sociais aplicada ao ensino, de saber da experiência docente, de prescrições metodológicas sobre o fazer educativo, entre outras.

A negação da natureza científica e da autonomia disciplinar da Pedagogia tem implicado, em face dessas e de outras representações, a perda de sentido de unidade na relação entre teoria e prática em Educação, visto que predominam, na base destas, concepções de ciência que rejeitam a prática como contexto de produção teórica, silenciam epistemes que se deslocam do discurso cientificista e destituem a dimensão investigativa da profissão pedagógica. Tais consequências exibem, claramente, os reflexos da lógica moderna de configuração da ciência, a qual opera com a divisão entre pensamento e ação, conhecimento e experiência, sujeito e objeto gnosiológico. Parece ser compreensível que, em um quadro de referências sustentado pela lógica de ciência moderna, a Pedagogia ou se configuraria como uma tecnologia prescritiva da prática, com forte apelo normatizador, ou nem sequer ocuparia espaço como campo de conhecimento produzido por meio de atividade investigativa sistemática, metódica e intencional.

Desse modo, a proposição, o aprofundamento e a divulgação acadêmica do estatuto de cientificidade da Pedagogia são processos que respondem a desafios que, cada vez mais, ocupam as reflexões sobre as bases que estruturam a pesquisa, a formação e a prática educativa em um contexto histórico perpassado pela desvalorização da investigação científica, pela institucionalização do senso comum educativo no âmbito do próprio Estado, pela negação da dimensão crítico-reflexiva na formação de educadores(as), entre outras problemáticas. De forma oportunista, o neoliberalismo vigente como cultura econômica e política no cenário global corrobora com o apagamento da Pedagogia como ciência da e para a prática educativa quando as políticas sociais destinadas à Educação obstruem a capacidade de criação intelectual e ação transformadora dos(as) educadores(as), desautorizando saberes e perspectivas crítico-reflexivas em nome da adoção de modelos neoeficientistas de gestão de formação e do trabalho docente.

A Base Nacional Comum para Formação de Professores da Educação Básica (BNC-Professores), documento homologado pelo Conselho Nacional de Educação em dezembro de 2019, normatiza uma orientação formativa que retrocede na compreensão sobre a especificidade do campo epistemológico e formativo da Pedagogia. Ao não utilizar a nomenclatura de Pedagogia para os cursos superiores de formação de professores(as) para a Educação Infantil e Anos Iniciais do Ensino Fundamental, e sem qualquer referência à natureza do "pedagógico", o documento privilegia um enfoque neoeficientista de competências que se impõe à perspectiva crítico-progressiva da Ciência da Educação, sugestionando, em especial, que esses cursos podem, simplesmente, receber outras denominações, o que levaria à extinção do curso de Pedagogia na forma pela qual o conhecemos, reeditando a experiência dos Cursos Normais Superiores.

Este livro reúne textos que, assumindo a problematização epistemológica da Pedagogia como fio condutor permanente, apostam no princípio de que a práxis transformadora da sociedade requer um saber pedagógico cientificamente estruturado, politicamente engajado e sensível às novas circunstâncias que cercam os fenômenos da formação humana na contemporaneidade, de modo a capturá-las criticamente e mediar processos de aprendizagem que gerem impactos individuais e coletivos. Trata-se de um saber pedagógico destinado ao trabalho de interpretação e construção de mediações que tornem possível o trabalho de educadores(as) em diferentes territórios, no diálogo com os sujeitos e saberes que os constituem, com vistas a um ideal emancipador.

Apostamos, como autores e autoras implicados na formação, na pesquisa e/ou na gestão pedagógica, que um olhar da Pedagogia, como campo epistêmico, em torno dela mesma, pode provocar a emergência de questoes que, assumidas em uma agenda ampla e coletiva de estudos nos cursos de graduação e pós-graduação, em grupos de pesquisa dedicados às questões educacionais, bem como nos contextos de prática profissional de pedagogos(as), podem favorecer o resgate e fortalecimento da discussão acerca da identidade desse campo, do curso e do(a) profissional que nele se insere.

De modo particular, justifica a necessidade desse empreendimento colaborativo o esvaziamento da discussão sobre a Pedagogia no próprio curso de Pedagogia e, também, na formação de pesquisadores(as) em nível de pós-graduação em Educação. Se entendemos que o sentido da unidade entre teoria e prática em Educação se constrói sob uma ciência que tome a prática não como simples elemento figurativo, mas como contexto e critério de relevância para produção de conhecimento, parece ser fundamental a afirmação da Pedagogia como um campo de referências teórico-metodológicas específicas. No diálogo com outros campos científicos, a Pedagogia produz um saber genuíno da e para a prática: o saber pedagógico; irredutível a qualquer dimensão ou aspecto específico capturado por outras ciências, porque é complexo, e amalgamado na própria situação prática que lhe deu origem, porque é orientado para as transformações necessárias.

Este livro pretende aportar elementos que possibilitem a deflagração dessa agenda em nosso país, considerando-a urgente em face, de um lado, do predomínio de perspectivas neoeficientistas, e, de outro, da progressiva perda de *status* acadêmico da Pedagogia. Além da problematização epistemológica, cujas abordagens mantêm vários pontos de aproximação, mas também especificidades que as diferenciam, os textos convergem para o entendimento de que a profissão de pedagogo(a) possui um significado que se associa a uma expertise composta por saberes e práticas específicas; decorre de um movimento histórico que inspira novas possibilidades de inserção laboral, dentro e fora das escolas; e mobiliza-se pela defesa do princípio ético-político de educar para superar estruturas que atualizam sistemas de negação da condição humana.

Em seu conjunto, os textos percorrem um caminho de síntese e proposição de temas organizados em duas interfaces que, embora estejam conectadas, referem-se a aspectos tratados com maior ênfase em cada uma delas: a interface epistêmico-conceitual e a interface prático-formativa do campo da Pedagogia. A primeira contempla temas relativos a natureza, método e escopo disciplinar da Pedagogia e a segunda incorpora temas sobre saberes e modos de ação que caracterizam os espaços de atuação profissional de pedagogos(as), além da trajetória e dos desafios do curso de Pedagogia no Brasil. Ao reunirem referências atualizadas para situar o debate contemporâneo sobre o(s) espaço(s) e movimento(s) da Pedagogia, os textos apontam dilemas e tensões de um campo atravessado por lógicas em disputa, dentro e fora da esfera acadêmica, contribuindo para a formulação de respostas a questões que continuam em aberto ao longo de mais de oito décadas de existência do curso no Brasil, como: por que uma teoria da Pedagogia para o curso que se denomina como Pedagogia? Quais as relações entre a Pedagogia e as Ciências Humanas e Sociais que se inserem no campo educacional? Qual a finalidade formativa do curso de Pedagogia? Que saberes e práticas compõem o perfil de pedagogos(as) que atuam dentro e fora das escolas?

Na tentativa de posicionar referências que permitem derivar alguns encaminhamentos às questões, os textos possibilitam que sejam extraídas contribuições para uma iniciativa que adquire especial relevância: a formulação do escopo temático para um componente curricular de caráter introdutório ao campo teórico-profissional da Pedagogia, nos moldes do que, em outros cursos de graduação, inspiraria denominações a exemplo de "Introdução à Pedagogia". Como um espaço-tempo no currículo dedicado a estudos sistemáticos sobre a identidade da Pedagogia e as trajetórias de construção de seu espaço acadêmico e profissional, especialmente no Brasil, um dispositivo curricular com esse caráter colaboraria com a ruptura do silenciamento do curso em relação a temas que não são, geralmente, abordados por outros componentes, por mais que devessem transversalizar toda a estrutura do currículo, conferindo-lhe um contexto epistemológico para pensar o saber, a formação e a prática que levam, em sua classificação, o qualitativo "pedagógico".

Esperamos que os diálogos que estruturam o livro obtenham ressonância nas salas de aula dos cursos de Pedagogia e de pós-graduação em Educação, nas escolas e em outros espaços educativos, ampliando as vozes que farão ecoar a compreensão de que a Pedagogia é fundamentalmente necessária na construção de processos civilizatórios orientados para a emancipação social; que o curso de Pedagogia necessita se consolidar como lócus de formação de pedagogos(as) cientificamente instrumentalizados(as) e politicamente engajados(as).

Selma Garrido Pimenta

José Leonardo Rolim de Lima Severo

Capítulo I

Profissão de pedagogo(a) e a escola pública

Celestino Alves da Silva Junior

"Direito não é mercadoria, embora em nossa forma de organização social a propriedade da mercadoria possa ser protegida como um direito superior ao próprio direito à vida. Direito é o conceito central para quem vê a educação como fator de construção da humanidade de todos e de cada um [...] O discurso pedagógico, para ser validado como tal, terá que se pautar necessariamente pela lógica do direito à educação"

(Celestino Alves da Silva Junior)[1]

1 SILVA JUNIOR, Celestino Alves da. Prefácio. *In*: SILVESTRE, Magali Aparecida; PINTO, Umberto de Andrade (orgs.). *Curso de pedagogia*: avanços e limites após as Diretrizes Curriculares Nacionais. São Paulo: Cortez Editora, 2017. p. 14.

1. Introdução

Na gramática da Educação brasileira, Pedagogia é adjetivo. Escrita como neste texto, com a inicial maiúscula para indicar seu caráter substantivo, essa disciplina ainda não se constitui em referência obrigatória no debate das grandes questões educacionais na sociedade brasileira.

Nas universidades, nas escolas e nas instâncias informais de discussão em que o debate possa se processar, a Pedagogia, entendida como um saber estruturado com vistas à objetividade, ou seja, como uma entidade acadêmica, não tem seu lugar assegurado à mesa de discussão e não tem também seus estudiosos credenciados como interlocutores necessários à garantia da qualidade da discussão pretendida.

A desconsideração acadêmica para com a Pedagogia no Brasil chega a atingir níveis surreais, de vez que ela também não costuma estar presente como componente curricular nem mesmo nos cursos que levam o seu nome. Historicamente, nenhuma das três grandes regulamentações pelas quais o curso passou desde sua proposição inicial em 1939 e nenhum dos documentos de Diretrizes Curriculares que lhes sucederam até aqui se preocuparam em indicar a relevância da construção de um campo de conhecimento chamado Pedagogia em nosso país. Por inadvertência, inapetência ou incompetência, chegou-se a um consenso singular: para alguém se tornar pedagogo ou pedagoga no Brasil não é necessário saber Pedagogia.

Do consenso partimos, sem o perceber ou sem o contestar, para o que podemos chamar de efeito dominó perverso: como não é necessário saber Pedagogia, então não é necessário estudar Pedagogia; como não é necessário estudar Pedagogia, então não é necessário ensinar Pedagogia; como não é necessário ensinar Pedagogia, então não é necessário elaborar nem desenvolver uma agenda de pesquisas sobre questões pedagógicas.

Ausente do próprio curso, a Pedagogia também não se faz presente nos demais cursos destinados à formação de professores. As Licenciaturas estão formalmente obrigadas à reserva de um espaço curricular às chamadas – "disciplinas pedagógicas". Tais disciplinas devem ser agregadas ao espaço maior reservado para as disciplinas "de conteúdo", aquelas que consubstanciam a identidade da Licenciatura e dos professores e professoras que ela formará. No linguajar do senso comum pedagógico e em sua lógica elementar, cristalizou-se, ao longo do tempo, o entendimento de que "conteúdo" se refere à substância, à essência e à materialidade, enquanto o "pedagógico" ou a "pedagógica" referem-se à forma, à aparência ou, pior ainda, à formalidade.

Adjetivos são eventuais e podem ser desnecessários ou até contraproducentes. Sua utilidade, bem como sua utilização, poderão ser levadas em conta (ou não) em função de sua contribuição potencial para a valorização do substantivo, ou seja, daquilo que realmente importa.

Subestimada e mal acomodada nos currículos de graduação, a Pedagogia se defronta com circunstâncias e condições ainda piores nos domínios da pós-graduação. Entre os 23 Grupos de Trabalho (GTs) em que a Associação Nacional de Pós-Graduação e Pesquisa em Educação (Anped) se estrutura, nenhum deles tem a Pedagogia como seu objeto de estudo referencial. Nas tabelas das Áreas de Conhecimento da Coordenação de Aperfeiçoamento de Pessoal de Nível Superior (Capes) e do Conselho Nacional de Desenvolvimento Científico e Tecnológico (CNPq) a Pedagogia ainda não conquistou também seu espaço.

Segundo a Capes, uma área de conhecimento corresponde a um "conjunto de conhecimentos inter-relacionados, coletivamente construído, reunido segundo a natureza do objeto de investigação com finalidades de ensino, pesquisa e aplicações práticas" (BRASIL, 2020). Do ponto de vista das agências de fomento à pesquisa, em princípio, nenhum obstáculo se colocaria à inclusão da Pedagogia na Grande Área das Ciências Humanas, em que pesem as conhecidas controvérsias sobre seu padrão de cientificidade. A Tabela das Áreas de Conhecimento, ainda segundo a Capes, "tem finalidade eminentemente prática" (BRASIL, 2020) e não se circunscreve às áreas de conhecimento científico, em sentido estrito. Se assim fosse, nela não haveria lugar também para as Artes e a Literatura, assim como para a própria Filosofia.

Diriam alguns (ou muitos...) que a Pedagogia não estaria, a rigor, ausente da Tabela de Áreas de Conhecimento, mas, sim, presente, subsumida ou subjacente à área da Educação. Tal como nos cursos de graduação, a Pedagogia não precisaria ser nomeada para ser reconhecida. A transcendência da Educação seria sempre explicável pela imanência da Pedagogia em seu interior. Fonte de significados, a Pedagogia poderia dispensar a explicação do próprio significado.

Tão intrigante quanto a ausência da Pedagogia em uma tabela oficial de áreas de conhecimento se constitui para mim a presença da Educação nessa mesma tabela. Conforme afirmei em outro trabalho (SILVA JUNIOR, 2016), a Educação é um processo social, um objeto social a ser estudado, e não, propriamente, uma área de conhecimento. Empiricamente é isso o que costuma ocorrer com subáreas constantes da própria Tabela Capes, como a História da Educação e a Sociologia da Educação, por exemplo. Nos termos atuais, configura-se um paradoxo: a Educação pode ser e é estudada em termos filosóficos, históricos, sociológicos ou mesmo econômicos, mas não pode ser e não é significativamente estudada em termos propriamente pedagógicos.

É evidente que ninguém está formalmente proibido de tratar as questões pedagógicas em linguagem pedagógica. Mas aí nos defrontamos com outro problema prático: a fragilidade teórica e política do chamado discurso pedagógico. Fragmentado e ambivalente, nosso discurso, quando ensaiado, costuma ser presa fácil de outros discursos institucionais consolidados e valorizados, como o discurso econômico (ou economicista), por exemplo. Jargões e expressões típicos da economia capitalista penetraram o debate educacional a tal ponto que a própria linguagem pedagógica não encontra espaço para sua manifestação. Não é difícil localizar no ambiente acadêmico exemplos de manifestações reiteradas de minimização do sentido das práticas pedagógicas e de desqualificação de princípios e valores pedagógicos. A linguagem pedagógica é apontada como irrelevante por seus adversários por se referir, segundo eles, a fatos e questões também irrelevantes.

Gérard Fourez, filósofo da ciência, lembra, a propósito, que a comunidade científica é uma comunidade de classe média e, como tal, propensa "a identificar-se com os 'interesses da sociedade' tal como eles são definidos pelos grupos privilegiados ou pelos grupos dominantes" (FOUREZ, 1995, p. 97). Subalternizada no campo acadêmico, a Pedagogia terá que elevar sua voz para que ela seja ouvida e analisada em todos os fóruns de discussão das questões educacionais. Para isso, precisa ir além das tentativas de ressignificação de conceitos usuais. Precisa construir seus próprios conceitos, elaborar a estrutura teórico-conceitual em que se apoiará o desenvolvimento de seu discurso analítico-crítico. O pedagogo profissional terá que dominar a linguagem de seu campo de trabalho.

2. Sobre trabalho e profissão: a especificidade do trabalho pedagógico

Três referências de consideração obrigatória distinguem o trabalho pedagógico de outras formas de trabalho social sob o capitalismo. Trata-se de um trabalho vivo, no sentido clássico do termo (trabalho realizado por pessoas, não por máquinas, ainda que possa ser auxiliado por elas); de um trabalho autoral (realizado por pessoas que decidem sobre como ele será feito) e de um trabalho relacional (realizado por pessoas em interação). A inobservância de qualquer uma dessas condições constituirá uma violência contra a natureza do trabalho pedagógico. Em sentido inverso, a observância e o respeito a essas condições assegurarão a autonomia do trabalho pedagógico e da instituição em que ele se desenvolve.

Embora não se realize exclusivamente nelas, é nas escolas que a autonomia do trabalho pedagógico consubstancia a autonomia da própria instituição. A autonomia da escola tem ainda como pressuposto a elaboração de seu projeto pedagógico próprio, resultante do trabalho coletivo de seus professores.

A autonomia de um trabalhador - de qualquer trabalhador - sob o capitalismo é, no entanto, quase impensável. Não importa que a natureza do trabalho implique seu controle pelo trabalhador. Não importa nem mesmo que a desqualificação do trabalhador implique a desqualificação do próprio trabalho e de seu produto presumível. Importa que o trabalho seja obrigatoriamente subordinado às determinações do capital. A hegemonia atual do capital financeiro se encarrega de desnaturalizar o trabalho. Não importa a especificidade do modo de fazer, nem a da coisa ser feita. Importa a rentabilidade que ela vai gerar. É tão fácil quanto doloroso perceber, consequentemente, as agruras do trabalho pedagógico sob o capitalismo.

A impiedade intrínseca ao capitalismo financeiro é incompatível com a essência do fenômeno e do processo educacional. A pergunta fundamental de Suchodolski ["será possível - e, em caso afirmativo, por que meios - passar dos princípios válidos em todo lugar e sempre aos princípios válidos para a ação num dado lugar e num momento preciso?" (SUCHODOLSKI, 1992, p. 121)] não tem como ser respondida em meio a condições de existência material degradantes da pessoa humana. O ideal pedagógico da formação do ser humano pelo ser humano, ou seja, da construção da humanidade de todos e de cada um, só encontrará condições de materialização em tempos e lugares em que o princípio universal da dignidade da pessoa humana se constituir de fato no norte da ação solidária entre todas as pessoas. Lógica e materialmente, não há como conciliar o princípio educacional da solidariedade com o postulado comercial da competitividade.

Escrevi há bastante tempo que "se a educação é, em seu significado mais profundo, incompatível com os valores da sociedade capitalista, ela também o é com as formas de administração que essa sociedade gerou" (SILVA JUNIOR, 1986, p. 76). Quando as formas de administração genérico empresariais em uso nas sociedades capitalistas são autoritárias ou sub-repticiamente impostas ao trabalho pedagógico uma dupla dificuldade tem de ser enfrentada:

a. a redução ou a perda total da autonomia do trabalho pedagógico perante as hierarquias gerenciais a que será submetido;
b. a pretensa cientificidade dos critérios e valores da administração empresarial que legitimariam seu direito a pautar, controlar e avaliar as ações, os projetos, a sistemática e os instrumentos de trabalho que os trabalhadores do campo pedagógico deverão implantar e desenvolver. A "ciência do trabalho dos outros" (BRAVERMAN, 1974) está instalada em nossas escolas.

Na sociedade capitalista contemporânea trabalhadores são sempre "os outros", ou seja, aqueles a quem compete apenas realizar o trabalho, sem a pretensão ou a possibilidade de decidir sobre a finalidade, o conteúdo e a forma do trabalho. Para a pessoa do trabalhador, "trabalho abstrato" não significa trabalho intelectualmente projetado e realizado no plano imaterial. Significa, simplesmente, a abstração da pessoa do trabalhador dos processos decisórios sobre o trabalho a ser realizado.

Da pessoa do trabalhador comum, espera-se apenas que se mantenha ocupada com seu trabalho. De sua ocupação, dependerão diretamente sua sobrevivência material e a de sua família. Do trabalhador "qualificado", espera-se também que ele realize seu trabalho de acordo com os requisitos socialmente admitidos para sua profissão. O trabalhador "profissional" estaria, assim, autorizado a realizar seu trabalho segundo suas convicções, regras e conveniências.

Ocupação e profissão constituem ainda hoje as referências básicas de uma vasta literatura internacional originária da Sociologia do Trabalho e da Sociologia das Organizações sobre critérios e requisitos típicos de um e de outro modo de realização do trabalho. A autonomia, ainda que relativa, da profissão e a subordinação absoluta da ocupação aproximam conceitualmente a ideia de profissão da ideia de profissão liberal, ou seja, um profissional é mais que um simples trabalhador. Consequentemente, é socialmente aceitável que a renda gerada pelo trabalho do segundo seja potencialmente menor que a renda gerada pelo trabalho do primeiro.

No caso do trabalho pedagógico, no entanto, é necessário atentar para outra referência sobre a qual a também vasta literatura sobre formação de educadores não costuma se debruçar mais detalhadamente. Professores, diretores, coordenadores ou supervisores, os chamados "profissionais da educação", desenvolvem seu trabalho nas escolas na condição de trabalhadores assalariados. O profissional liberal, em sentido estrito, gerencia o próprio trabalho, o que significa estabelecer o tempo, o momento e as condições em que ele será desenvolvido. E significa também – e principalmente – estipular a remuneração pretendida para realizá-lo.

Evidentemente, as situações lembradas anteriormente não estão presentes no cotidiano de trabalho das escolas. A profissão genérica de pedagogo, quando vier a se constituir, ou a profissão específica de professor, já reconhecida como tal, não dispõem ou disporão desses atributos funcionais. Conceitos associados ao de profissão, como os de profissionalismo e de profissionalidade, precisam ser examinados à luz da especificidade do trabalho pedagógico e da variedade das condições para sua realização em nossas escolas.

Profissionalismo implica o compromisso pessoal de fazer bem o que deve ser feito. O que deve ser feito, por sua vez, é aquilo que foi estabelecido pelo projeto pedagógico da escola, fruto do trabalho coletivo de todos os trabalhadores que a integram e que com ele se comprometeram pela via de sua consciência profissional.

Profissionalidade refere-se ao modo de exercício da profissão, ao seu conteúdo identitário. Relaciona-se com o que distingue uma profissão em relação às demais. O trabalho pedagógico é um trabalho técnico-científico, ou seja, para realizá-lo é desejável que o trabalhador disponha de uma formação de nível universitário, o que, em tese, contribuiria para a elevação do estatuto social da profissão.

Nos tempos atuais, de hegemonia do "rentismo" e de apologia do "empreendedorismo", as ideias de trabalho e de profissão parecem mais próximas e mais permeáveis entre si. A redução da distância entre elas não se deve, porém, a uma eventual valorização do trabalho e do trabalhador, mas a uma perda relativa do *status* das profissões. Ser portador de um título universitário não assegura necessariamente o acesso a um posto de trabalho compatível com as características e as expectativas geradas pela formação realizada. Ainda que em menor escala, no entanto, a formação universitária continua a pautar as relações de trabalho e a influenciar os padrões de remuneração. O profissional tem a seu favor o respaldo social historicamente acumulado sobre sua profissão. Empenha-se, por essa razão, em observar e legitimar as normas estabelecidas por sua corporação, entre elas as que dizem respeito ao poder de intervenção sobre os processos de formação de novos profissionais.

Ironicamente, os profissionais da formação, como são os professores e pedagogos em geral, não dispõem, eles mesmos, dos atributos especiais assegurados aos profissionais que o trabalho pedagógico se encarrega de formar. Apesar de sua longa história, professores e demais trabalhadores da Educação Básica não constituem uma categoria profissional semelhante em termos de direitos e garantias a categorias consolidadas como, por exemplo, as dos médicos, engenheiros e advogados. Como tal, não dispõem do poder de intervenção ou de certificação sobre a formação de seus novos companheiros de trabalho.

Enquanto o Conselho Federal de Medicina ou a Ordem dos Advogados do Brasil, também, por exemplo, regulam o acesso e o exercício profissional de seus membros e restringem a condição de Conselheiro apenas aos profissionais da área, órgãos como o Conselho Nacional de Educação e os respectivos Conselhos Estaduais e Municipais têm sua composição subordinada ao jogo dos interesses políticos e econômicos em que a crueza do capital e não a nobreza do trabalho determina efetivamente os critérios de representação. Na área da Educação o que os conselhos se propõem a representar são os "interesses da sociedade", tal como Fourez (1995) os conceitua. Neles não se incluem, necessariamente, os interesses dos próprios educadores.

Como não poderia deixar de ser, pressupõe-se que decisões de um Conselho de Educação sejam sempre tecnicamente recomendáveis, além de moralmente saudáveis. Por definição, conselhos são órgãos de assessoria, e conselheiros, também por definição, são sempre pessoas socialmente responsáveis. Mas é também necessário examinar os critérios de representação que disponibilizam o acesso das pessoas consideradas respeitáveis à condição de Conselheiros.

Uma norma de aparente bom senso – o equilíbrio numérico da relação público-privado – apresenta-se como o ponto de partida nos processos de composição e recomposição dos mandatos. Instâncias inalienáveis da vida em sociedade e componentes obrigatórias dos sistemas escolares, a esfera pública e a esfera privada simbolizariam, em princípio, os interesses e as necessidades em discussão. Mas as coisas não são tão simples. Pessoas respeitáveis podem estar vinculadas concomitantemente a instituições públicas e privadas e elas próprias, além de outras pessoas igualmente respeitáveis, podem argumentar aleatoriamente com teorias e conceitos educacionais de modo a produzir justificativas aparentes para suas indicações. Definida a composição de um Conselho, seus integrantes pautarão suas manifestações formais e informais por suas próprias convicções, pelos interesses que conduziram a sua indicação, ou ainda pelas relações pessoais geradas pela própria dinâmica do Conselho. Quando os registros históricos das decisões e determinações dos Conselhos de Educação no Brasil são examinados à luz do rigor da pesquisa acadêmica, o que, lamentavelmente, se constata é a prevalência continuada dos interesses privados sobre as necessidades do bem comum.

Quem se dispuser a examinar a relação nominal dos atuais membros do Conselho Nacional de Educação vai encontrar não o equilíbrio numérico entre representantes do setor público e do setor privado, mas a predominância absoluta deste sobre aquele. Entidades patronais e conglomerados empresariais, assim como organismos internacionais, são facilmente associáveis aos nomes da maioria absoluta dos conselheiros e das conselheiras. Alguns exemplos: Todos pela Educação; Instituto Ayrton Senna; Movimento pela Base; Abril Educação; Kroton Educacional; Ser Educacional; Associação Brasileira de Mantenedoras de Ensino Superior; Fórum das Entidades Representativas do Ensino Superior Particular; Associação Nacional das Universidades Particulares, entre vários outros.

Um estudo recente de Olinda Evangelista, Letícia Fierra e Mauro Titton (2019) demonstra detalhadamente como a superposição de relações no interior do CNE desempenhou papel decisivo na aprovação das novas Diretrizes Curriculares para a Formação de Professores para a Educação Básica. Esse é apenas o caso mais recente, no momento em que escrevo, de uma deformação que, a rigor, remonta ao próprio momento de implantação do CNE e de seus correspondentes estaduais e municipais na estrutura da Educação brasileira. Destes, o CEE de São Paulo constitui a réplica quase perfeita do CNE, em razão do impacto econômico de suas resoluções.

O Pedagogo profissional, ou seja, o especialista em Pedagogia, não encontrará quando vier a se constituir como tal o respaldo institucional de uma categoria estruturada em órgãos de representação de amplitude nacional, estadual ou local. Diferentemente da Psicologia ou do Direito, por exemplo, a Pedagogia, como campo de conhecimento, não será considerada suficiente, nem indispensável para estipular os critérios e as prerrogativas do exercício profissional de seus especialistas. Dedicado à formação de educadores, o Pedagogo será sempre, como eles, também um Educador e continuará a enfrentar como eles o preconceito introjetado na dinâmica social, segundo o qual, "a educação é uma coisa muito importante para ser deixada nas mãos dos educadores".

O preconceito latente é a chave para a disseminação e a assimilação da crença de que o controle do trabalho pedagógico não deve ser prerrogativa dos educadores, sejam professores, sejam pedagogos em sentido amplo. A autonomia do professor, da escola e do próprio processo educacional atinge hoje no Brasil o paroxismo da rejeição quase total. Gestores de sistemas ou de unidades escolares devem providenciar a compra dos "sistemas estruturados" que empresas de produção de materiais escolares disponibilizam ao mercado educacional para determinar o modo de trabalho dos professores e os conteúdos a serem trabalhados. Avaliações externas dos resultados dos alunos em provas padronizadas dirão depois se os professores "trabalharam bem" ou não. Se os resultados não forem bons, a explicação já estará configurada: a formação dos professores é precária. E a responsabilidade será atribuída aos próprios professores sem que se traga à discussão o fato de que 80% dos educadores em exercício na Educação Básica são formados em universidades e faculdades do setor privado.

A profissão de pedagogo, se for possível e desejável diferenciá-la da profissão de professor, terá de enfrentar em seu nascedouro questões teórico-políticas que deveriam ter estado presentes nas lutas pela afirmação dos professores como categoria profissional e que, exatamente por não terem sido enunciadas nem consideradas, terminaram por fragilizar a compreensão pública da especificidade e das necessidades do trabalho pedagógico.

Saviani responde singela e sucintamente à seguinte questão: "O que você entende por pedagogo?": "O pedagogo, literalmente, é o especialista em Pedagogia". E prossegue, perguntando e respondendo objetivamente aos desdobramentos da questão: "E o que é Pedagogia? É teoria da educação. Ora, educação é uma atividade prática. Portanto, a Pedagogia é uma teoria da prática: a teoria da prática educativa". Acrescenta ainda, entre outras considerações: "A Pedagogia é, pois, uma teoria que se estrutura em função da ação, ou seja, é elaborada em função de exigências práticas, interessada na execução da ação e nos seus resultados". Mais à frente aponta outra distinção fundamental: "Mas, se toda Pedagogia é teoria da educação, nem toda teoria da educação é Pedagogia" (SAVIANI, 2010, p. 231).

Em outro contexto, mas contemplando a mesma perspectiva, Wilfred Carr havia dito que "uma teoria da educação não é teoria, 'sobre a educação', mas sim teoria, 'para a Educação', incluindo um compromisso com as metas de ilustração e potenciação profissional que supõe inevitavelmente a compreensão reflexiva da Educação" (CARR, 1995, p. 15).

Preocupações e posições como as expressas pelos grandes teóricos passam a quilômetros de distância institucional das pautas habituais de nossos Conselhos e Conselheiros de Educação. Deslindar a natureza do ato educativo para avaliar a validade das ações praticadas em seu nome não se inscreve, certamente, entre suas tarefas cotidianas. Não será nas instâncias oficiais que os atuais e os futuros pedagogos encontrarão respostas para as perguntas relativas à sua afirmação profissional. Por isso, tenho escrito com frequência que a primeira e principal tarefa do pedagogo no Brasil é "fazer Pedagogia", ou seja, fazer avançar o conhecimento existente sobre a Pedagogia em nosso país, identificar e sistematizar os valores, conceitos e pressupostos básicos sobre os quais se apoia o cotidiano de nossas escolas e demais instituições educativas.

Inserir a Pedagogia em nosso ambiente acadêmico como campo de conhecimento a ser desenvolvido obrigatoriamente em cooperação com nossos companheiros de trabalho da Educação Básica será outra difícil tarefa a ser enfrentada. Na própria área de Educação de nossas universidades, as reticências e o desinteresse pelo trabalho conjunto não serão muito menores que aquelas e aqueles procedentes de outras áreas próximas como, por exemplo, a Filosofia e as Ciências Sociais. Como já assinalei aqui, minimizar o sentido das práticas pedagógicas e desqualificar valores e princípios pedagógicos ainda se constituem em procedimentos recorrentes na grande área das Ciências Humanas em nosso país.

Reinstaurar a problemática da Pedagogia em nosso ambiente acadêmico significa, em síntese, promover uma interrogação sistemática sobre o sentido da realidade educacional com base em teorias e conceitos próprios da linguagem pedagógica. Boa formação em pesquisa e uma grande disposição de ânimo serão necessárias para o sucesso da tarefa.

3. Sobre Pedagogia e Licenciatura: a objetividade do saber pedagógico

Desconsiderada ou até mesmo hostilizada no ambiente acadêmico brasileiro, a Pedagogia segue seu percurso histórico no panorama da cultura universal. E o saldo é positivo, segundo Franco Cambi (1999, p. 402), um de seus principais estudiosos, para quem o que ocorreu foi o fortalecimento do saber pedagógico:

> [...] emancipou-se claramente da metafísica; articulou-se em torno de uma série cada vez mais ampla e complexa de conhecimentos científicos; regulou-se em seu próprio interior pela reflexão filosófica; interligou-se fortemente com o político e o ideológico; assumiu o aspecto de um saber plural em seu próprio interior (filosofia e ciência, teoria e práxis).

Não é difícil concordar com Cambi quando se examina objetiva e desapaixonadamente a construção histórica do saber pedagógico. Da Antiguidade Clássica até nossos dias, duas ideias-força se projetaram e se consolidaram no tempo histórico: a ideia do pedagogo, como o acompanhante que conduz a criança à escola, estimulando-a e controlando-a para que não se desvie de seu itinerário, e a ideia da *paideia*, que postula a formação do homem por sua inserção orgânica na cultura. Com Sócrates e sua rica experiência, chega-se à figura dos "mestres de verdade", ponto de partida da figura do educador, tal como a concebemos hoje. Com Platão, os pedagogos alcançam o patamar dos filósofos-educadores, pensadores aos quais competem delinear os fins e fundamentar os processos da ação educativa.

Por meio da reflexão estética e filosófica, o conceito inicial da *paideia* amplia-se e se consubstancia na ideia da Pedagogia como teorização autônoma da Educação. A figura pessoal do pedagogo identifica-se com a figura histórica da Pedagogia, campo do saber humano que lhe caberá praticar e desenvolver. Não se tratará mais de conduzir à cultura, mas de intervir criticamente sobre ela, questionando seus pressupostos e suas determinações. A cultura da escola, instituída e consolidada no mundo ocidental, será necessariamente uma cultura seletiva. Caberá à Pedagogia definir os critérios da seleção da qual a escola terá que se valer. Será sempre preciso identificar no imensurável mundo da ação humana quais realizações do espírito humano merecem ser projetadas para além do momento histórico em se manifestaram.

O desenvolvimento da Pedagogia como uma teoria autônoma destinada a tornar rigoroso o tratamento das questões educacionais encontraria inevitavelmente objeções e confrontos nas sociedades capitalistas ocidentais, como a brasileira. A expressão econômica dos atuais "negócios da educação" e a subordinação interessada de grande parte da chamada "comunidade acadêmica" aos movimentos do capital explicam em boa medida as dificuldades da Pedagogia e dos pedagogos para a construção de seu reconhecimento acadêmico. As redundantes e inconclusivas discussões sobre a "cientificidade" (ou não) da Pedagogia constituem momento obrigatório desse movimento. Por razões políticas e econômicas, e não necessariamente científicas, o passaporte da cientificidade constitui documento necessário para o trânsito livre nos territórios da vida acadêmica. Sua ausência ou sua certificação provisória constituem argumento contrário considerado inquestionável nas disputas pelo poder na vida institucional e na própria vida social. Já se disse, com razão à luz dos fatos, que a Pedagogia está incluída nos campos pobres do território acadêmico. E o poder, como aprendemos, é uma prerrogativa dos que conseguem se instalar nos campos nobres.

Bacharelados e Licenciaturas constituem a expressão curricular da "nobreza" e da "pobreza" acadêmica na grande área das Ciências Humanas e nos espaços de profissionalização das instituições que se dedicam ao seu desenvolvimento. Bacharelados muitas vezes se realizam em tempo integral, Licenciaturas quase sempre em tempo parcial e muitas vezes no período noturno. Bacharelados conduzem a profissões liberais, Licenciaturas encaminham apenas ao trabalho assalariado nas escolas de Educação Básica. Nesse sentido, embora certamente não tenha sido essa a intenção dos que propugnaram por um bacharelado em Pedagogia para diferenciá-lo da Licenciatura, voltada ao ensino, aqueles que assim o fizeram estariam contribuindo, ainda que inadvertidamente, para certo "enobrecimento" da Pedagogia como campo de conhecimento. Ela não seria apenas um saber instrumento de trabalho destinado ao favorecimento da apropriação do significado de outros campos de conhecimento. Seria também distinguida com a condição de saber objeto de trabalho precedida pela condição edificante de seu reconhecimento como saber objeto de estudo, ou seja, como entidade legítima do mundo acadêmico.

A condição de Licenciatura atribuída ao curso de Pedagogia por suas atuais Diretrizes Curriculares não impede a promoção da Pedagogia à condição de objeto de estudo prioritário e indispensável. Afinal, são os coordenadores e professores dos cursos de Pedagogia que não a incluem entre os conteúdos programáticos obrigatórios para seus alunos, e não as Diretrizes Curriculares. Uma Pedagogia apenas "bacharelesca", desvinculada das questões do ensino e da escola, seria uma Pedagogia desligada de sua história e de sua tradição.

Disse certa vez Saviani (1991, p. 15) sobre a escola:

> Esta aparece inicialmente como manifestação secundária e derivada de processos educativos mais gerais, mas vai se transformando lentamente ao longo da História até erigir-se na forma principal e dominante de educação.

Assinala a seguir o autor que essa passagem coincide com a etapa histórica em que as relações sociais passaram a prevalecer sobre as condições naturais, estabelecendo-se, por consequência, o primado do mundo da cultura e a prevalência do saber metódico, sistemático sobre o saber espontâneo. Como resultado final, a especificidade da Educação passa a ser determinada pela forma escolar (SAVIANI, 1991).

A Pedagogia e sua história poderiam, certamente, ser estudadas em um curso de bacharelado, mas nada impede que elas sejam incluídas entre as disciplinas ou conteúdos fundamentais de formação dos pedagogos, em sentido amplo, e dos professores dos diferentes componentes curriculares da Educação Básica. Essa inclusão se fará indispensável no desenvolvimento da proposta de profissionalização do pedagogo.

Severino assinala que se espera do profissional formado pela Universidade que domine "o acervo de conhecimentos científicos relativos a seu campo de trabalho"; que domine também "um conjunto de habilidades técnicas adequadas à sua ação interventiva sobre a natureza e sobre a própria sociedade", e que desenvolva ainda "uma sensibilidade a valores culturais necessários para inserir-se ética e politicamente em sua sociedade histórica" (SEVERINO, 2017, p. 32).

Para o futuro pedagogo profissional a grandiosidade dessas três exigências ainda não será suficiente. Ser-lhe-á necessária também a capacidade para demonstrar que seu domínio teórico fundamental, a Pedagogia, não se esgota nos limites convencionais do conhecimento científico, embora se disponha a recolhê-lo e articulá-lo em favor do desvelamento da complexidade do fenômeno educacional.

Clermont Gauthier e col. (1998, p. 394) talvez possam auxiliar os futuros profissionais da Pedagogia com a síntese que apresentam sobre ela:

> O que propomos aqui, e aquilo que defendemos, é a constituição de uma teoria da Pedagogia, isto é, uma construção conceitual que integraria dimensões especulativas e empíricas, que estaria preocupada ao mesmo tempo com os elementos primordiais da tradição pedagógica, com os saberes oriundos das ciências da educação e com os saberes essenciais oriundos do encontro entre os práticos e os pesquisadores [...]. A síntese é seguida por uma advertência, essencial em nosso caso: "sem tal esforço de teorização, o magistério não poderá se profissionalizar e a Pedagogia não poderá tornar-se um espaço de encontro vivo e libertador".

Comprometer-se com um objeto de estudo significa levar em consideração dois pressupostos epistemológicos subjacentes à sua escolha:

a) o objeto determina o método;
b) a disciplina determina o objeto.

É preciso identificar o sentido de um objeto para poder acompanhar seu movimento e é também preciso localizar o objeto em suas relações com outros objetos para poder identificar esse movimento. Por isso as disciplinas científicas são necessárias, embora possam não ser suficientes. Como escrevi anteriormente, "precisamos de entidades que *disciplinem* o movimento dos objetos no interior das totalidades em que emergem, que classifiquem suas semelhanças ou diferenças com outros objetos" (SILVA JUNIOR, 2016, p. 17 [Grifos do autor]).

A própria noção de objetividade precisa também ser referenciada. Para Gramsci (1978), objetivo significa sempre "humanamente objetivo", expressão que corresponde a "historicamente subjetivo". Como decorrência final, objetivo corresponderia a "universal subjetivo". Ou seja, objetividade não é o oposto de subjetividade e impessoalidade ou neutralidade não são as marcas do conhecimento científico. Objetividade é o que resulta da confluência das ações dos sujeitos da história. Não é predeterminada, mas construída como um ponto de convergência dos resultados das múltiplas pesquisas teórico-práticas da humanidade. Podemos dizer, em palavras mais simples, sem com isso desrespeitar o rigor da linguagem gramsciana, que objetividade é aquilo sobre o que a humanidade já se acertou. E inferir, temporariamente, que a humanidade ou, pelo menos, aquela parte dela radicada no Brasil, ainda não se acertou sobre a importância e o significado da Pedagogia como campo de conhecimento indispensável à revisão teórico-crítica da Educação brasileira.

4. Sobre democracia e escola pública: a obrigatoriedade do compromisso político-pedagógico

Em 1983, Dermeval Saviani reuniu em seu livro *Escola e democracia* três artigos publicados isoladamente entre 1981 e 1982. Também preparou especialmente para o livro o texto "Onze teses sobre educação e política", que corresponderia a uma síntese formal da discussão desenvolvida nos textos anteriores. "As teorias da educação e o problema da marginalidade na América Latina" foi o título do artigo inicial, publicado em 1982 pela revista *Cadernos de Pesquisa*. "Escola e democracia I" e "Escola e democracia II", os artigos seguintes, reproduzem os textos: "Escola e democracia ou a teoria da curvatura da vara" e "Escola e democracia: para além da teoria da curvatura da vara", publicados anteriormente pela *Revista Ande*, em 1981 e 1982, respectivamente.

O livro logo se transformou em um sucesso editorial, tornando-se, a rigor, um "clássico" da literatura pedagógica brasileira, com reedições sucessivas até nossos dias. Para encaminhar a conclusão de nossa discussão aqui, vale rememorar algumas passagens dos textos que, apesar do tempo transcorrido, poderiam ser lidas como referências para a análise de questões atuais da Educação brasileira.

A Tese 11, que encerra o artigo e o próprio livro, foi enunciada assim: "A função política da Educação se cumpre na medida em que ela se realiza como prática especificamente pedagógica". A terceira Tese da Teoria da Curvatura da Vara, de caráter especificamente político, é enunciada assim pelo autor (SAVIANI, 1983, p. 30):

> De como, quando mais se falou em democracia no interior da escola, menos democrática foi a escola; e de como, quando menos se falou em democracia, mais a escola esteve articulada com a construção de uma ordem democrática.

A terceira Tese opera como derivação das duas primeiras, consideradas suas premissas. A primeira (tese filosófico-histórica) é enunciada assim: "do caráter revolucionário da pedagogia da essência e do caráter reacionário da pedagogia da existência". A segunda é a Tese chamada pelo autor de pedagógico-metodológica e assim enunciada: "do caráter científico do método tradicional e do caráter pseudocientífico dos métodos novos" (SAVIANI, 1983).

Quem se deparar hoje com esses enunciados logo perceberá, como os estudiosos da época, as intenções polêmicas do autor, explicitadas por ele na análise dos textos. Ontem, como hoje, era e é necessário incentivar e sustentar o debate acadêmico na área de Educação, tornar público o debate, romper com o "bom-mocismo" intelectual que circunscreve o debate aos circuitos internos da universidade, e deixar de lado o sorriso descrente e lamentoso como única forma de marcar posição.

Na argumentação em que expõe e defende suas teses, Saviani (1983, p. 80) afirma, entre muitas outras passagens relevantes:

> Se é razoável supor que não se ensina democracia através de práticas pedagógicas antidemocráticas, nem por isso se deve inferir que a

democratização das relações internas à escola é condição suficiente de democratização da sociedade.

Poucos anos depois, em 1988, a Constituição da República Federativa do Brasil iria estabelecer, em seu art. 206, o princípio da "gestão democrática do ensino público, na forma da lei". A formulação apareceria detalhada em seguida no art. 3º da Lei de Diretrizes e Bases da Educação Nacional, em 1996: "gestão democrática do ensino público, na forma desta Lei e da legislação dos sistemas de ensino". Os mesmos documentos legais estabeleceram também o princípio da Educação como "direito público subjetivo".

Nem todos os analistas da Constituição e da LDB se deram conta, porém, da limitação inerente à formulação do princípio da gestão democrática e de suas significativas implicações:

a) Se o princípio não possui aplicação universal, tratar-se-ia, efetivamente, de um princípio?
b) Se as escolas privadas estão dispensadas da observância da gestão democrática em suas relações internas, a democracia seria, efetivamente, uma dimensão inerente à vida das escolas?

A segunda pergunta conduz a uma reflexão ainda pouco explorada pela literatura educacional em geral e pela literatura da área de formação de professores, em especial.

Embora Cambi (1999) tenha destacado a tensão entre os polos da Conformação e da Emancipação que atravessam o percurso da Pedagogia desde a Modernidade até nossos dias e Saviani tenha demonstrado a necessidade e a possibilidade de superação da antinomia entre a Pedagogia da Essência e a Pedagogia da Existência, as diferenças essenciais entre escolas públicas e escolas privadas não costumam ser consideradas na vasta literatura internacional e na crescente literatura nacional sobre formação de educadores e de professores. Ao contrário, as escolas são tratadas genericamente, sem referência à origem e à responsabilidade social de sua constituição e de sua manutenção. Do "gênero" escola emergiriam circunstancialmente as espécies "escola pública" e "escola privada". Por isso, as diferenças entre elas seriam também meramente circunstanciais.

Outra seria a percepção dos fatos e de seu significado se os analistas do discurso pedagógico se reportassem à grande problemática filosófico-científica da relação público-privado e a associassem à discussão sobre a escola e a Pedagogia. Perceberiam, até com facilidade, que uma escola do poder público é substancialmente, e não apenas, circunstancialmente diferente de uma escola do setor privado. Termos recorrentes no discurso pedagógico, a "privatização do público" e o "segredo de Estado" expressam a interpenetração dos dois mundos e apontam para a hegemonia atual quase absoluta do privado sobre o público no encaminhamento das questões educacionais. No território inóspito para os direitos civis e sociais da sociedade capitalista brasileira atual, a lógica do mercado educacional empenha-se no aniquilamento da lógica do direito à Educação.

Instituir a escola pública como objeto de estudo obrigatório nos cursos de Licenciatura, entre eles o de Pedagogia, e nos programas e disciplinas de pós-graduação em Educação pode ser a resposta inicial a perguntas também obrigatórias: "Que Faculdade implantará um Departamento de Pedagogia em sua estrutura departamental?"; "Que Universidade criará o Programa de Pós-Graduação pioneiro em Pedagogia?"; "Quando a Capes e o CNPq incluirão a Pedagogia em suas tabelas de áreas de conhecimento?"; "Quando, enfim, a profissão de Pedagogo se tornará teoricamente consistente e politicamente sustentável?"

Gauthier (1998) encaminha seus leitores para uma reflexão "sobre a pertinência de uma analogia entre o juiz e o professor", indicando que "tal como o juiz, o professor deve ser prudente". O exercício proposto é interessante e alguns pontos de contato podem ser assinalados, assim como pontos incontornáveis de divergência são reconhecidos. A prudência, além de virtude inquestionável, é também comportamento recomendável. Ela poderia ser o guia para a construção de uma "jurisprudência pedagógica", constituída pela análise e a sistematização das decisões dos professores em sala de aula e dos demais profissionais da Educação nas instâncias da escola.

Gauthier (1998) propõe apenas um exercício retórico, pois sabe que, diferentemente do campo jurídico, em que as sentenças dos juízes são necessariamente escritas e publicadas, as manifestações dos professores se dão no plano verbal e se diluem no universo particular da sala de aula. Se pudessem se tornar públicas, as decisões dos professores seriam uma fonte poderosa para a elaboração do saber pedagógico originário da experiência. Mas temos, de qualquer forma, a possibilidade de ouvir os relatos correspondentes às ações e decisões dos profissionais da Educação e de construir com eles (os educadores e seus relatos) as estruturas teórico-conceituais de um campo de conhecimento que não terá a força do poder jurídico-institucional, mas terá a respeitabilidade e a responsabilidade do suporte consistente à formação profissional.

Por razões práticas e políticas, a Pedagogia não está para o professor assim como o Direito está para o juiz. Mas, como no mundo jurídico, em que o Direito constitui o substrato teórico obrigatório para o exercício de diferentes funções judiciais – a Magistratura, a Procuradoria, o Ministério Público e a Advocacia –, também no mundo educacional o Magistério, a Coordenação Pedagógica, a Administração e a Supervisão Escolar poderão se beneficiar do domínio teórico que lhes é subjacente – a Pedagogia – para fortalecer a profissionalidade e o profissionalismo do trabalho pedagógico em suas múltiplas e variadas funções. Pessoalmente, espero que esse dia não demore a chegar.

Referências

BRASIL. FUNDAÇÃO COORDENAÇÃO DE APERFEIÇOAMENTO DE PESSOAL DE NÍVEL SUPERIOR. *Tabelas de áreas de conhecimento/avaliação*. 19 set. 2020. Disponível em: https://www.gov.br/capes/pt-br/centrais-de-conteudo/TabelaAreasConhecimento_072012_atualizada_2017_v2.pdf. Acesso em: mar. 2021.

BRAVERMAN, Harry. *Trabalho e capital monopolista*. Rio de Janeiro: Zahar, 1974.

CAMBI, Franco. *História da pedagogia*. São Paulo: Unesp, 1999.

CARR, Wilfred. *Una teoría para la educación*. Madrid: Ediciones Morata, 1996.

EVANGELISTA, Olinda; FIERA, Letícia; TITTON, Mauro. Diretrizes para a formação docente é aprovada na calada do dia: mais mercado. *In*: *Universidade à esquerda*. Disponível em: https://universidadeaesquerda.com.br/debate-diretrizes-para-formacao-docente-e-aprovada-na-calada-do-dia-mais-mercado/?fbclid=IwAR3FqN5ljzf1EGzT_D7rKGwuskhcw8uLL07i2WNfuGu-oKwkJr-3fpJ3QZQ. Acesso em: mar. 2021.

FOUREZ, Gérard. *A construção das ciências*. Tradução de Luiz Paulo Rouanet. São Paulo: Unesp, 1995.

GAUTHIER, Clermont; MARTINEAU, Stéphane; DESBIENS, JeanFrançois; MALO, Annie; SIMARD, Denis. *Por uma teoria da pedagogia*: pesquisas contemporâneas sobre o saber docente. Ijuí: Unijuí, 1998.

GRAMSCI, Antonio. *Concepção dialética da história*. 2. ed. Rio de Janeiro: Civilização Brasileira, 1978.

SAVIANI, Dermeval. *Escola e democracia*. São Paulo: Cortez Editora, 1983.

SAVIANI, Dermeval. *Interlocuções pedagógicas*. Campinas: Autores Associados, 2010.

SAVIANI, Dermeval. *Pedagogia histórico-crítica*: primeiras aproximações. São Paulo: Cortez Editora, 1991.

SEVERINO, Antônio Joaquim. *Filosofia na formação profissional*. São Paulo: Cartago, 2017.

SILVA JUNIOR, Celestino Alves da. A escola pública como objeto de estudo. *Revista Pesquisa Qualitativa*, São Paulo, v. 4, n. 4, p. 17-29, abr. 2016.

SILVA JUNIOR, Celestino Alves da. Organização do trabalho na escola: a prática existente e a teoria necessária. *Cadernos de Pesquisa*. São Paulo, v. 59, p. 73-76, nov. 1986.

SILVA JUNIOR, Celestino Alves da. Prefácio. *In*: SILVESTRE, Magali Aparecida; PINTO, Umberto de Andrade (orgs.). *Curso de pedagogia*: avanços e limites após as Diretrizes Curriculares Nacionais. São Paulo: Cortez Editora, 2017. p. 7-17.

SUCHODOLSKI, Bodgan. *A pedagogia e as grandes correntes filosóficas*. 4. ed. Lisboa: Livros Horizonte, 1992.

Capítulo II

A Pedagogia como lócus de formação profissional de educadores(as): desafios epistemológicos e curriculares

Selma Garrido Pimenta
Umberto de Andrade Pinto
José Leonardo Rolim de Lima Severo

"Há uma multidão de pessoas bem-intencionadas para pensar a Pedagogia (fora de si mesma), mas muito poucas para aceitar que o pedagogo pensa e se pensa. Ora, o pedagogo é um intelectual, desenvolve ideias em relação aos seus próprios atos, produz finalidade ligada aos atos. De certa maneira, o pedagogo recusa o especialista, reconhece o profissional e pratica o intelectual"

(Jean Houssaye)[2]

2 HOUSSAYE, Jean; SOËTARD, Michel; HAMELINE, Daniel; FABRE, Michel (orgs.). *Manifesto a favor dos pedagogos*. Porto Alegre: Artmed, 2004. p. 9-45.

1. Introdução

As discussões sobre o curso de Pedagogia como lócus de formação profissional revelam um apanhado de questões que foram emergindo e, ao mesmo tempo, ajudaram a configurar grande parte da agenda das políticas de formação docente no País. Problematizar as configurações formativas do curso partindo dos pontos de vista epistemológico e curricular implica reconhecer que o modo pelo qual a formação de pedagogos(as) se apresenta hoje, no que concerne às suas limitações e possibilidades, é o resultado de uma rede complexa de significados sobre as demandas atribuídas a esse curso e sobre sua identidade institucional como respostas a desafios históricos do contexto educacional brasileiro. Nesse contexto, tais respostas consolidaram, nas duas últimas décadas, o curso como uma Licenciatura para a formação de professores(as) das etapas iniciais da Educação Básica, diferentemente de outros países.

Em contextos internacionais, o curso de Pedagogia desenha-se em torno da formação de pesquisadores(as), gestores(as) e diversas tipificações de perfis profissionais que se inserem no campo amplo da Educação, estando a formação docente atribuída a outros cursos. Na Europa, e também na América Latina, nos países nos quais se faz presente, o curso segue uma tendência curricular que, em comparação ao modelo de cursos superiores brasileiros, o configuraria mais como um bacharelado. O debate sobre a natureza formativa do curso de Pedagogia como Licenciatura ou Bacharelado, em especial, tem sido deflagrado como alternativa para atender às necessidades de formação de pedagogos(as) para campos laborais que se atrelam a exigências formativas distintas daquelas para o magistério (PINTO, 2018).

Tendo como principal finalidade a formação inicial de professores(as) para a Educação Infantil e os anos iniciais do Ensino Fundamental, em acordo com as atuais Diretrizes Curriculares Nacionais para o Curso de Graduação em Pedagogia, Licenciatura (BRASIL, 2006), a Licenciatura em Pedagogia é objeto de críticas sobre a ausência de especificidades curriculares no tratamento da Educação como fenômeno muito mais amplo do que a docência nesses níveis iniciais de escolarização. Essas críticas denunciam o apagamento de temas que, embora articulados ao eixo da formação docente, se vinculam a um espectro mais amplo de processos que transcendem o agir docente em sala de aula, tanto na escola quanto em outros espaços educativos não escolares. Contemplar tais processos na formulação e no desenvolvimento curricular da formação inicial de pedagogos(as) exige uma ruptura de compreensão do que constitui a Pedagogia como campo de conhecimento, deslocando-a do sentido de tecnologia da ação docente para o sentido de Ciência da Educação.

No horizonte traçado por essas questões introdutórias, o objetivo deste texto é, partindo de uma abordagem sociopolítica e epistemológica, situar a especificidade do curso de Pedagogia como lócus efetivo de formação profissional de educadores(as), sinalizando eixos de organização curricular que, no quadro conceitual que mobilizamos, respondem ao desafio de correlacionar mais intrinsicamente a Pedagogia como campo de conhecimento e a Pedagogia como curso, tendo em vista o sentido humanizatório e emancipador das práticas sociais de Educação. O argumento central defende a necessidade de que o curso de Pedagogia se consubstancie a uma teoria da Pedagogia cientificamente referenciada e socialmente engajada para formar educadores(as) que deverão atuar em diferentes espaços.

Nesse sentido, cabe destacarmos que, embora a centralidade da abordagem gire em torno do curso de Pedagogia, é possível que as análises aqui empreendidas, tanto acerca do entendimento do campo do conhecimento pedagógico, quanto dos aspectos propostos em relação à estruturação desse curso, possam também contribuir com outros cursos que formam professores (Licenciaturas) ou mesmo profissionais que atuam em áreas de confluência com a Educação.

2. A Pedagogia e o humano: um saber engajado e instituinte da humanização

A Educação é uma atividade exclusiva do humano e ocorre entre os seres humanos, com dupla e simultânea finalidade de inserir os novos humanos na sociedade existente e, ao mesmo tempo, construí-los em sua subjetividade e colocá-los também em contato com o outro, os outros, possibilitando-os verem-se entre os outros, na relação entre o que é igual e diverso.

No dizer de Paulo Freire (1997, p. 1), "[...] não se pode encarar a educação a não ser como um que fazer humano [...] que ocorre no tempo e no espaço, entre os homens uns com os outros". Em nossa perspectiva, o sujeito a ser educado é o sujeito com capacidade de transformar a realidade em que vive e, para sê-lo, necessita conhecer criticamente as condições concretas de sua realidade, se apropriar dos instrumentos que lhe permitam compreender como foram produzidas as situações de des-humanização presentes na atualidade. A Educação praticada em diferentes espaços sociais necessita ser analisada em suas manifestações aparentes e implícitas, para que se explicite a gênese dessa des-humanização e como pode ser superada.

A Pedagogia é a ciência que tem esse papel: estudar a práxis educativa com vistas a equipar os sujeitos, profissionais da Educação, entre os quais o(a) professor(a), para promover as condições de uma Educação humanizadora. Seu objeto de estudo é a Educação nas várias modalidades em que se manifesta na prática social. Ao debruçar-se sobre o fenômeno educativo para compreendê-lo, amplia seu olhar, sua busca em outras ciências que também se debruçam sobre a complexidade do humano, síntese de múltiplas determinações. À Pedagogia compete investigar a natureza do fenômeno educativo, os conteúdos e os métodos da Educação, bem como seus procedimentos investigativos, com vistas a articular essa complexidade em busca do humano-humanizado e humanizador.

Quando incorpora a possibilidade de vincular-se ideologicamente à realidade educacional construindo-se como um saber engajado, em uma abordagem crítico-emancipatória, realça-se a práxis educativa como objeto da Pedagogia, em um movimento que integra intencionalidade e prática pedagógica; formação e emancipação do sujeito da práxis. Assim considerada, permite vislumbrar a construção de passarelas articuladoras entre as teorias educacionais e as práticas pedagógicas. Nessa perspectiva, revela-se como uma ação social de transformação e de orientação da práxis educativa da sociedade, desvelando as finalidades político/sociais presentes no interior da práxis e reorienta ações emancipatórias para sua transformação (FRANCO; LIBÂNEO; PIMENTA, 2007).

Nesse sentido, a Educação caracteriza-se como processo de formação das qualidades humanas, e a Pedagogia é a ciência que estuda esse processo. Constituída teoricamente em torno do fenômeno educacional, estuda o como processo em seus movimentos concretos, em sua historicidade, em suas contradições, na ação dos sujeitos, nos contextos onde ocorrem. E, ao fazê-lo, cientificamente se transforma como teoria engajada, enquanto oferece perspectivas para transformação do real. Assim, a Pedagogia como ciência orienta a práxis, na medida em que os conhecimentos (teóricos) produzidos nessa dialética são propositivos, se articulam aos modos de agir, ao mesmo tempo ressignificando-os e sendo por eles ressignificada.

A finalidade da Pedagogia é oferecer aos(às) educadores(as) perspectivas de análise para compreenderem a formação humana em contextos históricos, sociais, culturais, institucionais (incluindo de si mesmos) como profissionais, nas escolas ou em quaisquer outras modalidades ou espaços educativos nos quais se insiram para neles intervir, transformando os. Daí decorre ser fundamental o permanente exercício da crítica das condições materiais nas quais o exercício profissional ocorre e de como, nessas condições, é produzida a negação da aprendizagem emancipadora.

Na história da humanidade, percebemos que as sociedades de algum modo sempre desenvolveram práticas e formas para inserir as crianças e os jovens na cultura existente, em formas de sobrevivência física, de pensar o mundo e suas relações com a natureza, com o outro, suas origens, seus valores, a criar e a transformar a vida. Na gênese dessas formas, encontramos a escola como instituição social, que, a partir de finais do século XVIII, vem se configurando nos moldes como a conhecemos na contemporaneidade por meio dos sistemas públicos de ensino. Desde então, a escola tem uma finalidade específica que é a de assegurar a formação educativa escolar de todas as crianças, todos os jovens e adultos nas comunidades, regiões, de diferentes países.

No Brasil contemporâneo, sua trajetória mostra conquistas, como a ampliação do atendimento a quase todas as crianças e todos os jovens em idade escolar, ao mesmo tempo que evidencia enormes problemas, como a sonegação desse direito público, especialmente para os menos favorecidos. Por isso, o estudo dessa instituição situa-se como um dos principais fenômenos educativos a ser constituído no âmbito da ciência pedagógica, cujo sentido investigativo possibilita compreender suas raízes e seus determinantes, as causas histórico-político-sociais da sonegação ao direito de humanização no qual ela, a escola, desempenha papel central.

3. Identidade e pluralidade da Pedagogia

O debate em torno da Pedagogia como ciência continua em aberto e atual em diversos países, protagonizado por estudiosos(as) da área educacional. No Brasil, ele assume um papel imperativo à medida que temos o curso de Pedagogia com uma tradição que já ultrapassa oitenta anos, mas que atualmente descaracteriza a formação do(a) pedagogo(a) como profissional da Educação quando prioriza e se reduz à formação do(a) professor(a) dos Anos Iniciais da Educação Básica.

Uma vez que este estudo propõe contribuir com a proposta de alguns elementos estruturantes para a construção dos projetos pedagógicos (de cursos) que superem esse seu reducionismo a uma Licenciatura –, de modo que problematize a Pedagogia como campo de conhecimento e, ao mesmo tempo, garanta a formação profissional efetiva do(a) pedagogo(a) – discutiremos, a seguir, a especificidade da Pedagogia como ciência e, posteriormente, suas implicações na formação desse(a) profissional.

O objeto de estudo da Pedagogia é a Educação, fenômeno estritamente humano e multideterminado, como visto anteriormente. Isso lhe confere uma complexidade que a difere das outras Ciências Humanas, que, ao se debruçarem sobre a condição humana, nem sempre estão envolvidas diretamente com uma atividade também prática. De modo diferente, a Educação, embora seja estudada como evento que já ocorreu (daí a tradição dos estudos na área da história da Pedagogia/Educação), trata-se de um fenômeno pesquisado predominantemente enquanto se manifesta em diferentes contextos por quem o examina e, também, pelos agentes que dele próprio participam. Além dessa dimensão da pesquisa em seu sentido *stricto sensu*, a Pedagogia manifesta-se como ciência na atuação profissional dos(as) educadores(as) que mobilizam e articulam um conjunto de saberes de diferentes matrizes que orientam a prática pedagógica em situações específicas, nem todos diretamente procedentes do conhecimento científico. Essa peculiaridade dos fenômenos educativos é que faz da Pedagogia uma ciência de elevado grau de complexidade.

Esse complexo campo de conhecimentos da Pedagogia, em especial na contemporaneidade, é ainda fortemente marcado pelos avanços da intensa produção científica e tecnológica, de modo que a Educação, como objeto de estudo, é compartilhada por diferentes ciências que, com diferentes inserções, contribuem efetivamente para o seu caráter científico. Estamos aqui nos referindo às denominadas "Ciências da Educação".

Por um lado, do mesmo modo que a Pedagogia, as Ciências da Educação também têm sido objeto de debate em alguns países europeus no que se refere à sua constituição epistemológica. Em Portugal, país com o qual temos estabelecido um intenso intercâmbio acadêmico nas últimas décadas, além de serem oferecidas como um curso de graduação, vários(as) de seus(suas) pesquisadores(as) têm problematizado sua problemática epistemológica (AFONSO, 2013; AMADO; BOAVIDA, 2008; CARVALHO, 1994).

Por outro lado – e contraditoriamente –, se a Pedagogia é questionada no que se refere à sua cientificidade, o questionamento em torno das Ciências da Educação refere-se a sua legitimidade identitária como um campo científico unitário no tratamento prático das questões educacionais. De fato, se a Pedagogia historicamente foi entendida mais como uma arte do que como uma ciência por envolver uma atividade prática, as Ciências da Educação, ao se constituírem como tal para tratar cientificamente das questões educacionais, tendem mais a um tratamento analítico das questões educacionais, do que, na verdade, responderem diretamente a uma intervenção na prática pedagógica.

Assim, um dos grandes desafios das Ciências da Educação é tratar do fenômeno educativo sob os diferentes aportes de cada uma dessas ciências, dialogando organicamente com os demais saberes mobilizados no tratamento prático desse fenômeno. Frequentemente, o que ocorre é cada uma dessas ciências se aproximar do fenômeno educativo separadamente, a partir do seu referencial teórico e metodológico, de modo que a problemática em torno do referido fenômeno fica sempre parcialmente abordada (PIMENTA, 2010).

Dessa forma, em vez de as abordagens de cada um dos problemas educacionais ser objeto de análise a partir das contribuições da Sociologia da Educação, da Psicologia da Educação, da História da Educação, entre outras, comumente ele é tratado por uma dessas ciências que o analisa circunscrito, exclusivamente, no âmbito de sua ciência-mãe.

Nesse sentido, compartilhamos do argumento de Wachowicz (2009, p. 9) de que o conhecimento para ser libertador necessita voltar-se ao problema que motivou sua produção.

> Tratamos de um processo muito complexo, o qual dividimos em partes para melhor compreendê-lo, sem esquecer jamais que as partes pertencem a um todo. E nesse conjunto o que mais importa compreender é a

> relação que se estabelece entre as partes, não as mesmas em si. Já sabemos que um todo não é a soma das partes, mas apresenta-se diferente a cada momento em que as relações mudam entre as partes.

Essa visão de totalidade no que se refere à abordagem dos problemas educacionais está presente no conceito de Pedagogia como ciência prática, desenvolvido por Schmied-Kowarzik (1988), e se alinha com a defesa da Educação articulada à emancipação da condição humana.

Cabe destacarmos, já de início, que, ao apregoarmos a Pedagogia como ciência prática, é em uma perspectiva radicalmente oposta aos princípios que fundamentam as políticas públicas hegemônicas na área de formação de educadores(as) no Brasil, que proclamam um praticismo nos limites da racionalidade técnica, como se a prática pedagógica pudesse ser prescrita.

De modo oposto, a implementação de uma Pedagogia emancipadora deve se articular a uma abordagem dialética das relações entre Educação e Sociedade. Nesse sentido, Severino afirma que não podem ser desconsiderados alguns elementos fundamentais na apreensão, na descrição e na interpretação dos fenômenos educacionais submetidos a uma abordagem epistêmica dialética. Entre outros elementos, ele (2001, p. 19) destaca que

> [...] um conhecimento sobre a educação que se pretenda rigoroso e científico não pode deixar de levar em consideração as forças de opressão e de dominação que atuam na rede das relações sociais, que faz da sociedade humana uma sociedade política, hierarquizada e atravessada pelo poder da dominação. Todo conhecimento que tem a ver com a educação não pode deixar de enfrentar, de modo temático explícito, a questão do poder, elemento que marca incisivamente toda expressão concreta da existência humana.

O referido autor diferencia o campo de conhecimento das Ciências Humanas (Psicologia, Antropologia, entre outros) do campo da Ciência da Educação justamente na praxidade de seu objeto.

Segundo Severino (2001, p. 17), "[...] quando entramos no campo da ciência da educação, impõe-se agregar outro elemento do olhar científico, que possa dar conta [...] do caráter eminentemente práxico da educação".

E por que caráter práxico e não caráter prático da Educação? Ao empregarmos a expressão "práxico", identificamos a potência da Educação como uma atividade prática carregada de uma intenção (teoria) transformadora da realidade. Essa expressão advém do conceito de práxis desenvolvido por Marx e Engels.

Em duas das suas teses sobre Feuerbach, esses autores (1979, p. 12) afirmam que:

> A questão de saber se cabe ao pensamento humano uma verdade objetiva não é uma questão teórica, mas prática. É na práxis que o homem deve demonstrar a verdade, isto é, a realidade e o poder, o caráter terreno de seu pensamento [...]. A doutrina materialista sobre a alteração das circunstâncias e da educação esquece que as circunstâncias são alteradas pelos homens e que o próprio educador deve ser educado [...]. A coincidência da modificação das circunstâncias com a atividade humana ou alteração de si próprio só pode ser apreendida e compreendida racionalmente como práxis revolucionária.

Assim, o conceito de práxis está intimamente vinculado à prática, uma vez que esta é a referência para a transformação da realidade – não uma prática qualquer, mas, sim, uma prática carregada de intencionalidade, como expressão do caráter terreno do pensamento.

Para Marx (*apud* VÁZQUEZ, 1968), não basta conhecer e interpretar o mundo de diferentes maneiras, o que importa é transformá-lo. Em *Filosofia da práxis*, Vázquez (1968, p. 117) afirma que

> [...] a relação teoria e práxis é para Marx teórica e prática; prática, na medida em que a teoria, como guia da ação, molda a atividade do homem, particularmente a atividade revolucionária; teórica, na medida em que essa relação é consciente.

Vázquez (1968, p. 185) diferencia práxis de atividade, argumentando que "[...] toda práxis é atividade, mas nem toda atividade é práxis". Reside aí o caráter práxico da Educação identificado por Severino (2001). Desse modo, a Educação, como atividade humana intencional, não é uma atividade qualquer, mas, sim, uma atividade prática saturada de teoria.

Diferentemente de outras atividades humanas orientadas por uma referência teórica de senso comum, e aí podemos falar de práticas educativas informais (não intencionais), a Educação (intencional) tem uma referência teórica de cunho investigativo-filosófico (ciência-ética).

Nessa mesma perspectiva, Saviani (2011, p. 6) contribui com a distinção entre a Pedagogia e as Ciências da Educação ao tratar dos conceitos de ideias educacionais e ideias pedagógicas. Ele emprega a expressão "ideias educacionais" para referir-se àquelas concepções que se reportam à Educação a partir da análise do fenômeno educativo, trabalho este desenvolvido tanto pelas Ciências da Educação quanto pela Filosofia da Educação. Por outro lado, segundo Saviani (2011, p. 6), as ideias pedagógicas incorporam

> [...] as ideias educacionais, não em si mesmas, mas na forma como se encarnam no movimento real de educação, orientando e, mais do que isso, constituindo a própria substância da prática educativa.

Assim, podemos igualar esse conceito de ideias pedagógicas ao de teorias pedagógicas, mas não ao de teorias educacionais. Essas últimas são teorias "sobre" a Educação, e não são necessariamente teorias pedagógicas. Assim, Saviani (2008, p. 258) reserva o termo "pedagógica" à ideia da prática educativa, tanto que acaba por concluir que

> [...] se toda Pedagogia é teoria da educação, nem toda teoria da educação é Pedagogia [...] o conceito de Pedagogia se reporta a uma teoria que se estrutura a partir e em função da prática educativa.

Nessa mesma abordagem epistemológica, Pinto (2011) busca ampliar o entendimento da Pedagogia como ciência prática a partir das contribuições de Libâneo (2010), Pimenta (1996) e Franco (2008). O autor identifica a Pedagogia "como campo de conhecimento sobre e na educação". Campo de conhecimento, pois não se trata apenas de teorias científicas, na medida em que a prática educativa envolve outras formas e tipos de conhecimento (senso comum, estética, ética/política, empiria, religioso, entre outros). Assim, a Pedagogia constitui-se por uma abordagem pluricognitiva ao ser expressão desses diferentes tipos e formas de conhecimento.

Entretanto, ao mesmo tempo, a Pedagogia constitui-se por uma abordagem transdisciplinar dos fenômenos educativos ao articular e sintetizar a produção científica das diferentes Ciências da Educação, tanto das clássicas (Psicologia, Sociologia, História e Filosofia), quanto daquelas que ainda estão construindo um espaço acadêmico na área de Educação (Biologia, Antropologia, Neurociências, entre outras), mas muito têm contribuído com o avanço nos estudos educacionais nos últimos tempos.

Por outro lado, a Pedagogia constitui-se como campo de conhecimento "na" Educação ao materializar-se nas práticas educativas que estão em movimento, que estão acontecendo; e "sobre" a Educação, por teorizar, sistematizar, rever e ampliar as práticas educativas já experimentadas historicamente.

Assim, podemos associar o conceito de teoria pedagógica, conforme Saviani (2008), com o conhecimento pedagógico produzido "sobre" e "na" Educação. Dessa forma, por teorias pedagógicas, identificamos o conhecimento produzido historicamente na área de Educação a partir da sistematização de práticas educativas já vivenciadas, assim como aquele conjunto de saberes mobilizados no âmago da ação educativa ainda em movimento.

Nessa mesma direção, Franco, Libâneo e Pimenta (2011, p. 65) identificam a práxis educativa como objeto de estudo da Pedagogia, advogando o entendimento de práxis como transformação e criação, na medida em que atribui um novo sentido à condição humana articulado a uma concepção de mundo. Daí sintetizarem uma nova dimensão conceitual à Pedagogia. Para os autores:

> A práxis educativa, objeto da ciência pedagógica, caracteriza-se, assim, pela ação intencional e reflexiva de sua prática. Ela é distinta de outras práticas sociais, que até podem funcionar, em certos momentos, como práticas educativas, mas que prescindem dessas condições e que, por não serem organizadas intencionalmente, não serão objeto de estudo da Pedagogia, apesar de estarem incluídas no contexto amplo da Educação. A práxis educativa ocorre prioritariamente em locus formais, especialmente na escola, mas não exclusivamente, pois ocorre na família, pode acontecer no trabalho, nos processos de comunicação social, entre muitos, onde houver uma intencionalidade a se concretizar, permeada por um processo reflexivo de fins e meios.

Neste texto, defendemos que tal intencionalidade das práticas educativas deve estar também presente nos projetos pedagógicos dos cursos de formação dos diferentes profissionais de nível superior, em especial, nos cursos de Pedagogia. Nesses cursos, mais ainda do que ter clareza da intenção na formação do(a) pedagogo(a), urge discutir exatamente esse sentido epistemológico da própria Pedagogia como ciência.

A partir dessa compreensão da Pedagogia como ciência prática, cabe então questionarmos: que tipo de abordagem deve ter um currículo do curso de Pedagogia? Em uma sentença, poderíamos dizer que sua centralidade deve ocorrer em torno das práticas pedagógicas em diferentes cenários de atuação profissional do(a) pedagogo(a).

Tradicionalmente, o currículo dos cursos de Pedagogia é dividido entre as disciplinas teóricas e as disciplinas práticas, com certa tendência de essas últimas serem oferecidas mais ao final do curso; assim como os espaços de atuação profissional entrarem em cena somente no momento do Estágio Supervisionado. Essas dicotomias reproduzem a mesma situação existente em outros cursos de nível superior, que comumente acabam por ser identificados – em especial nas instituições de Ensino Superior públicas – como cursos muito teóricos. Em relação a essa crítica, devemos questionar que tipo de teoria é desenvolvido nesses cursos. O que se espera da teoria é que ela dialogue com a realidade do campo de atuação profissional.

No caso dos cursos de Pedagogia que se propõem a formar educadores(as) para trabalharem na Educação Pública em diferentes espaços, o que se espera das teorias que serão desenvolvidas em seu currículo é que contribuam para que seus alunos consigam compreender a realidade das instituições educacionais públicas do País, desde os aspectos mais amplos – como a organização histórica e pedagógica do sistema educacional brasileiro – até os aspectos mais específicos, como a constituição social e cultural de determinada comunidade próxima de onde a instituição formadora está inserida. Assim sendo, as aulas de História de Educação, de Sociologia da Educação e mesmo de Filosofia da Educação devem contribuir com a leitura dessa realidade, o que se efetiva com a pesquisa do real (PIMENTA; LIMA, 2017).

Nessa direção, a dicotomia teoria *versus* prática desfaz-se. As Ciências da Educação - que na tradição dos cursos de Licenciatura no Brasil são identificadas como disciplinas de Fundamentos da Educação - passam a desenvolver teorias que dialogam com a realidade educacional brasileira, quando mobilizadas pelos(as) pedagogos(as) para compreenderem os fenômenos e transformá-los, ou seja, em sua práxis. Com isso, não queremos deixar de reconhecer que determinadas disciplinas tendem a apresentar uma abordagem mais teórica do que outras, o que não seria um problema, desde que elas não se percam em estudos teóricos que se desconectem da realidade. Em um curso de Pedagogia, isso não pode acontecer. Em uma graduação de Filosofia, por exemplo, é de se esperar que muito das teorias estudadas não estabeleça relação imediata com a realidade, mas em um curso de Pedagogia, cujo objeto de estudo é a Educação, isso não pode ocorrer.

Toda a teoria aí desenvolvida deve dialogar diretamente, ou mesmo indiretamente, com a realidade educacional. Daí a defesa da Pedagogia como ciência prática. Assim, na organização curricular do curso, as teorias educacionais devem ser desenvolvidas em constante diálogo e referência às teorias pedagógicas, lembrando, como visto anteriormente, que as teorias educacionais não devem ser estudadas isoladas em si mesmas, mas, sim, no modo como se materializam nas práticas (teorias) pedagógicas.

É importante destacarmos, nesse sentido, que as Ciências da Educação não se opõem à Pedagogia. Elas não devem ser contrapostas, mas, sim, entendidas em uma perspectiva de complementaridade, uma vez que as primeiras auxiliam na constituição científica da segunda.

Diferentemente da ideia prescritiva de um roteiro preestabelecido para a ação do(a) educador(a), o que se propõe é que as atividades curriculares do curso de Pedagogia direcionem o(a) futuro(a) pedagogo(a) a observar um contexto de atuação profissional, de modo que compreenda os elementos que explicam a especificidade dessa determinada situação educacional, de modo a ampliar a leitura dessa situação por meio de um intenso exercício analítico propiciado pelas teorias educacionais e pedagógicas. Entretanto, para analisar uma determinada situação educacional, os alunos do curso devem ter um repertório teórico que, de forma espiral, vá crescendo ao longo das aulas, ao longo do curso.

Daí o papel nuclear no interior do curso que o Estágio Supervisionado deve assumir, rompendo com a tradição de uma unidade curricular isolada das demais unidades curriculares do curso e sob a responsabilidade de um único professor formador. Assim, o Estágio Supervisionado deve ocupar um lugar central e articulador no projeto pedagógico do curso (PIMENTA; LIMA, 2017), de modo que todo o corpo docente se envolva com ele, seja em relação aos temas e/ou disciplinas mais voltadas(os) às teorias educacionais, ou em relação aos temas e/ou disciplinas mais voltadas(os) às teorias pedagógicas.

Com o objetivo de traduzir a argumentação epistemológica e as proposituras formativas desenvolvidas ao longo deste texto em possibilidades orientadoras da organização e do desenvolvimento do currículo do curso de Pedagogia, a seguir serão apresentados eixos curriculares estruturantes que, como síntese das possibilidades traçadas neste texto, apontam para uma formação de pedagogos(as) consubstanciada em uma concepção de Pedagogia como ciência.

4. Eixos estruturantes para um curso de Pedagogia

Os elementos teóricos mobilizados no debate sobre o reconhecimento da natureza científica da Pedagogia, manifestada na práxis que (re)cria saberes e práticas de formação humana em diferentes contextos sociais, permitem derivar questões sobre finalidades e formas de organização curricular para o curso de Pedagogia na tentativa de alinhá-lo a eixos estruturantes que traduzam a complexidade do campo pedagógico. Essa complexidade se refere, antes de tudo, ao caráter multirreferencial da base de conhecimentos que organiza o curso de Pedagogia e à pluralidade de cenários e estratégias de trabalho pedagógico em espaços escolares e não escolares. Isso faz que o curso incorpore atribuições que se espraiam na formação de um(a) profissional com amplo espectro de possibilidades de atuação.

O modo pelo qual tal complexidade é compreendida incide em formas diversas de representar os objetos formativos do curso de Pedagogia e os delineamentos metodológicos que caracterizam um currículo de formação inicial de pedagogos(as). Pressupõe-se, portanto, que propostas de organização curricular para o curso de Pedagogia não podem prescindir de uma estruturação teórico-metodológica inscrita no quadro de elementos conceituais do debate sobre a própria Pedagogia como campo de conhecimento. É, portanto, imprescindível que todos os cursos de Pedagogia contemplem a Pedagogia.

Sobre esse paradoxo em relação aos cursos de Pedagogia no Brasil não discutirem a própria Pedagogia, vale o alerta do professor Silva Junior (2019, p. 6), quando afirma que:

> Como todos sabemos, o curso de Pedagogia não costuma olhar para si mesmo, o que explica o fato de ainda não ter percebido que a Pedagogia como disciplina acadêmica nunca teve espaço reservado em seu interior. Essa situação surreal poderá se tornar a antecedente de outra situação ainda mais surreal: se um dia a organização curricular por disciplinas for abandonada, a disciplina Pedagogia não será afetada, não porque terá sido preservada, mas porque jamais foi considerada.

Assim, defendemos que o curso de Pedagogia estude ela mesma como uma disciplina, um saber disciplinar estruturante e integrador de todo o projeto pedagógico dos cursos, contemplando seu desenvolvimento histórico como ciência e suas diferentes perspectivas conceituais, em uma dimensão intrínseca dos processos formativos do(a) futuro(a) pedagogo(a).

No Brasil, produções acadêmicas dedicadas ao debate epistemológico da Pedagogia e suas implicações na configuração da formação de pedagogos(as) (PIMENTA, 1996; FRANCO, 2008; FRANCO; LIBÂNEO; PIMENTA, 2007; LIBÂNEO, 2010; PIMENTA, 2010; PINTO, 2011) revelam-se atravessadas pela busca permanente de elucidação de seu estatuto científico e dos riscos de seu apagamento acadêmico e social quando da recorrente tentativa de imprimir tendências neotecnicistas e eficientistas que a restringem, como campo e como curso, ao universo dos fazeres relativos à instrução. Tais tendências acentuam uma dimensão tecnológica da Pedagogia que, dissociada da reflexão sobre o sentido educativo e suas conexões com a dinâmica conjuntural da sociedade, enfraquece uma perspectiva crítica de compreensão sobre o perfil do(a) profissional egresso(a). Igualmente, fragmentam a relação entre teoria e prática pedagógica, de modo a inviabilizar a práxis humanizadora e emancipatória que funda o objeto da Pedagogia: a Educação como prática de transformação da sociedade.

A fim de confrontar tais tendências, atualmente em destaque na agenda reformista da Educação no Brasil, parece ser fundamental problematizar o "pedagógico" do curso de Pedagogia a fim de verter eixos estruturantes para a sua organização curricular; eixos que representam possibilidades de desenhar uma proposta formativa que busque assegurar conexões sólidas entre fundamentos e métodos do trabalho pedagógico, como também uma orientação ético-política fruto de um projeto de sociedade equânime, justa e democrática.

O "pedagógico" assume conotações diversas e tem sido empregado como um qualitativo de saberes, práticas, métodos, recursos, entre outros. Em meio a uma profusão de usos e abusos, nota-se certo esvaziamento de sentido que cerca a categoria "pedagógico" na sua relação com a própria natureza da Pedagogia, resumindo-a ao campo metodológico ou didático, principalmente.

Libâneo (2010, p. 30) assinala que o "pedagógico" "[...] refere-se a finalidades da ação educativa, implicando objetivos sociopolíticos a partir dos quais se estabelecem formas organizativas e metodológicas da ação educativa".

Logo, o "pedagógico" exprime um sentido que engloba a multidimensionalidade dos processos de formação humana, irredutível a qualquer forma de dissociação entre teoria e prática ou de fragmentação entre as dimensões que organizam as práticas educativas que se processam desde a concepção à avaliação. É sob essa perspectiva que um curso de Pedagogia deveria se organizar, na medida em que se volta à formação de profissionais que elaborem e mobilizem referências teórico-metodológicas e estratégias educativas mediadas por uma racionalidade práxica que se nutre do conhecimento do âmbito educacional como forma de responder cientificamente aos desafios desse mesmo âmbito. Como discutido anteriormente, trata-se de um pensar implicado por intencionalidades que se expressam na tomada de consciência e na transformação da prática.

Embora se produza na relação com discursos culturais que permeiam as proposições de um saber específico sobre Educação, a Pedagogia, por meio da práxis de pedagogos(as), encontra na ciência seu lugar de elaboração (ZULUAGA GARCÉS, 1993), o que não significa ignorar as relações de saber que geram coesão entre o que se entende ou se valora como ciência e os interesses que movimentam a sociedade ao longo da história. A ciência é, em si mesma, produto de relações históricas e trata de dar forma e sentido a um corpo de saberes especializados cuja relevância é assinalada pelos usos sociais a que se destina.

Com base em Zuluaga Garcés (1993, p. 122), quando se defende a natureza científica da Pedagogia, nota-se que "[...] lo que se critica es que se haya separado la pedagogía de las conceptualizaciones, que se le haya recortado su capacidad de reconceptualizar en su seno el concepto de educación [...]".

Nesse sentido, o pedagógico é a extensão do caráter científico da Pedagogia que imprime identidade aos saberes e às práticas exercidos sob a práxis de profissionais especializados(as) com sólida formação teórico-prática capazes de interpelar a realidade social e suas determinações na práxis da Educação em seu cerne, e de propor possibilidades de melhora da qualidade dos processos educativos em suas diferentes formas de manifestação no marco de uma concepção crítico-progressista de sociedade.

Não se trata, portanto, de um atributo cujo sentido se fundamente em uma racionalidade exógena à Pedagogia como Ciência da Educação ou que seja fruto de apropriações bastante comuns que associam o pedagógico a um caráter não científico ou meramente prescritivo e/ou instrucional.

Reconhecer que as diferentes formas de encarar a especificidade do campo pedagógico se traduzem em arranjos distintos de saberes e experiências na formação de pedagogos(as) leva à compreensão de que uma concepção epistemológica da própria Pedagogia como Ciência se constitui em um elemento importante que funda e organiza currículos capazes de delinear e conectar diferentes componentes sob o critério de sua pertinência ao âmbito da Educação e à potencialidade em relação às demandas e aos desafios atribuídos à profissão de pedagogo(a).

É interessante recorrer à distinção de Touriñán López (2018) entre âmbito de conhecimento e conhecimento do âmbito, sendo este o elemento estruturante dos cursos de formação profissional. Segundo o autor, um âmbito de conhecimento diz respeito a qualquer dimensão da realidade que seja cognoscível, investigável e ensinável. Assim, a Educação é um âmbito cujos sentidos e configurações práticas são susceptíveis de produção de conhecimentos que se vinculam a racionalidades plurais, entre elas a pedagógica.

Os referenciais derivados desse processo gnosiológico incidem na conformação de um corpo sistêmico de conhecimento do âmbito educacional, sendo este a Pedagogia. Argumentando que o conhecimento específico do âmbito da Educação se configura "pela" e "na" Pedagogia mediante conexões que a implicam em diálogos inter e transdisciplinares, Touriñán López (2018, p. 117) esclarece que

> [...] en la carrera de Pedagogía aprendemos a descobrir, inventar, innovar en educación como actividad, como ámbito de realidad y como ámbito de conocimiento, perfeccionando nuestro conocimiento del ámbito.

Nessa lógica, o curso de Pedagogia é o lugar privilegiado de formação especializada no conhecimento do âmbito educacional, conduzida por uma racionalidade crítica sensível às condições sociais, políticas e culturais dos contextos de formação humana, como lembra Saviani (2007, p. 134) ao afirmar a necessidade de organizar "[...] o espaço específico para os estudos e pesquisas educacionais que, em nível de graduação, gira em torno do curso de Pedagogia".

Pensar a Pedagogia como lócus de profissionalização supõe que não se confunda o campo pedagógico com estudos interdisciplinares em Educação, notadamente assumidos por especialistas em campos que colaboram com a reflexão científica sobre os processos educativos, e que não se negue a contribuição da pesquisa aplicada em Ciências Humanas e Sociais como referência para os desenhos curriculares.

A partir desses princípios fundamentais que se conectam organicamente à argumentação desenvolvida nos tópicos anteriores, é possível visualizar alguns eixos que colaboram com o dimensionamento dos currículos dos cursos de Pedagogia na perspectiva da crítica às tendências que, atualmente e outrora, incidem na descaracterização do caráter práxico dessa formação, fundado na relação entre pesquisa e prática pedagógica transformadora do real.

Tal caráter se vincula a uma concepção de Educação como processo de interação humana multifacetado e complexo em função de múltiplas conexões entre contextos políticos, psicossociais, culturais e institucionais que se dinamizam nos tempos e nos espaços sociais.

Na contramão dessa compreensão, a Base Nacional Comum da Formação Docente (BRASIL, 2019) corporifica uma tendência desintelectualizante e neotecnicista distante de uma concepção de formação pedagógica comprometida com a melhoria da qualidade social da Educação. As proposições contidas nesse documento alinham-se a uma lógica formativa que simplifica os saberes e as habilidades para o exercício profissional de pedagogos(as) ao domínio de competências para o ensino e sem referências à dimensão teórico/investigativa que configura o trabalho pedagógico desenvolvido na sala de aula e em outros espaços de atuação.

Por essa razão, é mais do que importante problematizar o que pode ser o curso de Pedagogia em uma sociedade de contradições e políticas que o enfraquecem como lócus de formação de educadores(as) cientificamente criativos(as) e socialmente engajados(as). Isso favorece a capacidade de reflexão investigativa sobre as suas práticas como dimensão constitutiva do seu desenvolvimento profissional, compreendendo-as nas relações entre sociedade, conhecimento e formação humana. Tomando as atividades profissionais como objetos de investigação e análise pedagógica, o(a) pedagogo(a) poderá construir, continuamente, saberes que integram o repertório da Pedagogia com construtos que se estruturam por meio da racionalidade práxica. Igualmente, poderá desenvolver ferramentas de intervenção inovadora diante dos desafios que atravessam seus contextos de inserção, favorecendo a autonomia profissional e uma cultura de trabalho crítico-reflexivo.

Desse modo, a seguir, serão apresentados e analisados os eixos estruturantes com os quais esperamos contribuir na implementação de projetos pedagógicos para os cursos de Pedagogia na perspectiva desenvolvida ao longo deste texto. São eles:

a) a pesquisa como forma de aprendizagem do pensamento científico e dimensão do desenvolvimento profissional;
b) a relação articulada entre teoria e prática permanente no/pelo currículo;
c) a experiência formativa pela imersão nos contextos educativos;
d) o compromisso com a finalidade democrática dos processos educativos e com a escola pública;
e) o estudo da Didática em suas conexões com as bases teórico-práticas da relação pedagógica e as especificidades dos objetos do ensino.

O primeiro eixo, a pesquisa como forma de aprendizagem do pensamento científico e dimensão do desenvolvimento profissional, implica uma forma de organização curricular propícia para a articulação entre teoria e prática pedagógica como processo de produção de saberes e aperfeiçoamento da capacidade analítica necessária à abordagem problematizadora das situações e dos contextos de trabalho, bem como à construção de alternativas de intervenção que respondam a desafios.

Uma investigação exploratória de projetos curriculares de cursos de Pedagogia no Estado de São Paulo, desenvolvida por Pimenta *et al.* (2017), aponta que, no total de 7.203 disciplinas mapeadas no conjunto de 144 cursos de instituições públicas e privadas, apenas 7,47% se vinculam a conhecimentos sobre ações de pesquisa e trabalho de conclusão de curso/monografia.

Segundo os(as) autores(as) (2017, p. 22), os dados indicam que "[...] uma preocupação maior dos cursos com os conhecimentos relacionados à organização metodológica do trabalho científico do que com a formação do professor para a pesquisa".

É importante salientarmos que dimensionar a pesquisa como eixo de organização curricular do curso de Pedagogia não depende exclusivamente da inserção de disciplinas de metodologia do trabalho científico ou mesmo de fundamentos investigativos e trabalho de conclusão de curso.

Como discutem Pedroso e Pinto (2019), a partir de apontamentos de uma pesquisa com coordenadores(as) de cursos de Pedagogia do Estado de São Paulo, os processos de pesquisa na formação de pedagogos(as) que buscam superar a fragmentação entre pensamento e ação, muitas vezes atualizada por arranjos curriculares que optam por componentes estanques, tendem a se caracterizar por uma articulação mais dinâmica e capilarizada nos currículos e, também, são contemplados por meio de metodologias que associam o ensinar e o aprender à reflexão investigativa.

Segundo os referidos autores (2019, p. 175), ao lançarem mão de metodologias do ensinar pela e com a pesquisa, professores(as) e estudantes

> [...] analisam o conhecimento historicamente construído, compreendem suas raízes, seus contextos de produção, posicionam-se criticamente diante deles e constroem outros conhecimentos.

Como eixo estruturante, a pesquisa necessita ser contemplada tanto por componentes específicos e integrados vertical e horizontalmente no currículo, mas também por metodologias didáticas que estimulem, nos(as) estudantes, o desenvolvimento da autonomia intelectual, da postura crítico-reflexiva e da atitude criativa em face dos desafios que configuram os contextos educativos.

Sem a criação e o fortalecimento de uma cultura de aprendizagem fundamentada na atitude epistemológica de indagação, crítica, pensamento analítico e conceituação fortemente promovida pela inserção em contextos educativos concretos, o currículo do curso de Pedagogia contribuirá pouco para a elaboração crítico-reflexiva da experiência dos(as) estudantes, visando a unidade entre teoria e prática com a finalidade de conhecer, de elucidar e de transformar as múltiplas condições que permeiam o trabalho pedagógico. Essa elaboração crítico-reflexiva é entendida como práxis, uma vez que se apoia na articulação orgânica entre "[...] as dimensões de conhecimento e de intencionalidade (atividade teórica) e a de intervenção e transformação (atividade prática) da atividade docente [...]" (PIMENTA, 1995, p. 61).

Situando a pesquisa como instrumento de ampliação da consciência sobre a experiência de práxis no curso de Pedagogia, é possível depreender um segundo eixo de organização curricular como sendo a relação articulada entre teoria e prática permanente no/pelo currículo.

Tradicionalmente, desde a Lei de Diretrizes e Bases da Educação n. 4.024, de 20 de dezembro de 1961 (BRASIL, 1961), o núcleo básico do curso de Pedagogia caracteriza-se pela organização fundamentada em disciplinas que se dimensionam em áreas de fundamentos da Educação, Organização do Trabalho Pedagógico, Didática, Metodologias de Ensino e Estágios. Ao longo do tempo, a nomenclatura dos respectivos componentes tem variado, mas, no esquema do corpo de conhecimentos convencionados como fundamentos da Educação, que correspondem, grosso modo, ao que apresentamos anteriormente como Ciências da Educação, mantém-se a aplicação dos campos da Sociologia, da Antropologia, da Psicologia, da Filosofia, da História, da Economia, da Biologia, entre outros.

Como discutido anteriormente, a multidimensionalidade do enfoque pedagógico implica a Pedagogia em relações transdisciplinares com diferentes fontes epistemológicas. Entretanto, essa pluralidade de referências derivadas de estudos e de pesquisas sobre Educação nem sempre é equacionada de forma articulada e orientada para um foco convergente no desenho e no desenvolvimento dos currículos ou mesmo na organização funcional das próprias faculdades ou centros de Educação, assim como nem sempre converge ao estudo da práxis educativa que se realiza na sociedade humana.

É possível estabelecermos algumas hipóteses que exploram o quadro crítico acerca do papel que desempenham os fundamentos da Educação na construção de experiências formativas conducentes à atividade teórico-prática no curso de Pedagogia.

Em pesquisa anterior (SEVERO, 2018), observou-se que, não raramente, são representados por disciplinas sobrepostas, no início do curso, com ementas que mais sinalizam uma síntese teórico-metodológica da área de referência sem contribuir, efetivamente, com a análise dos problemas pedagógicos. Seguramente, as contribuições dessas áreas incidem na ampliação e na sustentação científica do campo pedagógico, mas, segundo o enfoque adotado, podem materializar currículos com fortes fronteiras disciplinares, dada a ausência de clareza quanto ao critério de pertinência à formação de pedagogos(as) e enlaces com as dimensões teórico-práticas da Educação.

Carr (2002) infere que a ausência da compreensão sobre os critérios epistemológicos da Teoria da Educação como uma síntese analítica de um programa interdisciplinar de estudo e de intervenção no contexto das práticas educativas pode resultar em conflitos ou rivalidades de interpretação sobre o fenômeno educacional.

O referido autor (2002, p. 66) afirma que

> [...] calquier intento de crear un cuerpo de teoría de la educación con independencia de la práctica, que pueda relacionarse más tarde con cierto mundo no teórico de práctica es, en el mejor de los casos, erróneo.

A partir da provocação desse autor, é possível deduzir a hipótese de que a condição fortemente disciplinar e distante do problema pedagógico que caracteriza a presença dos fundamentos da Educação no currículo do curso de Pedagogia repercute em práticas "apostilescas", desarticuladas e, na análise de Carr (2002), rivais ou divergentes.

Uma segunda hipótese, derivada da anterior, apoia-se na impressão de que os fundamentos da Educação rompem com a lógica práxica da Pedagogia quando desprezam questões didático-curriculares associadas aos cotidianos educativos em função da óptica restrita que aplicam às abordagens em Educação a partir do foco disciplinar em que se situam ou da crença de que problemas práticos competem às disciplinas de metodologias e organização do trabalho pedagógico, como se teoria e método em Pedagogia pudessem existir de forma desarticulada.

As implicações dessa tradição acadêmica de disciplinarização dos fundamentos da Educação são agravadas, ainda, no caso das Universidades, pela cultura de organização departamental dos Centros e Faculdades e pelo perfil de professores(as) formadores(as), os quais percorrem caminhos de formação *stricto sensu* por vezes fora do campo da Educação.

Um terceiro eixo de organização curricular que atenda ao pressuposto epistemológico da Pedagogia é a experiência formativa pela imersão nos contextos educativos. Na perspectiva freireana, as práticas educativas têm como base ou ponto de partida a realidade vivida como síntese de múltiplas determinações. O reconhecimento dessas múltiplas determinações que instituem o mundo no qual as pessoas experimentam e constroem relações históricas, culturais e políticas, é um pressuposto para a formação social do ser humano como "[...] ser de relações e não só de contatos, que não apenas está no mundo, mas com o mundo. Estar com o mundo resulta de sua abertura à realidade, o que o faz ser o ente de relações que é" (FREIRE, 2009, p. 47). Resulta desse pressuposto ontológico a compreensão de que a experiência formativa no curso de Pedagogia, uma vez voltada ao desenvolvimento de capacidades que fomentem a práxis de profissionais da formação humana, requer ser norteada pela permanente e progressiva imersão e pesquisa em contextos nos quais emergem os desafios, as condições e as possibilidades da intervenção educativa.

A Educação como prática social situada em contextos demanda ser compreendida em uma dinâmica complexa de fatores e de processos interligados, cujo movimento pode ser mais bem analisado na medida em que se criam e se ativam redes de saberes articulados à atividade concreta dos(as) educadores(as) para conhecer e transformar a realidade que se apresenta multidimensionalmente. As redes que se constituem pela imersão nos contextos dispõem "[...] os saberes da ciência pedagógica na criação das atividades dos ensinantes e dos aprendentes" (FRANCO; PIMENTA, 2016, p. 550).

Na relação com os contextos educativos concretos, os(as) estudantes poderão construir compreensões sobre a complexidade de fatores que incidem na produção de sentido e de práticas que põem em ação determinados modos de formação humana dentro e fora das escolas. Trata-se, nessa perspectiva, de oportunizar-lhes o desenvolvimento de um olhar contextualizado acerca dos processos conjunturais e cotidianos que constituem o universo das práticas pedagógicas, mais próximo das necessidades educativas capazes de se tornarem objeto de investigação e de intervenção com potencialidade de transformação social por meio da promoção de aprendizagens que visem à emancipação de indivíduos e de grupos.

Pensar a organização de uma dinâmica curricular que se caracterize pelo eixo da imersão em contextos educativos implica a superação de dicotomias que distanciam as instituições de Ensino Superior dos cenários de atividade profissional (NÓVOA, 1998). Tais dicotomias radicam em uma lógica que desconsidera a prática como espaço de produção de saberes e lócus de constituição de capacidades inventivas fundamentais para acessar e pôr em movimento referenciais conceituais muitas vezes apreendidos pelos(as) estudantes sem associação com as dinâmicas do trabalho para o qual se profissionalizam. Uma consequência importante da experiência de imersão é a formulação de parâmetros e tomada de decisões profissionais orientadas pelo reconhecimento das especificidades e das exigências práticas do trabalho, elementos que, quando manejados de maneira mais competente pelo(a) pedagogo(a), lhe possibilitarão um melhor protagonismo e autonomia diante das estruturas que o(a) cercam.

Um dispositivo curricular que promove a concretização desse eixo são os Estágios Supervisionados, entendidos como componentes que articulam ao longo do curso de Pedagogia, desde os primeiros períodos, conhecimentos teórico-metodológicos e habilidades operativas pela pesquisa e imersão nos contextos educativos, como já defendido anteriormente. Os estágios aproximam o currículo a realidades que fornecem elementos fundamentais para a identificação do(a) pedagogo(a) com seus âmbitos de atuação, lhe possibilitando a emergência de indagações sobre possibilidades de produção e de mobilização de saberes, tendo a pesquisa do contexto educativo como fio condutor na lógica do conhecer para intervir e transformar. Isso se concretiza quando, a partir de um olhar multidimensional amparado por diferentes saberes e para instrumentalizar sua ação, o(a) estudante é capaz de identificar os problemas situados em contextos, compreender os fenômenos que interferem no processo pedagógico, as condições que caracterizam os sujeitos educativos, pautando aspectos sobre diversidade e diferença, desigualdades sociais, equidade, determinantes ideológicos, entre outros.

O estágio é, nesse sentido, um movimento de inquietação/mobilização teórica e investigativa (PIMENTA; LIMA, 2017) em cenários concretos de produção de práticas pedagógicas caracterizadas pela reflexividade, contextualização e colaboratividade com as pessoas que participam desse movimento, desde professores(as) formadores(as) aos sujeitos do campo de estágio. Como dispositivo que dinamiza a relação entre teoria e prática, o estágio deve ser um foco de convergência curricular e se espraiar para cenários práticos que contemplem a sala de aula na escola, mas também outros âmbitos profissionais. Igualmente, deve ser orientado por uma política consistente que fomente relações colaborativas entre instituições formadoras e campo de estágio com um claro programa de compromissos mútuos e corresponsabilidades na definição de diretrizes e de formas de acompanhamento do plano de atividades de estudantes, professores(as) formadores(as) e profissionais. Ressalta-se aqui a relevância de articular os fundamentos da Educação aos estágios de maneira mais significativa mediante desenhos curriculares que vinculem componentes tradicionalmente teóricos a programas de inserção prática.

As capacidades profissionais construídas em situações formativas caracterizadas pelos eixos apresentados anteriormente perdem potencialidade quando dissociadas de um referencial ético-político intrínseco à defesa da Educação como direito humano e social e da escola pública como lócus de formação para a democracia. Desse modo, o quarto eixo proposto diz respeito ao compromisso com a finalidade democrática dos processos educativos e com a escola pública.

Na ótica do compromisso com a democracia, a Educação é concebida como prática social crítica e transformadora. Diante do quadro problemático que se expõe com o avanço da ação mercadológica no campo das políticas educacionais e, mais especificamente, na rentabilização da formação docente por conglomerados financeiros próprios das ideologias neoliberais que operam nas estruturas do Estado, é preciso assumir a necessidade de situar propostas de organização curricular do curso de Pedagogia nessa concepção. Formar profissionais no curso de Pedagogia.

Em um país de desigualdades genealógicas com desdobramentos que se acentuam em uma época de retrocessos, a formação no curso de Pedagogia requer ser alinhada a uma lógica multidimensional de ensino "[...] que o compreenda como uma práxis educativa pedagógica, que considere as contradições e dilemas dos contextos nos quais se realiza" (PIMENTA, 2019, p. 35). É nos territórios da escola pública brasileira que essa lógica poderá impactar práticas docentes que superem a situação de não aprendizagem dos estudantes para além de uma resolução que depende de prescrições metodológicas, como sugerem os paradigmas produtivistas embutidos em discursos de competências e boas práticas, como na recém-publicada Base Nacional de Formação de Professores para a Educação Básica (BRASIL, 2019).

Para que o trabalho educativo se organize na direção contrária da lógica presente no documento citado anteriormente, torna-se necessário vinculá-lo a um referencial que lhe confira identidade como ato formativo intencional enraizado na reflexão sobre o sentido e os modos de ação, visando à aprendizagem pela apropriação e pela ressignificação de conhecimentos, de atitudes e de procedimentos. Esse referencial está sustentado na Didática Crítica. Assume-se, portanto, como um último eixo estruturante do curso de Pedagogia, aqui proposto, o estudo da Didática em suas conexões com as bases teórico-práticas a relação pedagógica e as especificidades dos objetos do ensino.

A Didática é uma chave conceitual e metodológica fundamental na abertura das possibilidades de análise e de intervenção do "que fazer" estruturante do trabalho pedagógico, concebendo a mediação educativa como "[...] una actividad histórica y social en constante construcción, que tiene lugar en un determinado contexto económico, social, cultural e político [...]" (ALVAREZ MÉNDEZ, 2001, p. 122).

Com efeito, o campo da Didática é mais amplo do que os esquemas de organização de uma disciplina sobre Didática nos currículos, mas entende-se como de fundamental importância a existência de um componente de Didática Geral, o que exprime uma preocupação com a contextualização mais ampla do fenômeno pedagógico e, conectado a ele, o fenômeno do ensino. O enfoque da Didática Geral figura como elemento estruturante que permite que o fenômeno do ensino seja compreendido em um contexto de complexas relações sistêmicas envolvendo o saber disciplinar, mas que, além dessa referência, se orientam pela crítica pedagógica mais ampla da qual emergem as finalidades e os princípios que dão identidade ao trabalho educativo dentro de um projeto de sociedade e de formação humana.

Efetivamente, a base epistemológica dos objetos de ensino é um aspecto fundamental na composição das estratégias didáticas, uma vez que os processos de aprendizagem ocorrem diferenciadamente em função da natureza disciplinar e do processo metodológico de construção do conhecimento tanto para quem ensina quanto para quem aprende. Nesse sentido, não é salutar a contraposição entre a "didática geral da relação pedagógica" e as "didáticas disciplinares do ensino de conteúdos específicos". Se a forte presença de componentes curriculares voltados à abordagem metodológica de conteúdos específicos pode fortalecer, por um lado, a aprendizagem docente de estratégias de ensino fundamentadas pelas pesquisas didáticas nos campos disciplinares do currículo, por outro lado, pode fragilizar a Didática Geral como elemento estruturante da formação de pedagogos(as), incitando um definhamento desse campo. Isso resultaria na minimização da importância da formação pedagógica mais ampla para além da que se atrela ao ensino de conteúdos específicos e que os situa no debate sobre a Pedagogia e a formação humana. Sob essa ênfase, o caráter pedagógico do ensino pode ser reduzido a uma dimensão instrucional representada em métodos de transposição didática de conteúdos disciplinares.

À medida que os cursos de Pedagogia se afastam de um referencial amplo e crítico sobre a Didática, abre-se espaço para que propostas desintelectualizantes e instrumentalizantes do trabalho docente se consolidem, limitando a formação de professores(as) como intelectuais críticos(as) e profissionais do desenvolvimento humano à preparação para a transposição técnica de conteúdos disciplinares. Soluções dessa natureza configuram respostas neotecnicistas alinhadas às exigências do modo de produção capitalista, deslocando o sentido social da escola como espaço de construção da democratização do saber e formação cidadã para o sentido da escola como, tão somente, espaço de aquisição de competências necessárias à vida produtiva e ao disciplinamento social.

5. Considerações finais

Concluída a apresentação dos eixos estruturantes propostos para a organização de cursos consoantes com o entendimento da Pedagogia como um campo de conhecimento, cabe, como considerações finais, argumentarmos que uma proposta de curso que vá ao encontro do que foi aqui defendido não é possível sob a lógica da mercantilização da Educação, que tem imperado em nosso país nas últimas décadas. Duas pesquisas produzidas sobre os cursos de Pedagogia oferecidos no Estado de São Paulo (PEDROSO *et al.*, 2019) evidenciam, por um lado, que esses cursos, quando oferecidos por Instituições de Ensino Superior (IES) privadas, com raríssimas exceções, não oferecem as condições mínimas para que seus projetos pedagógicos possam inovar, uma vez que, ao operarem sob a lógica da maximização dos lucros, oferecem péssimas condições para o trabalho dos(as) professores(as) formadores(as), assim como para as aprendizagens dos(as) futuros(as) pedagogos(as). Por outro lado, na maior parte das IES públicas pesquisadas, muitas das ideias aqui expostas já estão materializadas em seus projetos pedagógicos.

Mesmo assim, as IES públicas estão funcionando com restrições orçamentárias cada vez maiores, em especial nos quatro últimos anos, o que também dificulta a operacionalização de projetos pedagógicos inovadores. Essa situação é ainda exponencialmente agravada no contexto da pandemia do coronavírus, que já prenuncia um aprofundamento ainda maior nos cortes de verbas para a área de Educação.

Finalmente, é importante registrar nosso entendimento de que esse contexto da pandemia – no qual foi produzido este texto – clama por vários outros estudos e denúncias mais urgentes no campo educacional, mas que não podem calar nossa utopia de defender a Educação Pública de qualidade socialmente referenciada e a Pedagogia como uma ciência implicada em diferentes processos educativos que, pela práxis profissional de pedagogos(as), colaboram ativamente na transformação da sociedade.

Contemplar tais processos na formulação e no desenvolvimento curricular da formação inicial de pedagogos(as) exige uma ruptura de compreensão do que constitui a Pedagogia como campo de conhecimentos, deslocando-a do sentido de tecnologia da ação docente para o sentido de Ciência da Educação. Sob a compreensão da Pedagogia como Ciência da Educação, é possível ampliar as possibilidades de crítica e de criação curricular orientadas para o fortalecimento da capacidade formativa do curso em sua complexidade de funções que se traduzem em um perfil profissional de pedagogos(as) comprometidos(as) com a finalidade humanizatória da Educação e o seu caráter público.

Referências

AFONSO, Almerindo Janela. A propósito das ciências da educação: algumas reflexões. *In:* CONSELHO NACIONAL DE EDUCAÇÃO: *o Estado da Educação e as Ciências da Educação*: leituras críticas e desafios. Lisboa, Portugal: CNE, 2013. p. 13-19.

ALVAREZ MÉNDEZ, Juan Manuel. *Entender la didáctica, entender el curriculum.* Madrid: Miño y Dávila, 2001.

BOAVIDA, João; AMADO, João. *Ciências da educação*: epistemologia, identidade e perspectivas. Coimbra: Imprensa da Universidade de Coimbra, 2008.

BRASIL. Lei n. 4.024, de 20 de dezembro de 1961. Fixa as Diretrizes e Bases da Educação Nacional. *Diário Oficial da União*, Brasília, DF, p. 11.429, 27 dez. 1961.

BRASIL. Resolução n. 1, de 15 de maio de 2006. Institui Diretrizes Curriculares Nacionais para o Curso de Graduação em Pedagogia, Licenciatura. *Diário Oficial da União,* Brasília, DF, n. 92, p. 11-12, 16 maio 2006.

BRASIL. *Resolução n. 2, de 20 de dezembro de 2019*. Define as Diretrizes Curriculares Nacionais para a Formação Inicial de Professores para a Educação Básica e institui a Base Nacional Comum para a Formação Inicial de Professores da Educação Básica (BNC-Formação). Brasília, DF: Ministério da Educação; Conselho Nacional de Educação; Conselho Pleno, [2019]. Disponível em: http://portal.mec.gov.br/docman/dezembro-2019-pdf/135951-rcp002-19/file. Acesso em: 1 jun. 2020.

CARR, Wilfred. *Una teoría para la educación*: hacia una investigación educativa crítica. 3. ed. Madrid: Ediciones Morata, 2002.

CARVALHO, Adalberto Dias de. *A epistemologia das ciências da educação*. Porto: Afrontamento, 1996.

FRANCO, Maria Amélia Santoro. *Pedagogia como ciência da educação*. 2. ed. São Paulo: Cortez Editora, 2008.

FRANCO, Maria Amélia Santoro; LIBÂNEO, José Carlos; PIMENTA, Selma Garrido. As dimensões constitutivas da pedagogia como campo de conhecimento. *Educação em Foco*, Belo Horizonte, v. 14, n. 17, p. 55-78, 2011.

FRANCO, Maria Amélia Santoro; LIBÂNEO, José Carlos; PIMENTA, Selma Garrido. Elementos para a formulação de diretrizes curriculares para cursos de pedagogia. *Cadernos de Pesquisa*, São Paulo, v. 37, n. 130, p. 63-97, jan./abr. 2007.

FRANCO, Maria Amélia Santoro; PIMENTA, Selma Garrido, Didática multidimensional: por uma sistematização conceitual. *Educação & Sociedade*, Campinas, v. 37, n. 135, p. 539-553, maio/jun. 2016.

FREIRE, Paulo. *Educação como prática da liberdade*. 23. ed. Rio de Janeiro: Paz e Terra, 2009.

FREIRE, Paulo. Papel da educação na humanização. *Revista da FAEEBA*, Salvador, v. 6, n. 7, p. 1-7, jan./jun. 1997.

HOUSSAYE, Jean. Pedagogia: justiça para uma causa perdida? *In:* HOUSSAYE, Jean; SOËTARD, Michel; HAMELINE, Daniel; FABRE, Michel (orgs.). *Manifesto a favor dos pedagogos*. Porto Alegre: Artmed, 2004. p. 9-45.

LIBÂNEO, José Carlos. *Pedagogia e pedagogos, para quê?* 12. ed. São Paulo: Cortez Editora, 2010.

MARX, Karl; ENGELS, Friedrich. *A ideologia alemã*. São Paulo: Ciências Humanas Ltda., 1979.

NÓVOA, António. O passado e o presente dos professores. *In:* NÓVOA, António (org.). *Profissão professor*. Porto: Porto Editora, 1998. p. 12-45.

PEDROSO, Cristina Cinto Araújo; DOMINGUES, Isaneide; FUSARI, José Cerchi; GOMES; Marineide de Oliveira; PIMENTA, Selma Garrido; PINTO, Umberto de Andrade. *Cursos de pedagogia*: inovações na formação de professores polivalentes. São Paulo: Cortez Editora, 2019.

PEDROSO, Cristina Cinto Araújo; PINTO, Umberto de Andrade. Ações integradoras e de pesquisa na formação inicial do professor polivalente: experiências inovadoras em cursos de pedagogia no Estado de São Paulo. *In:* PEDROSO, Cristina Cinto Araújo *et al. Cursos de pedagogia*: inovações na formação de professores polivalentes. São Paulo: Cortez Editora, 2019, p. 112-154.

PIMENTA, Selma Garrido. As ondas críticas da didática em movimento: resistência ao tecnicismo/neotecnicismo neoliberal. *In:* SILVA, Marco; NASCIMENTO, Cláudio Orlando Costa do; ZEN, Giovana Cristina (orgs.). *Didática:* abordagens teóricas contemporâneas. Salvador: EDUFBA, 2019. p. 19-64.

PIMENTA, Selma Garrido (org.). *Didática e formação de professores:* percursos e perspectivas no Brasil e em Portugal. 3. ed. São Paulo: Cortez Editora, 2010. p. 23 87.

PIMENTA, Selma Garrido (org.). O estágio na formação de professores: unidade entre teoria e prática? *Cadernos de Pesquisa*, São Paulo, n. 94, p. 58-73, ago. 1995.

PIMENTA, Selma Garrido. Para uma ressignificação da didática – ciências da educação, pedagogia e didática (uma revisão conceitual e uma síntese provisória). *In:* PIMENTA, Selma Garrido; FUSARI, José Cerchi; PEDROSO, Cristina Cinto Araujo; PINTO, Umberto de Andrade. Os cursos de Licenciatura em pedagogia: fragilidades na formação inicial do professor polivalente. *Educação e Pesquisa,* São Paulo, v. 43, n. 1, p. 15-30, jan./mar. 2017.

PIMENTA, Selma Garrido. *Pedagogia, ciência da educação?* São Paulo: Cortez Editora, 1996.

PIMENTA, Selma Garrido; LIMA, Maria do Socorro Lucena. *Estágio e docência.* 8. ed. rev. atual. e ampl. São Paulo: Cortez Editora, 2017.

PINTO, Umberto de Andrade. Graduação em pedagogia: apontamentos para um curso de bacharelado. *In:* SILVESTRE, Magali Aparecida; PINTO, Umberto de Andrade. (orgs.). *Curso de pedagogia:* avanços e limites após as Diretrizes Curriculares Nacionais. São Paulo: Cortez Editora, 2018. p. 163-184.

PINTO, Umberto de Andrade. *Pedagogia escolar*: coordenação pedagógica e gestão educacional. São Paulo: Cortez Editora, 2011.

SAVIANI, Dermeval. Educação socialista, pedagogia histórico-crítica e os desafios da sociedade de classes. *In*: LOMBARDI, José Claudinei; SAVIANI, Dermeval (orgs.). *Marxismo e educação*: debates contemporâneos. 2. ed. Campinas: Autores Associados, 2008. p. 223-274.

SAVIANI, Dermeval. *História das ideias pedagógicas no Brasil.* 3. ed. rev. 1. reimpr. Campinas: Autores Associados, 2011.

SAVIANI, Dermeval. Pedagogia: o espaço da educação na universidade. *Cadernos de Pesquisa*, São Paulo, v. 37, n. 130, p. 99-134, jan./abr. 2007.

SCHMIED-KOWARZIK, Wolfdietrich. *Pedagogia dialética*: de Aristóteles a Paulo Freire. São Paulo: Brasiliense, 1988.

SEVERINO, Antonio Joaquim. A pesquisa em educação: a abordagem crítico--dialética e suas implicações na formação do educador. *Contrapontos*, Itajaí, v. 1, n. 1, p. 11-22, jan./jun. 2001.

SEVERO, José Leonardo Rolim de Lima. A formação inicial de pedagogos para a educação em contextos não escolares: apontamentos críticos e alternativas curriculares. *In*: SILVESTRE, Magali Aparecida; PINTO, Umberto de Andrade (orgs.). *Curso de pedagogia*: avanços e limites após as diretrizes curriculares nacionais. São Paulo: Cortez Editora, 2018. p. 127-162.

SILVA JUNIOR, Celestino Alves da. Prefácio. *In:* PEDROSO, Cristina Cinto Araújo; DOMINGUES, Isaneide; FUSARI, José Cerchi; GOMES; Marineide de Oliveira; PIMENTA, Selma Garrido; PINTO, Umberto de Andrade; BELLETATI, Valéria Cordeiro Fernandes. *Cursos de pedagogia*: inovações na formação de professores polivalentes. São Paulo: Cortez Editora, 2019. p. 5-15.

TOURIÑAN-LÓPEZ, José Manuel. Imagen social de la Pedagogía. La Pedagogía del futuro y el futuro de la Pedagogía. *In*: CAÑELLAS, Antonio J. Colom; GARRIDO, José Luis García; EGUIZÁBAL, Alfredo Jiménez; PÉREZ, Petra M. Alonso-Geta; NEIRA, Teofilo Rodriguez; LÓPEZ, Jaume Sarramona; TOURIÑAN--LÓPEZ, José Manuel; GÓMEZ, Gonzalo Vázquez. *La pedagogía, hoy*. Santiago de Compostela: Andavira Ediciones, 2018. p. 115-135.

VÁZQUEZ, Adolfo Sánchez. *Filosofia da práxis.* Rio de Janeiro: Paz e Terra, 1968.

WACHOWICZ, Lilian Anna. *Pedagogia mediadora.* Petrópolis: Vozes, 2009.

ZULUAGA GARCÉS, Olga Lucia. Pasado y presente de la Pedagogía y la Didáctica. *In:* ZAPATA, Vladimir V.; FLOREZ; Rafael O.; BEDOYA, Iván M. J.; ECHEVERRY, Alberto S. J.; ZULUAGA Olga L. G.; GARCIA R, Federico. (orgs.). *Objeto y método de la pedagogía.* Medellín: Universidad de Antioquia, 1993. p. 119-125.

Capítulo III

Teoría de la Educación: ámbito disciplinar en la carrera de Pedagogía

José Manuel Touriñán-López

"Lo que debe hacer la pedagogía es deliberar sobre sus propios conceptos y cultivar una ***reflexión independiente****. De esta forma llegaría a ser el centro de un círculo de investigaciones y no correría el peligro de ser gobernada por un extranjero como lejana provincia conquistada"*

(Johann Friedrich Herbart)[3].

3 HERBART, Johann Friedrich. *Pedagogía general derivada del fin de la educación.* Madrid: La Lectura, 1806. (El destaque es del autor).

1. Introducción

En el entorno académico español distinguimos "Pedagogía" como carrera y como disciplina y "Educación" como actividad real y como ámbito de realidad cognoscible, enseñable, investigable y realizable (TOURIÑÁN-LÓPEZ, 2016).

Es posible hablar de la educación como disciplina, en el sentido anglosajón del término, entendiendo educación como materia de estudio y análisis (conocimiento de educación). En este caso, hablamos de educación como disciplina, tomando la educación por la parte que es Pedagogía (disciplina dedicada al conocimiento teórico, tecnológico y práctico de la educación). Por consiguiente, tiene sentido decir que la educación es una actividad y un ámbito de realidad que se convierte en materia de estudio o análisis con sentido general, vocacional y profesional. Contribuyen al conocimiento de la educación, como ámbito o parcela de realidad, diversas disciplinas científicas y, de manera singular, la Pedagogía (TOURIÑÁN-LÓPEZ, 1987; 1989; 2017; TIBBLE, 1969; BELTH, 1971; WALTON, 1963; 1971; 1974; HIRST, 1966).

La Pedagogía como disciplina científica es teoría, tecnología y práctica o investigación activa de la educación. La Pedagogía, como conocimiento de la educación, está sometida a los principios de metodología y a principios de investigación, igual que cualquier disciplina científica (TOURIÑÁN-LÓPEZ, 2008; 2016; TOURIÑÁN-LÓPEZ; ALONSO, 2015).

La pedagogía como carrera es el conjunto de materias que se estudian dentro de un plan de estudios con el objetivo de obtener un título (en España, debe estar ajustado a directrices de carácter oficial y validez nacional y habilita para el ejercicio profesional en funciones pedagógicas de acuerdo con las disposiciones vigentes). En la carrera de pedagogía no solo hay

Pedagogía como disciplina. La Pedagogía como disciplina se desagrega en disciplinas académicas sustantivas y en asignaturas del planes de estudios y, además de disciplinas y asignaturas derivadas de la Pedagogía como disciplina, en la carrera de pedagogía se estudian otras materias formativas que interpretan la educación desde sus propios desarrollos científicos. Así, en la carrera, al lado de materias derivadas de la Pedagogía, hay materias aplicadas derivadas de la Psicología, la Antropología, la Filosofía, la Biología, la Historia y otras. En la carrera de pedagogía, la Pedagogía, como disciplina científica y como disciplina sustantiva, convive con disciplinas aplicadas de otras ciencias y con las disciplinas aplicadas de la Pedagogía (TOURIÑÁN-LÓPEZ, 2017; 2019a; 2019b).

El primer desarrollo doctrinal que hice de estas ideas (TOURIÑÁN-LÓPEZ, 1987; 1989) se amplió en (TOURIÑÁN-LÓPEZ, 2008; TOURIÑÁN-LÓPEZ; ALONSO, 2015). En el momento actual (TOURIÑÁN-LÓPEZ, 2016; 2017; 2019a; 2020a), estoy trabajando sobre la importancia de la teoría de la educación en la construcción de mentalidad pedagógica y el desarrollo de principios de intervención que dan fundamentación a la mirada pedagógica, entendida esta como representación mental que tiene el pedagogo de su actuación técnica, o lo que es lo mismo, como la visión crítica que tiene el pedagogo de su método y de sus actos pedagógicos.

En este trabajo me preocupa el alcance de la teoría de la educación en la carrera de Pedagogía; es decir, me preocupa el modo de entender el ámbito disciplinar de la teoría de la educación dentro de la carrera. Y esta preocupación no se resuelve, si no nos preguntamos por las relaciones y diferencias entre la Pedagogía como disciplina, la teoría de la educación como disciplina y las posibles asignaturas de teoría de la educación en un plan de estudios de pedagogía, como carrera.

Este trabajo se centra en justificar la racionalidad de la propia concepción de la disciplina: la racionalización del concepto de Teoría de la Educación y de las acepciones de teoría de la educación, atendiendo al crecimiento del conocimiento de la educación (TOURIÑÁN-LÓPEZ, 2018a).

2. La Teoría de la Educación como disciplina de investigación: pluralidad de investigaciones teóricas del campo de la Educación

El conocimiento de la educación procede de muy diversas formas de conocimiento y genera muy diversas disciplinas. Hay disciplinas derivadas de la Filosofía, hay disciplinas derivadas de las teorías interpretativas, hay disciplinas derivadas de teorías prácticas y hay disciplinas derivadas de teorías sustantivas (TOURIÑÁN-LÓPEZ, 1987; 2008; GARGALLO, 2002; RUIZ, 2003; RODRÍGUEZ, 2006; BOAVIDA; GARCÍA DEL DUJO, 2007; SÁNCHEZ, 2007; ALONSO, 2007).

Los distintos modos de entender el conocimiento de la educación han generado una diversidad necesaria de conocimientos teóricos de la educación. Desde esta perspectiva, y atendiendo al sentido que se le atribuya a la relación entre "teoría" y "educación", es posible analizar cuatro modos de entender la teoría de la educación en el contexto de la investigación disciplinar (TOURIÑÁN-LÓPEZ, 2020a):

1) Como investigaciones teóricas acerca de la educación (teorías filosóficas cosmovisionarias y teorías interpretativas de la educación, entre las que se incluye la filosofía de la educación, en singular).
2) Como investigaciones de teoría práctica de la educación (tecnologías derivadas e Investigación activa validada con las teorías interpretativas, para alcanzar metas socialmente valiosas).
3) Como investigaciones teóricas de la educación o teorías sustantivas (teoría como nivel epistemológico de análisis, distinto del nivel tecnología y del nivel investigación activa o práctica).

4) Como investigaciones de teoría de la educación como disciplina académica sustantiva (teoría, tecnología y práctica o investigación activa de la intervención pedagógica general).

Siguiendo esta línea de argumentación, vamos a ver en las páginas siguientes cómo cada mentalidad pedagógica realiza, desde cada modo de entender el conocimiento de la educación y su evolución, investigaciones teóricas en el campo de la educación que son objeto de disciplinas académicas específicas, cuya denominación singular "teoría de la educación" no significa siempre lo mismo (TOURIÑÁN-LÓPEZ, 2014).

2.1. Investigaciones teóricas acerca de la educación: las filosofías de la educación y las teorías interpretativas de la educación

Las investigaciones teóricas acerca de la educación establecen vinculaciones entre condiciones y efectos que afectan a un acontecimiento educativo en términos de las disciplinas que lo interpretan. Las teorías filosóficas de la educación, las investigaciones específicas de la filosofía de la educación y las teorías interpretativas son investigaciones teóricas acerca de la educación, porque la educación se considera en ellas como un marco de referencia que se interpreta en términos de las disciplinas generadoras. Son el ámbito específico de las investigaciones aplicadas (DEWEY, 1929; O'CONNOR, 1971; 1973; HIRST, 1967).

Las teorías filosóficas de la educación resuelven la educación deductivamente, desde las concepciones del mundo y de la vida. Su objetivo es la formulación explícita de los intereses de vida y la propuesta del modo de armonizar esos intereses. Su propuesta definitiva es la de establecer con qué fin se lleva a cabo la educación, o dicho de otro modo, su propuesta es el estudio normativo de los fines de vida en los que deben formarse los hombres (TOURIÑÁN-LÓPEZ, 1987; FULLAT, 1979). Como disciplina responde a la estructura reflejada en el Cuadro 1.

Cuadro 1 – Estructura de la disciplina Teoría de la Educación como Teorías Filosóficas acerca de la educación

Filosofía como cosmovisión.

↓

Deducciones posibles desde la cosmovisión para la formación del hombre.

↕

Teoría filosófica de la Educación.

Fuente: Touriñán-López (2016, p. 902).

Las Teorías filosóficas de la Educación constituyen una disciplina específica. Pero, si distinguimos las formas de conocimiento – racionalidad científico-tecnológica, racionalidad práxica (moral y política), racionalidad teológica, racionalidad literaria y artística y outras)–, denominar Teoría de la Educación sólo a las filosofías de la educación es un modo impreciso de hablar, admisible en el lenguaje coloquial, pero inadecuado para un lenguaje técnico. El hecho de que gran parte de la historia del conocimiento de la educación se corresponda con la mentalidad pedagógica cosmovisionaria, no es razón suficiente para identificar la Teoría de la Educación con las concepciones de la vida deseable, la concepción personal que uno tiene de la vida o con una parte de la historia del conocimiento de la educación: aquella que corresponde a la creación y propuesta de filosofías de la educación (QUINTANILLA, 1978; CABANAS, 1982; 1988; CAPITÁN, 1979; MARÍN, 1983; GÓMEZ, 1981; RUBIO, 1992; BASABE *et al.*, 1983).

La cuestión no es si existe una disciplina denominada Filosofías de la Educación o Teorías filosóficas de la Educación. La cuestión es, más precisamente, si, por el hecho de que exista una disciplina cuyo contenido se consolida desde la investigación propia de las teorías filosóficas, ya no puede haber ninguna otra disciplina que se denomine con propiedad Teoría de la Educación (CABANAS, 1982). El propio desarrollo del conocimiento de la educación confirma que la consideración de la disciplina de Teoría de la Educación como la disciplina que estudia las Filosofías de la Educación sólo es comprensible en un estadio de desarrollo disciplinar de la educación desfasado (TOURIÑÁN-LÓPEZ, 2019a). En la actualidad las Filosofías de la Educación son un campo de investigación específica, con disciplina propia y del mismo nombre (SUCHODOLSKY, 1979; ARETIO; CORBELLA; BLANCO, 2009; CARR, 2006; 2014; SMEYERS, 2010).

En el marco de las teorías interpretativas, la filosofía de la educación, en singular, no se confunde con las filosofías de la educación de carácter cosmovisionario (KANT, 2003; DEWEY, 1929; 1971; LUCAS, 1969; SUCHODOLSKY, 1979; ÁLVAREZ, 1977; IBÁÑEZ-MARTÍN, 2005; CAMPILLO; ESTEVE; IBÁÑEZ-MARTÍN; TOURIÑÁN-LÓPEZ, 1974; CABANAS, 1982; TOURIÑÁN-LÓPEZ, 2020a; 2019a).

En la disciplina Filosofía de la educación, en singular, la educación es un marco de referencia que se resuelve en términos de la disciplina generadora. En este caso la filosofía no es una cosmovisión, sino una disciplina lógica, analítica, crítica, hermenéutica o metafísica y su función es dar una interpretación de la educación como problema lógico, lingüístico, metafísico o crítico y hermenéutico. La Teoría de la Educación es un tratado especial de filosofía; es una filosofía aplicada, se especializa la tarea, no la disciplina; precisamente por eso puede afirmarse que como disciplina responde a la estructura reflejada en el Cuadro 2.

Cuadro 2 – Estructura de la disciplina Teoría de la Educación como Filosofia de la Educación

Filosofía como metodología o disciplina lógica, crítica, analítica, hermenéutica, metafísica y otras.

↓

Interpretación de la educación como objeto de estudio o área de interés a interpretar en términos de Filosofía.

↕

Disciplina de Filosofía de la Educación.

Fuente: Touriñán-López (2016, p. 881).

Como teoría interpretativa, la educación no constituye una disciplina con conceptos autóctonos que tienen significación intrínseca al ámbito 'educación', sino que da lugar a una disciplina subalternada y aplicada, que interpreta la educación en conceptos de otras disciplinas. En estos casos, como objeto de conocimiento, la educación se resuelve en términos de las disciplinas generadoras que actúan como teorías interpretativas, utilizando tan sólo los principios elaborados por esas teorías interpretativas. En este caso, la educación es un ámbito de conocimiento subalternado que se resuelve en teorías interpretativas aplicadas de psicología de la educación, biología de la educación, sociología de la educación y otras. La educación se interpreta en conceptos de psicología, Biología, Sociología, Antropología y otros.

Las teorías interpretativas establecen vinculaciones entre condiciones y efectos que afectan a un acontecimiento educativo en términos de las disciplinas que lo interpretan. Las teorías interpretativas son investigaciones teóricas acerca de la educación, porque la educación se considera en ellas como un marco de referencia que se interpreta en términos de las disciplinas generadoras. Son el ámbito específico de las investigaciones aplicadas a partir de una disciplina matriz, generadora de conceptos propios que pueden aplicarse al ámbito 'educación' (DEWEY, 1929; O'CONNOR, 1971; HIRST, 1967) y su modo de construir conocimiento se adapta al esquema que se presenta en el Cuadro 3.

Cuadro 3 – Construcción de una teoría interpretativa en educación

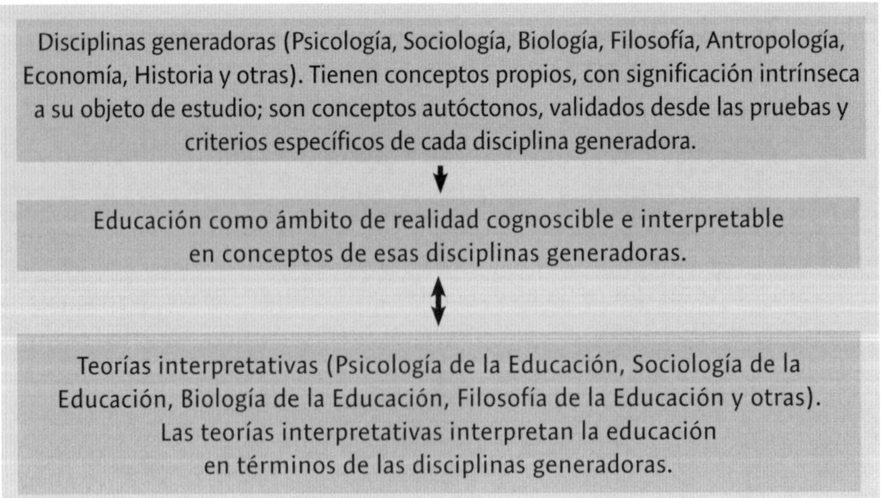

Fuente: Touriñán-López (2008, p. 181).

La Teoría de la Educación se identifica en este caso con las teorías interpretativas. Ella se corresponde en este caso con el conjunto de teorías interpretativas o investigaciones aplicadas que explican el ámbito de realidad 'educación' en conceptos que los investigadores de cada una de esas disciplinas generadoras han creado en el propio ámbito de estudio de la disciplina matriz.

Las teorías interpretativas son tratados especiales (aplicaciones) de las disciplinas generadoras. Las teorías interpretativas establecen, por tanto, vinculaciones entre condiciones y efectos de un acontecimiento educativo en términos y pruebas de las disciplinas generadoras de otros ámbitos de realidad. Son investigaciones aplicadas de las disciplinas generadoras. La Psicología, la Sociología, la Antropología, la Biología, la Economía, la Historia, y otras, son disciplinas generadoras, tienen estructura teórica consolidada por la forma de conocimiento adecuada a su objeto de estudio y han desarrollado, con autonomía funcional, conceptos propios en los que puede subsumirse la actividad educativa (BUNGE, 1975; 1985; CAÑELLAS, 2018; DEWEY, 1988).

Existen tantos tipos de teorías interpretativas como disciplinas generadoras puedan aplicar sus conceptos al ámbito de educación e interpretarlo. Su estructura disciplinar se ajusta al esquema representado en el Cuadro 4.

Cuadro 4 – Estructura de la disciplina Teoría de la Educación como teoría interpretativa

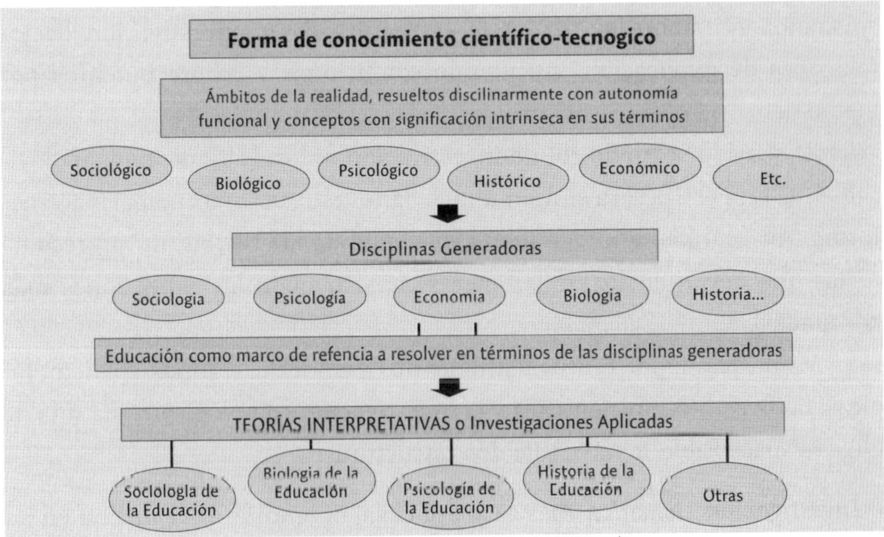

Fuente: Touriñán-López (2016a, p. 882).

A los efectos de este discurso hacemos sinónimos teoría interpretativa y una acepción de la investigación aplicada. En la literatura científica, el término 'aplicada' se entiende en dos acepciones:

a) Como aplicación de una ciencia al conocimiento de un campo (este es el sentido estricto de la teoría interpretativa como disciplina aplicada).

b) Como aplicación de una ciencia a la acción y a la resolución de problemas prácticos o a objetivos sociales (es el sentido estricto de las aplicaciones técnicas y de las teorías prácticas).

Ambos sentidos de investigación aplicada han venido contraponiéndose al concepto de investigación tecnológica, dando lugar así a tres categorías: investigación básica (teoría sustantiva), investigación aplicada (teoría interpretativa) e investigación tecnológica. Y desde este marco se entienden los conceptos de disciplina "general" y "aplicada": Biología general y biología aplicada, Antropología general y aplicada, Pedagogía general y aplicada, y así sucesivamente; dos conceptos que se han integrado en muy diversas ciencias tales como Medicina, Psicología, Sociología, Economía, Pedagogía, y otras, en la misma medida en que todas pueden aplicarse a otros conocimientos y a problemas prácticos (TOURIÑÁN-LÓPEZ, 2017).

En mi opinión, el sentido primero (a) de investigación aplicada es epistemológicamente similar a la estructura de la investigación básica (patrones de explicación, vinculando condiciones y acontecimientos por medio de teorías).

El sentido segundo (b) de investigación aplicada tiene epistemológicamente, una estructura similar a la de la investigación tecnológica (transforma una realidad encadenando, por medio de las teorías, un proceso de reglas que permiten lograr las metas construyendo las condiciones más adecuadas).

Mi posición, por tanto, distingue dos grandes categorías epistemológicas: la investigación científica y la investigación tecnológica. Cada una de ellas es susceptible, a su vez, de dos estructuras:

- ***Investigación científica*** (básica y aplicada, entendida esta última en su acepción de teoría interpretativa).

- ***Investigación tecnológica*** (aplicación de una ciencia a problemas prácticos – aplicaciones técnicas y teorías prácticas – y tecnologías sustantivas o tecnologías específicas, según la corriente de conocimiento).

Ambas categorías tienen un papel específico en la *práctica*, que se entiende aquí como la puesta en acción de la secuencia de intervención concreta en cada caso. Y, así las cosas, hay psicología de la educación, psicología del trabajo, sociología de la educación. Son disciplinas aplicadas o interpretativas desde la disciplina matriz. También hay pedagogía aplicada: la pedagogía laboral, la pedagogía familiar, la pedagogía social y otras. Las disciplinas aplicadas especializan la tarea, no la disciplina; son y aplican Sociología, Psicología, Pedagogía, y otras, a ámbitos distintos, que son susceptibles de interpretación en términos de relación social, comportamiento y motivación, de intervención pedagógica, y otras, según cuál sea la disciplina generadora de la interpretación.

En este sentido, se dice que la pedagogía laboral, la pedagogía familiar y otras disciplinas aplicadas de la Pedagogía especializan la tarea, no la disciplina Pedagogía, que sigue siendo la misma que aplica los conceptos creados por la Pedagogía a la interpretación de cada uno de esos ámbitos en los que se aplican.

En el caso de las investigaciones aplicadas, la prueba depende de los conceptos propios de la disciplina generadora (Psicología, Biología, Sociología, Pedagogía, Antropología y otras), pues son esos conceptos los que interpretan el ámbito aplicado.

Con todo, debe quedar bien claro que la mayor semejanza epistemológica a nivel de estructura, entre la teoría práctica y la investigación tecnológica, frente a la teoría interpretativa, no da pie a obviar las diferencias entre teorías prácticas y tecnologías sustantivas. Las teorías prácticas, dado que la validez de las metas no se deriva del propio proceso, sino del carácter social y moral de las mismas, conviene encuadrarlas también con propiedad en el ámbito de la racionalidad práxica. Las teorías prácticas forman parte, por la validación de los medios, de la racionalidad científico-tecnológica, y por la validación de las metas, forman parte de la racionalidad práxica (TOURIÑÁN-LÓPEZ, 2019a).

2.2. Investigaciones de teoría práctica de la educación. Las teorías prácticas de la educación

Las investigaciones de teoría práctica de la educación se identifican como tecnologías derivadas; son construcciones racionales que dirigen la acción, estableciendo reglas de intervención, a partir de metas-expectativas, social y moralmente sancionadas como metas educativas, y medios validados por teorías interpretativas. Las teorías prácticas, en tanto que tecnologías derivadas, no son patrimonio exclusivo de la investigación educativa, sino de cualquier campo en el que existan expectativas sociales. En la educación existen expectativas sociales y parece innegable, por tanto, que es un campo adecuado para el desarrollo de teorías prácticas. Los partidarios de las teorías prácticas han constituido uno de los grupos más reforzados en el ámbito de la práctica educativa (CARR; KEMMIS, 1988; CARRASCO; DEL DUJO, 1996; 2001a; 2001b). La estructura disciplinar básica de una teoría práctica queda reflejada en el Cuadro 5.

Cuadro 5 – Estructura de la disciplina Teoría de la Educación como teoría practica

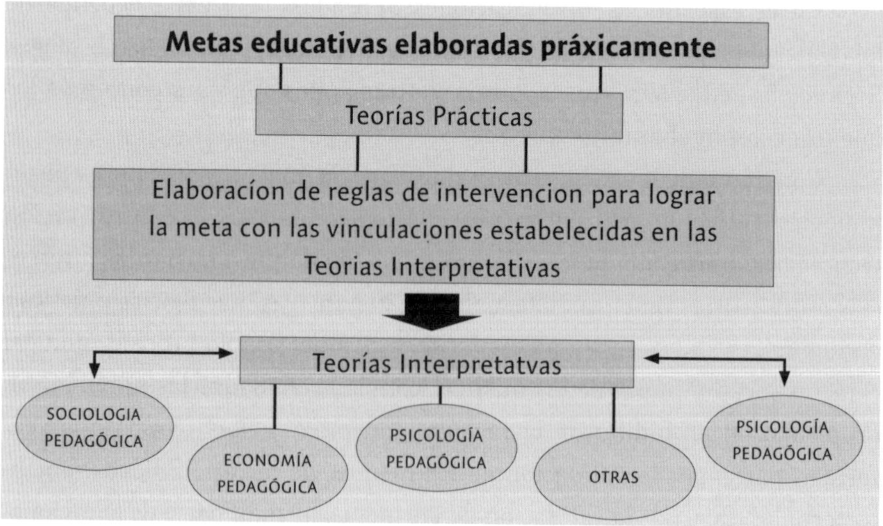

Fuente: Touriñán-López (2016, p. 884).

La cuestión fundamental no es, si son justificables las teorías prácticas; la cuestión básica es, más bien, si las teorías tienen que hacerse sólo como se hacen habitualmente en educación, es decir, bajo el patrón de teorías prácticas, y por tanto, como conocimiento subalternado a las teorías interpretativas (O'CONNOR, 1971).

Para clarificar esta cuestión, me parece oportuno seguir una estrategia comparada. En efecto, la Biología es una disciplina científica con estructura teórica consolidada; dispone de teorías sustantivas y tecnologías específicas, elaboradas en conceptos propios de la Biología. Desde conceptos propios de la Biología, sus teorías sustantivas establecen vinculaciones entre condiciones y efectos y legitiman cambios de estado, o sea, establecen metas u objetivos intrínsecos de la Biología; por su parte, sus tecnologías específicas prescriben reglas para alcanzar esos objetivos intrínsecos con las vinculaciones establecidas en sus teorías sustantivas y, además, genera investigación activa sobre la realidad biológica.

Pero, a mayor abundamiento, si nos preguntamos cómo contribuir a la calidad educativa de la sociedad con la Biología, estamos planteando una cuestión de teoría práctica. En este caso, la Biología es un estudio autónomo que tiene sus objetivos intrínsecos; pero, también, contribuye a solucionar metas educativas desde teorías prácticas, en la misma medida que la Biología valide medios que permitan generar reglas, interpretando la educación y las metas en términos biológicos. Podemos actuar con la Biología analógicamente respecto de la educación y entender ésta como una meta social que se resuelve en términos de la Biología; construimos, así, la teoría práctica de la educación desde el patrón interpretativo de la Biología.

La cuestión que no se plantea, en este caso, es la posibilidad de que los términos educacionales tengan significación propia, autóctona, intrínseca al ámbito de estudio, y existan objetivos intrínsecos, metas pedagógicas, además de expectativas sociales dirigidas al sistema educación, de manera tal que específicamente se podrían interpretar las expectativas sociales en términos de Pedagogía.

Se abre así la posibilidad de entender que no se trata de abandonar el campo de las teorías prácticas, porque la educación es, en efecto, un ámbito adecuado para las teorías prácticas, sino de entender que la Pedagogía, como estudio autónomo, con corpus conceptual propio de "educación", no es una teoría práctica (del mismo modo que la Biología no es una teoría práctica, aunque se utilice en ellas) y así la Pedagogía puede generar *investigaciones* teóricas de la educación, entendiendo la teoría como nivel epistemológico de análisis, e investigaciones de teoría de la educación como disciplina académica sustantiva.

2.3. Investigaciones teóricas de la educación: la teoría de la educación como nivel de análisis epistemológico, el ámbito de las teorías sustantivas de la educación

Una disciplina con autonomía funcional como pueden serlo la Psicología, la Biología, la Sociología, la Pedagogía, y otras, usa las formas de conocimiento adecuadas a su ámbito de conocimiento (en el caso de la Pedagogía, el ámbito de conocimiento es la educación), entendido ésta como ámbito de realidad complejo con significación intrínseca en sus términos. Precisamente por eso la Pedagogía como disciplina que tiene autónoma funcional elabora proposiciones teóricas sustantivas de la educación, proposiciones tecnológicas específicas de la educación y secuencias de intervención ajustadas en cada caso concreto a la racionalidad que mejor se adecua a la complejidad de su objeto de conocimiento.

La autonomía es funcional y no es incompatible con la existencia de relaciones de dependencia entre disciplinas. Autonomía funcional quiere decir posibilidad de concebir un campo de conocimiento que se desarrolla no como consecuencia de presiones y recomendaciones externas provenientes de otros campos dotados de estructura teórica consolidada, sino como resultado de regulaciones internas del propio campo de conocimiento, de tal manera que la teoría de ese campo quede limitada por los conceptos, hipótesis y metodologías del propio campo y no por las teorías de otros campos (TOURIÑÁN-LÓPEZ; ALONSO, 2015; TOURIÑÁN-LÓPEZ, 2014; 2016).

Las teorías sustantivas de la educación se conocen también como investigaciones de teoría de la educación como nivel de análisis epistemológico. Teoría, tecnología y práctica o investigación activa, son niveles de análisis epistemológico que se aplican a las formas de conocimiento, para dar cuenta ajustada de la complejidad de su objeto de estudio. Se diferencian entre sí, desde un punto de vista ontológico, por el aspecto o parcela del conocimiento pedagógico que les incumbe, identificado con el análisis del aspecto, parcela o sector del ámbito de conocimiento "educación" que es propio de cada disciplina sustantiva (intervención pedagógica, enseñanza y otras) Se identifican todas ellas de manera genérica y desde un punto de vista epistemológico, por centrarse en un determinado nivel de análisis epistemológico aplicable a las formas de conocimiento: el nivel "teoría", que se distingue del nivel "tecnología" y del nivel "investigación activa o práctica" (Cuadro 6).

Cuadro 6 – Construcción de una Teoría sustantiva en la Pedagogía

Pedagogía como disciplina de conocimiento de la educación con autonomía funcional que genera conceptos propios para explicar e interpretar y dirigir la educación como ámbito de realidad.
↓ ↓
Nivel epistemológico 1. Teoría (construcción que explica e interpreta un problema de educación asumiendo significación intrínseca en los términos educacionales: Teorías sustantivas de la educación) **SEPARACIÓN de los niveles 2 y 3** Nivel epistemológico 2. Tecnología (Tecnologías específicas) Nivel epistemológico 3. Práctica (Investigación activa o puesta en acción de la secuencia de intervención.
↓ ↓
Teoría como nivel de análisis epistemológico 1 ***Teoría sustantiva de la educación** que integra exclusivamente los análisis teóricos, correspondientes al nivel epistemológico 1.*

Fuente: Touriñán-López (2016, p. 906).

En conjunto, constituyen el ámbito propio de la investigación básica de la Pedagogía, entendida esta como disciplina de conocimiento, con autonomía funcional (HERBART, 1805; DILTHEY, 1965 [original de 1884]; NOHL, 1968 [original de 1935]; TOURIÑÁN-LÓPEZ, 2020a; 2020b). Las teorías sustantivas legitiman cambios de estado y orientan la acción, estableciendo vinculaciones entre condiciones y efectos de un acontecimiento educativo en conceptos con significación intrínseca al ámbito disciplinar.

Podemos decir, por tanto, que en la mentalidad pedagógica que postula la disciplina con autonomía funcional la teoría de la educación no es competencia de los especialistas de otros ámbitos, sino que en cada ámbito disciplinar hay competencia teórica, tecnológica y práctica, para los problemas del ámbito, porque la relación es de interdependencia entre los tres niveles. Desde este planteamiento es legítimo decir que la Pedagogía como disciplina del conocimiento de la educación es teoría, tecnología y práctica de la educación, o sea, que además de existir, como ya hemos visto, investigaciones aplicadas de la educación y teorías prácticas de la educación, en la Pedagogía hay investigación básica (teorías sustantivas o teoría como nivel de análisis epistemológico), tecnología específica e investigación activa, como reflejamos en el Cuadro 7.

Cuadro 7 – Pedagogía como disciplina con autonomía funcional

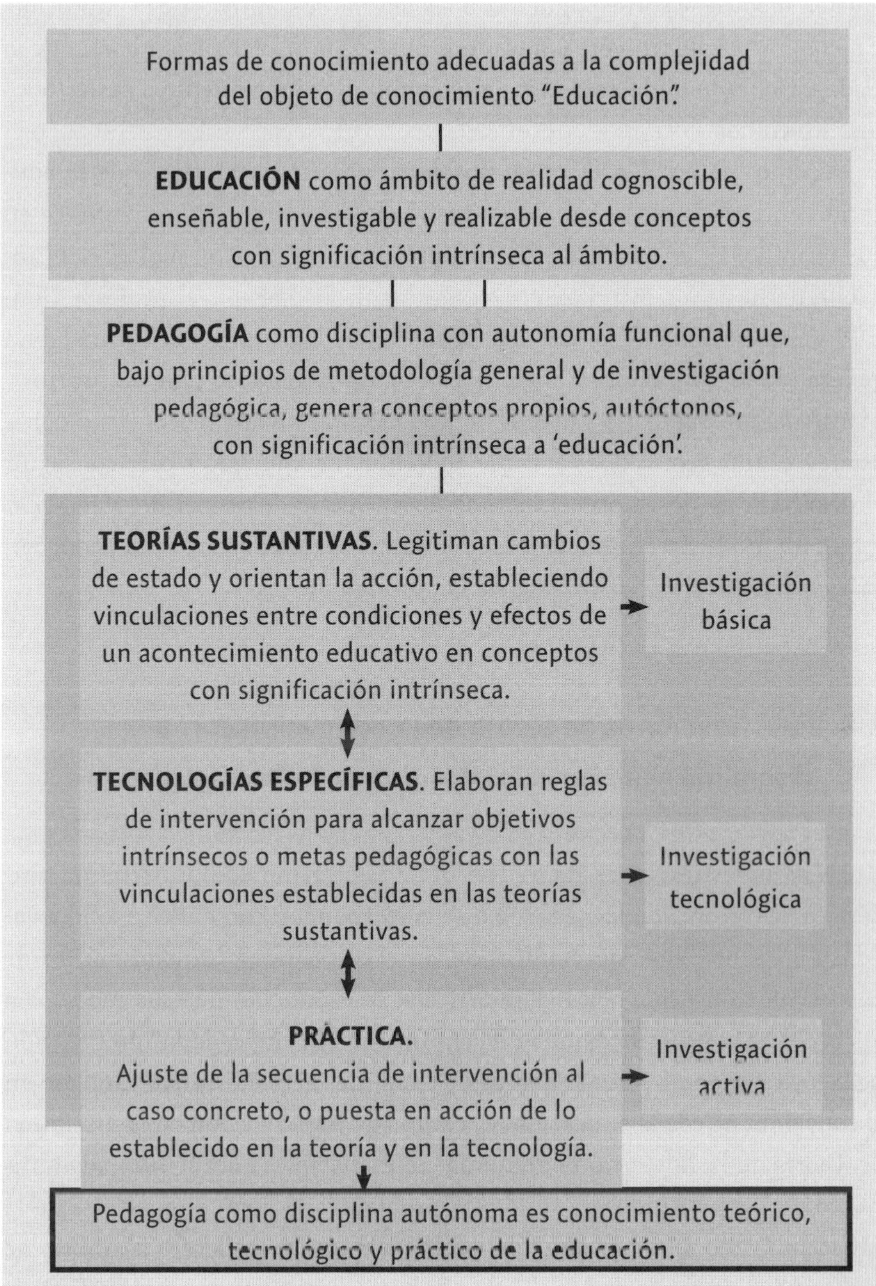

Fuente: Touriñán-López (2016, p. 887).

Las investigaciones teóricas de la educación como nivel de análisis epistemológico se corresponden con las teorías sustantivas de la educación. En conjunto, constituyen el ámbito propio de la investigación básica de la Pedagogía, entendida esta como disciplina de conocimiento, con autonomía funcional.

Cómo sea esa teoría es un problema abierto en el marco de la educación entendida como ámbito de realidad con significación intrínseca en sus términos. Y en este sentido, conviene recordar que con motivo del Cincuentenario de los estudios universitarios de Pedagogía, el profesor Gonzalo Vázquez Gómez escribió el artículo "La pedagogía general, ¿una teoría general de la educación? Problemática actual y perspectivas de futuro" y mantenía que esa teoría general "tiene el carácter de una teoría tecnológica, esto es, es una teoría que se ocupa de lo que hay que hacer para conseguir el desarrollo de los acontecimientos de un modo determinado" (GÓMEZ, 1984); un modo determinado que no niega el origen de la ciencia pedagógica, ni renuncia a los postulados de la autonomía.

2.4. Investigaciones de teoría de la educación como disciplina académica sustantiva de la Pedagogía

Las investigaciones de Teoría de la Educación como disciplina académica sustantiva de la Pedagogía se corresponden con el desarrollo y validación de modelos, de explicación, interpretación y transformación de la intervención pedagógica general y con la aplicación de esos modelos a los problemas específicos de la disciplina. Es el campo de la intervención pedagógica general, que se predica de cualquier acto educativo fundado en el conocimiento de la educación. El campo de investigación en la disciplina de Teoría de la Educación entendida como disciplina académica sustantiva, no está constituido por todos los problemas teóricos sustantivos de la educación, sino sólo por aquellos problemas que pertenecen al ámbito de la disciplina en tanto que problemas teóricos y tecnológicos de la intervención pedagógica general, como puede verse en el esquema el Cuadro 8.

Cuadro 8 – Construcción de una Teoría de la Educación como disciplina académica sustantiva en la Pedagogía

Pedagogía como disciplina de conocimiento de la educación con autonomía funcional que genera conceptos propios para explicar e interpretar y dirigir la educación como ámbito de realidad.

↓ ↓

Nivel epistemológico 1. Teoría (construcción que explica e interpreta un problema de educación asumiendo significación intrínseca en los términos educacionales: Teorías sustantivas de la educación).
Nivel epistemológico 2. Tecnología (Tecnologías específicas)
Nivel epistemológico 3. Práctica (Investigación activa o puesta en acción de la secuencia de intervención).

↓ ↓

Teoría de la Educación como disciplina académica sustantiva que integra los niveles 1-2-3 de análisis epistemológico respecto de un aspecto o parcela del objeto de conocimiento de la Pedagogía como disciplina con autonomía funcional (la parcela de educación que le corresponde estudiar es la intervención pedagógica).

Fuente: Touriñán-López (2016, p. 906).

La Teoría de la Educación, como disciplina académica sustantiva de la disciplina autónoma Pedagogía, se construye como todas las disciplinas académicas sustantivas, por parcelación de la disciplina autónoma que las genera; en este caso la Pedagogía. Como disciplina, y epistemológicamente, usa la forma de conocimiento que utiliza la Pedagogía y ontológicamente restringe su ámbito de estudio al aspecto, parcela o sector de la Pedagogía que le corresponde; es teoría, tecnología y práctica de la intervención pedagógica general. Se ocupa de la investigación de los elementos estructurales de la intervención pedagógica y de la construcción de ámbitos de educación y del diseño educativo derivado que se materializa en cada intervención pedagógica (TOURIÑÁN-LÓPEZ, 2017).

Como disciplina académica sustantiva la Teoría de la Educación no es, en la corriente que defiende la autonomía funcional del conocimiento de la educación (capacidad de generar conceptos propios, autóctonos, y criterios específicos de validación de sus propuestas), un nivel de análisis epistemológico aplicable a las formas de conocimiento (no es equivalente a teoría sustantiva), sino un conocimiento vinculado a un aspecto, parcela o sector de la Pedagogía que se resuelve con las formas de conocimiento adecuadas a la complejidad objetual de "educación" en los tres niveles de análisis epistemológico. El conocimiento disciplinar de un ámbito de realidad (conocimiento del ámbito o disciplina) implica la combinación de niveles epistemológicos propios de la forma de conocimiento (criterio epistemológico) y ámbito de realidad a conocer (criterio ontológico). Las disciplinas sustantivas hacen teoría, tecnología e investigación activa del sector de educación que estudian, usando la racionalidad que se ajusta a la complejidad de su objeto de estudio. El criterio disciplinar no es sólo epistemológico, es también ontológico, de parcela de realidad a estudiar y conocer desde la disciplina (Cuadro 9).

Cuadro 9 – Integración de componentes de disciplinas académicas substantivas

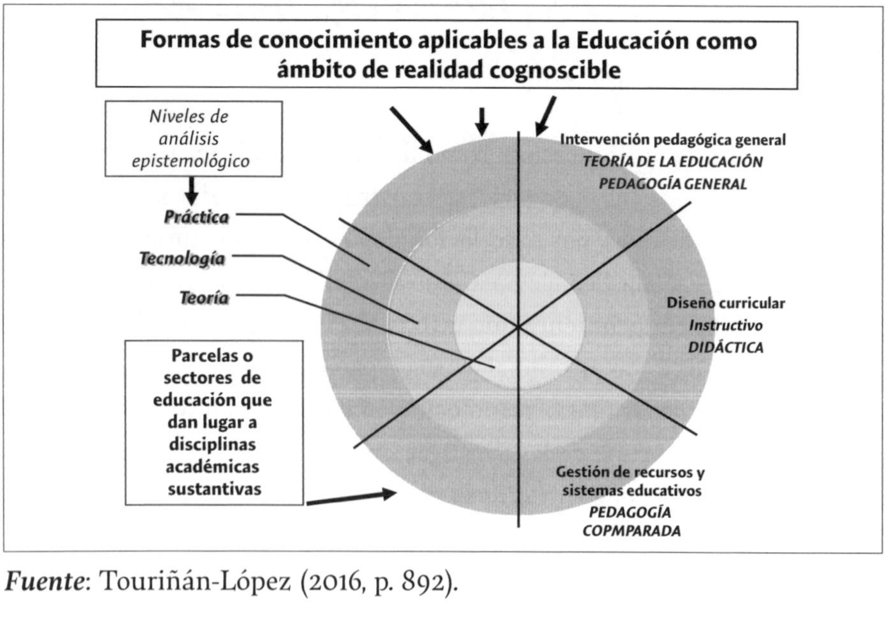

Fuente: Touriñán-López (2016, p. 892).

Las disciplinas académicas sustantivas son académicas, porque forman parte del programa académico de la carrera y son sustantivas, porque la pedagogía es lo sustantivo que las identifica y construyen su diferencia dentro de la parcela pedagógica que les incumbe, elaborando las teorías sustantivas, las tecnologías específicas y las investigaciones activas que les son pertinentes a su sector del conocimiento del ámbito de realidad "educación" Las investigaciones de Teoría de la Educación como disciplina académica sustantiva se corresponden con el desarrollo y validación de modelos, de explicación, interpretación y transformación de la intervención pedagógica general y con la aplicación de esos modelos a los problemas específicos de la parcela de educación que se constituye en su objeto de estudio. El campo de investigación en la disciplina de Teoría de la Educación entendida como disciplina académica sustantiva, no está constituido por todos los problemas teóricos de la educación, sino sólo por aquellos problemas que pertenecen al ámbito de la disciplina en tanto que problemas teóricos, tecnológicos y prácticos de la intervención pedagógica general (elementos estructurales de la intervención).

En cuanto al nombre, desde el punto de vista institucional y administrativo, el debate está decantado actualmente hacia la denominación "Teoría de la Educación" para la disciplina académica sustantiva (JOVER; THOILLIEZ, 2010; GRUPO SI(*e*TE. EDUCACIÓN, 2018; 2020; BIESTA; ALLAN; EDWARDS, 2014; RABAZAS, 2014; ARETIO; CORBELLA; BLANCO, 2009; GIL-CANTERO, 2018; 2011; MARTÍNEZ *et al.*, 2016, TOURIÑÁN-LÓPEZ, 2020a). Y en este sentido, mi propuesta personal dentro de la corriente autónoma es que, sin renunciar al nombre de teoría de la educación para la disciplina académica sustantiva, la teoría de la educación como disciplina académica sustantiva es, en sentido estrictamente lógico, Pedagogía general, es decir, es disciplinarmente una parcela sustantiva de la Pedagogía que tiene epistemológicamente la forma de conocimiento de la Pedagogía y que se identifica, ontológicamente, con un aspecto, parcela o sector del ámbito de realidad "educación" a conocer, el de la intervención pedagógica general (TOURIÑÁN-LÓPEZ, 2016):

a) Es Pedagogía, porque la Pedagogía como ciencia de la educación es conocimiento teórico, tecnológico y práctico de la educación, entendida ésta como un ámbito de realidad y de conocimiento con significación intrínseca en sus términos. La Teoría de la Educación tiene epistemológicamente la forma de conocimiento de la Pedagogía y se somete a los mismos principios metodológicos y de investigación pedagógica que la disciplina autónoma.
b) Es general, porque el término general expresa el aspecto o parcela del conocimiento pedagógico que le incumbe y la distingue de las otras disciplinas académicas sustantivas. General se entiende en sentido lógico como lo que se predica del conocimiento pedagógico con independencia de las consideraciones diferenciales, que es, en este caso, la intervención pedagógica general, las dimensiones generales de intervención y los elementos estructurales de la intervención pedagógica. La Teoría de la Educación es disciplinarmente parcela sustantiva de la Pedagogía; una parcela identificada ontológicamente con la intervención pedagógica general, que es la parcela o sector del ámbito de realidad "educación" que tiene que conocer.

Así las cosas, la presencia de problemas teóricos sustantivos y tecnológicos específicos, pero sectoriales, en otras disciplinas académicas sustantivas de la ciencia de la educación es compatible con la existencia de la Teoría de la Educación como disciplina académica sustantiva de la Pedagogía que se ocupa de los problemas de explicación, interpretación y transformación de la intervención pedagógica general, o lo que es lo mismo, que se ocupa de la teoría, de la tecnología y de la práctica de la intervención pedagógica general.

3. Consideraciones finales

En el siglo XX hemos superado los debates epistemológicos del modelo tradicional de evolución del conocimiento de la educación, que presentaba como incompatibles la filosofía, la ciencia, las ciencias de la educación y las teorías prácticas (TOURIÑÁN-LÓPEZ, 1987; AVANZINI, 1977). Hoy sabemos que las viejas disputas entre la posición alemana, la posición francesa y la angloamericana, pueden ser integradas en el conocimiento de la educación estableciendo límites de credibilidad de sus postulados con rigor lógico y empírico en los razonamientos probatorios (TOURIÑÁN-LÓPEZ, 2014). El desarrollo epistemológico del siglo XXI sobre ciencia general y aplicada y sobre el desarrollo de principios generales de metodología de investigación producidos a partir de Popper en las corrientes historicistas y en las corrientes comprensivas (TOURIÑÁN-LÓPEZ; ALONSO, 2015), son el entramado epistemológico que permite trabajar con seguridad la complejidad del campo de la educación dentro de las ciencias sociales (TOURIÑÁN-LÓPEZ; MATOS, 2018; GRUPO SI(*e*)TE. EDUCACIÓN, 2018; LUQUE, 2019).

Los distintos modos de entender el conocimiento de la educación han generado una diversidad necesaria de conocimientos teóricos de la educación, según el tipo de problemas que se estén analizando. A veces necesitaremos teorías sustantivas de la educación (para explicar y comprender la educación en conceptos propios); a veces necesitaremos teorías prácticas y teorías interpretativas (para orientar la intervención hacia fines socialmente prescritos o para comprender la intervención educativa en términos validados por otras disciplinas consolidadas, como la Psicología, la Sociología y otras); a veces, necesitaremos teorías filosóficas (en plural) de la educación, que se centran en conocer las consecuencias que se derivan para la educación de una determinada concepción de vida (así se hacen las filosofías de la educación o teorías filosóficas, en plural, de la educación) y, a veces, necesitaremos teoría filosófica (en singular) de la educación que se centra en hacer análisis fenomenológico, dialéctico, crítico-hermenéutico o lingüístico de un fin en sí, estudiar la lógica interna del fin dentro del sistema conceptual de 'educación', y otros (así se hace la filosofía de la educación o teoría filosófica, en singular, de la educación).

Las asignaturas pueden mezclar pedagogía general, filosofía de la educación y teorías filosóficas y teorías interpretativas de la educación y teorías prácticas e investigaciones teóricas de la educación, por razones pragmáticas, pero no deben conculcar las razones epistemológicas de la disciplina sustantiva en ningún caso.

Cada disciplina sustantiva tiene sus problemas y sus métodos de trabajo, según cuál sea su objeto de estudio o ámbito de conocimiento dentro de la parcela que le corresponde de la disciplina científica matriz. En el caso de Pedagogía, cuando hablamos de disciplinas sustantivas, como la teoría de la educación (o pedagogía general), la didáctica o la pedagogía comparada, queremos decir que todas son Pedagogía; todas tienen problemas teóricos, tecnológicos y prácticos de su ámbito; todas son disciplinas sustantivas, ajustadas a criterio ontológico y epistemológico de la Pedagogía, pero la pedagogía general no resuelve el problema de la Didáctica o el problema de la pedagogía comparada porque "intervención pedagógica", "enseñanza" y "sistema educativo" son conceptos singulares dentro del ámbito de realidad "educación" con problemas teóricos, tecnológicos y prácticos específicos y porque las disciplinas sustantivas se diferencian por la parcela del ámbito de conocimiento que les incumbe (en este caso intervención pedagógica, enseñanza y sistema educativo, respectivamente), elaborando sus conceptos específicos, sus contenidos propios y sus pruebas desde sus análisis teóricos, tecnológicos y prácticos.

Valorar cada medio como educativo es la condición propia de la Pedagogía y hace que la perspectiva de la pedagogía sea mesoaxiológica (comprender el valor del medio valorado educativamente). En perspectiva mesoaxiológica, transformar información en conocimiento y este conocimiento en educación exige entender la relación que hay entre el conocimiento de la educación y el concepto de educación, a fin de adquirir competencia para construir el ámbito de educación, hacer el diseño educativo y generar la intervención, de manera que la función de educar sea vista también como competencia técnica que se ejerce en cada caso con mentalidad pedagógica específica y con mirada pedagógica especializada (TOURIÑÁN-LÓPEZ, 2015; 2020b).

Construir ámbitos de educación, generar diseño educativo, orientar formativamente buscando la concordancia valores-sentimientos en cada intervención, es competencia general del pedagogo. Y esa competencia general puede aplicarse a muy diversos ámbitos, familia, escuela, ciudad educadora, cárceles, trabajo y otros. Ese es el futuro de las profesiones de la educación vinculadas a la Pedagogía como conocimiento de la educación y eso no se logra sin Teoría de la educación como disciplina académica sustantiva cuyo objeto es el conocimiento teórico, tecnológico y práctico de la intervención pedagógica. Ese es su ámbito disciplinar específico. Por medio del dominio de la teoría de la educación como disciplina logramos competencia para construir ámbitos de educación, hacer el diseño educativo pertinente y generar la intervención pedagógica derivada, que es siempre acción intencional en orden a realizar fines y medios que se justifican con fundamento en el conocimiento verdadero de la educación (de ese conocimiento verdadero forma parte, específica y necesariamente, la teoría de la educación como disciplina académica sustantiva).

Referencias

ALONSO, Rafael Sáez. La teoría de la educación, una búsqueda sin término en la construcción del conocimiento de la educación. *Encounters on Education*, Rioja, n. 8, p. 109-126, 2007.

ÁLVAREZ, Ángel González. *Filosofía de la educación*. Buenos Aires: Troquel, 1977.

AVANZINI, Guy. *La pedagogía del siglo XX*. Madrid: Narcea, 1977.

ARETIO, Lorenzo García; BLANCO, Miriam García; CORBELLA, Marta Ruiz. *Claves para la educación:* actores, agentes y escenarios en la sociedad actual. Madrid: Narcea, 2009.

BARCALA, José Basabe. *Estudios sobre epistemología y pedagogía*. Madrid: Anaya, 1983.

BELTH, Marc. *La educación como disciplina científica*. Buenos Aires: El Ateneo, 1971.

BIESTA, Gert; ALLAN, Julie; EDWARDS, Richard (eds.). *Making a difference in theory:* the theory question in education and the education question in theory. Londres/Nueva York: Routledge, 2014.

BOAVIDA, João; DEL DUJO, Angel García. *Teoria da educação:* contributos ibéricos. Coimbra: Imprenta da Universidade de Coimbra, 2007

BUNGE, Mario. *Teoría y realidad*. 2. ed. Barcelona: Ariel, 1975.

BUNGE, Mario. *Treatise on basic philosophy*. Hollan: Reidel, Dordrecht, 1985. n. 2. v. 7.

CABANAS, José María Quintana. Concepto de filosofía de la educación. *Revista Española de Pedagogía,* Rioja, n. 40, v. 157, p. 65-74, 1982.

CABANAS, José María Quintana. *Teoría de la educación:* concepción antinómica de la educación. Madrid: Dykinson, 1988.

CAMPILLO, Joaquín; ESTEVE, José Manuel; IBÁÑEZ-MARTÍN, José Antonio;

CAÑELLAS, Antoni J. Colom. Apuntes sobre la institucionalización de la pedagogía en España, en GRUPO SI(*e*)TE. EDUCACIÓN, la pedagogía, hoy. Santiago de Compostela: Andavira, 2018.

CAPITÁN, Alfonso. *Teoría de la educación*. Zaragoza: Edelvives, 1979.

CARR, David. Diverse Senses, and six conceptions, of education. *Revista Española de Pedagogía,* Logroño, año 72, n. 258, p. 219-230, 2014.

CARR, Wilfred. Education without theory. *British Journal of Educational Studies, Birmingham,* v. 54, n. 2, p. 136-159, 2006.

CARR, Wilfred; KEMMIS, Stephen. *Teoría crítica de la enseñanza:* la investigación-acción en la formación del profesorado. Barcelona: Martínez Roca, 1988.

CARRASCO, Joaquín García; DEL DUJO, Angel García. La Teoría de la Educación en la encrucijada. *Teoría de la Educación: Revista Interuniversitaria,* Buenos Aires, n. 13, p. 15-43, 2001b.

CARRASCO, Joaquín García; DEL DUJO, Ángel García. *Teoría de la educación:* educación y acción pedagógica. Salamanca: Ediciones Universidad de Salamanca, 1996. v. 1.

CARRASCO, Joaquín García; DEL DUJO, Ángel García. *Teoría de la educación:* procesos primarios de formación del pensamiento y la acción. Salamanca: Universidad de Salamanca, 2001a. v. 2.

DEWEY, John. *Cómo pensamos. Nueva exposición de la relación entre pensamiento reflexivo y proceso educativo.* Barcelona: Paidós, 1998.

DEWEY, John. *Democracia y educación.* 7. ed. Buenos Aires: Losada, 1971.

DEWEY, John. *La ciencia de la educación.* Buenos Aires: Losada, 1929.

DILTHEY, Wilhelm *Fundamentos de un sistema de pedagogía.* 8. ed. Buenos Aires: Losada, 1965. (fecha de edición original alemana, 1884).

FULLAT, Octavi. *Filosofías de la educación.* Barcelona: Ceac, 1979. (Edición ampliada de 1992, *Filosofías de la educación. Paideia.* Barcelona: Ceac).

GARGALLO, Bernardo. La teoría de la educación: objeto, enfoques y contenidos. *Teoría de la Educación: Revista Interuniversitaria,* Buenos Aires, v. 14, p. 19-46, 2002.

GIL-CANTERO, Fernando. Educación con teoría: revisión pedagógica de las relaciones entre la teoría y la práctica educativa. *Teoría de la Educación: Revista Interuniversitaria,* Salamanca, v. 23, n. 1, p. 19-43, 2011.

GIL-CANTERO, Fernando. Escenarios y razones del antipedagogismo actual. *Teoría de la Educación: Revista Interuniversitaria,* Buenos Aires, v. 30, n. 1, p. 29-51, 2018.

GÓMEZ, Gonzalo Vázquez. Apuntes bibliográficos de la ciencia pedagógica. *Revista Española de Pedagogía,* Rioja, v. 39, n. 153, p. 9-36, 1981.

GÓMEZ, Gonzalo Vázquez. *La pedagogía general,* ¿una teoría general de la educación? Problemática actual y perspectivas de futuro, en la obra conjunta, *Cincuentenario de los estudios universitarios de pedagogía.* Madrid: Universidad Complutense de Madrid, 1984. p. 13-39.

GRUPO SI(*e*)TE. EDUCACIÓN. *La pedagogía, hoy.* Santiago de Compostela: Andavira, 2018.

GRUPO SI(*e*)TE. EDUCACIÓN. *Saber para hacer en educación.* Santiago de Compostela. Andavira, 2020.

HERBART, Johann Friedrich. *Pedagogía general derivada del fin de la educación.* Madrid: La Lectura, 1806.

HIRST, Paul H. Educational theory. *In*: TIBBLE, John William (ed.). *The study of education*. London: Routledge and Kegan Paul, 1966. p. 29-58.

HIRST, Paul H. Philosophy and educational theory. *In*: SCHEFFLER, Israel (ed.). *Philosophy and education:* modern readings. Boston: Allyn and Bacon, 1967. p. 78-95.

IBÁÑEZ, Ricardo Marín. Medio siglo de pedagogía general. *Revista Española de Pedagogía*, La Rioja, v. 41, n. 159, p. 9-23, 1983.

IBÁÑEZ-MARTÍN, José Antonio. Anámnesis y prognosis de la Filosofía de la educación. *In*: BERRIO, Julio Ruiz (ed.). *Pedagogía y educación ante el siglo XXI*. Madrid: Universidad Complutense, 2005. p. 85-103.

JOVER, Gonzalo; THOILLIEZ, Bianca. Cuatro décadas de Teoría de la Educación: ¿una ecuación imposible? *Teoría de la Educación: Revista interuniversitaria*, Buenos Aires, n. 22, p. 43-64, 2010.

KANT, Immanuel. *Pedagogía*. 3. ed. Madrid: Akal, 2003. (Edición Original, 1803).

LUCAS, Christopher J. (ed.). *What is Philosophy of Education*? Toronto: Collier-MacMillan, 1969.

LUQUE, David. Desarrollos interpretativos de la filosofía de la educación en la tradición anglófona: un intento de sistematización. *Revista Española de Pedagogía*, La Rioja, v. 77, n. 272, p. 67-82, 2019.

MARTÍNEZ, Miquel; ESTEBAN, Francisco; JOVER, Gonzalo; PAYÀ, Montserrat. *La educación, en teoría*. Madrid: Síntesis, 2016.

NOHL, Herman. *Teoría de la educación*. 5. ed. Buenos Aires: Losada, 1968. (Fecha edición alemana de 1935).

O'CONNOR, Joseph Desmond. *Introducción a la filosofía de la educación*. Buenos Aires: Paidós, 1971.

O'CONNOR, Joseph Desmond. The nature and scope of educational theory. *In*: LANGFORD, Guilherme; O'CONNOR, Joseph Desmond (eds.). *New essays in the philosophy of education*. London: Routledge and Kegan Paul, 1973. p. 47-65.

QUINTANILLA, Miguel Ángel. El estatuto epistemológico de las ciencias de la educación. *In:* ESCOLANO, Benito A. (ed.). *Epistemología y educación*. Salamanca: Sígueme, 1978. p. 92-118.

RABAZAS, Teresa (coord.). *El conocimiento teórico de la educación en España:* evolución y consolidación. Madrid: Síntesis, 2014.

RODRÍGUEZ, Antonio. Conocimiento de la educación como marco de interpretación de la teoría de la educación como disciplina. *Tendencias Pedagógicas*, Madrid, n. 11, p. 31-53, 2006.

RUBIO, Rogelio Medina. Estatuto epistemológico de la Teoría de la Educación. *In:* RUBIO, Rogelio Medina; CORBELLA, Marta Ruiz; ARETIO, Lorenzo García. *Teoría de la Educación*: educación social. Madrid: Uned, 1992. p. 213-232.

RUIZ, Pedro Ortega (coord.). Teoría de la educación, ayer y hoy. *Revista Interuniversitaria de Formación de Profesorado*, Murcia, n. 25, 1996.

SÁNCHEZ, Juan Escámez J. Las aportaciones de la teoría a la educación. *Revista Española de Pedagogía*, Valencia, v. 65, n. 237, p. 217-235, 2007.

SMEYERS, Paul. Repensar la filosofía de la educación. *Teoría de la Educación. Revista Interuniversitaria*, Buenos Aires, v. 22, n. 1, p. 117-140, 2010.

SUCHODOLSKY, Bogdan. Philosophy and education. *International Review of Education*, Oxford, v. 25, n. 2-3, p. 347-366, 1979.

TIBBLE, John William. *The study of education*. Londres: Routledge and Kegan Paul, 1969.

TOURIÑÁN-LÓPEZ, José Manuel. Alcance de "Teoría de la Educación' en la carrera de pedagogía. *Revista Boletín Redipe*, Cali, v. 9, n. 4, p. 25-89,. abril, 2020a.

TOURIÑÁN-LÓPEZ, José Manuel. *Concepto de educación y conocimiento de la educación:* the concept of education and the knowledge of education. Colombia-Nueva York: Redipe (Bowker-Books), 2018a.

TOURIÑÁN-LÓPEZ, José Manuel. *Dónde está la educación:* actividad común interna y elementos estructurales de la intervención. A Coruña: Netbiblo, 2014.

TOURIÑÁN-LÓPEZ, José Manuel. *Función pedagógica, competencia técnica y transferencia de conocimiento*. Colombia-Nueva York: Redipe (Bowker-Books), 2020b.

TOURIÑÁN-LÓPEZ, José Manuel. La pedagogía no es la filosofía y la filosofía no es la filosofía de la educación. *Revista Boletín Redipe*, Cali, v. 8, n. 5, p. 17-84, mayo, 2019a.

TOURIÑÁN-LÓPEZ, José Manuel. *Mentalidad pedagógica y diseño educativo:* de la pedagogía general a las pedagogías aplicadas en la función de educar. Santiago de Compostela: Andavira, 2017.

TOURIÑÁN-LÓPEZ, José Manuel. *Pedagogía general:* principios de educación y principios de intervención. A Coruña: Bello y Martínez, 2016.

TOURIÑÁN-LÓPEZ, José Manuel. *Pedagogía mesoaxiológica y concepto de educación.* Santiago de Compostela: Andavira, 2015.

TOURIÑÁN-LÓPEZ, José Manuel ¿Qué estamos haciendo mal? Una reflexión desde la Pedagogía. *In*: HERRÁN, Agustin de la Herrán; LÓPEZ, Javier Manuel Valle; HIGUERAS, José Luis Villena (coords.). *¿Qué estamos haciendo mal en la educación?* Reflexiones pedagógicas para la investigación, la enseñanza y la formación. Barcelona: Octaedro, 2019b.

TOURIÑÁN-LÓPEZ, José Manuel. *Teoría de la educación* (Filosofía de la Educación). Madrid: Uned, 1974.

TOURIÑÁN-LÓPEZ, José Manuel. Teoría de la educación: identificación de la asignatura y competencia disciplinar. *Revista de Ciencias de la Educación*, Valencia, v. 35, n. 137, p. 7-35, 1989.

TOURIÑÁN-LÓPEZ, José Manuel. Teoría de la educación: investigación disciplinar y retos epistemológicos. *Magis Revista Internacional de Investigación en Educación*, Bogotá, v. 1, n. 1, p. 175-194, 2008.

TOURIÑÁN-LÓPEZ, José Manuel. *Teoría de la educación:* la educación como objeto de conocimiento. Madrid: Anaya, 1987.

TOURIÑÁN-LÓPEZ, José Manuel; ALONSO, Rafael Sáez. *La mirada pedagógica*: teoría de la educación, metodología y focalizaciones. Santiago de Compostela, Andavira, 2015.

TOURIÑÁN-LÓPEZ, José Manuel.; MATOS, Silvana Longueira. *La construcción de ámbitos:* pedagogía general y aplicada. Santiago de Compostela: Andavira, 2018.

WALTON, John. A confusion of contexts: the interdisciplinary study of education. *Educational Theory*, Toronto, v. 24, n. 3, p. 219-229, 1974.

WALTON, John. A discipline of education. *In*: WALTON, John; KUETHE, James C. (eds.). *The discipline of education.* Madison: The University of Wisconsin Press, 1963. p. 3-16.

WALTON, John. *Introduction to education:* a substantive discipline. Waltham, Massachussets: Xerox College Press, 1971.

Capítulo **IV**

Ciências da Educação, Pedagogia e Pedagogia Social: inter-relações epistemológicas[4]

Adalberto Dias de Carvalho

Isabel Maria de Carvalho Baptista

Umberto de Andrade Pinto

"Se a educação sozinha, não transforma a sociedade, sem ela tampouco a sociedade muda"

(Paulo Freire)[5]

---

4 Este estudo teve origem na pesquisa de pós-doutoramento em Ciências da Educação desenvolvida pelo professor Umberto de Andrade Pinto (Universidade Federal de São Paulo) na Universidade Católica Portuguesa/Porto (2018), sob a supervisão do professor Adalberto Dias de Carvalho e da professora Isabel Maria de Carvalho Baptista.

5 FREIRE, Paulo. *Pedagogia da indignação*: cartas pedagógicas e outros escritos. São Paulo: Editora Unesp, 2000.

1. Introdução

As Ciências da Educação, a Pedagogia e a Pedagogia Social, além de se constituírem como áreas de conhecimento, também se constituem como cursos em diferentes países. No Brasil não temos cursos específicos de graduação em Ciências da Educação nem em Pedagogia Social, mas temos os cursos de Pedagogia com uma tradição superior a oitenta anos.

O presente capítulo tem por objetivo examinar as inter-relações epistemológicas entre essas três áreas de conhecimento, a partir do debate estabelecido em Portugal, país que não oferece o curso de graduação em Pedagogia, mas nas quatro últimas décadas instalou tanto a graduação em Ciências da Educação quanto em Pedagogia Social.

A Pedagogia Social é relativamente nova em Portugal no que se refere a seus estudos, assim como na demarcação de um campo profissional. Entretanto, já ocupa um espaço notável nas Universidades e nos Institutos Tecnológicos com a oferta do curso em nível de graduação e de pós-graduação, onde ocorrem as produções de suas pesquisas. Trata-se de uma área que no contexto europeu surge como disciplina autônoma na Alemanha recém-industrializada do século XIX e, atualmente, encontra na Espanha uma produção científica não somente qualitativa, mas também diversificada, que muito tem contribuído nos debates com os vizinhos portugueses (BAPTISTA, 2008).

Como a própria expressão sugere, "Pedagogia Social" é uma subárea da Pedagogia que, como Ciência da Educação, ao ser adjetivada de social está voltada para os processos educativos que ocorrem na sociedade como um todo, uma vez que a complexidade do desenvolvimento social contemporâneo tem demandado por aprendizagens intencionais que se processam para além da escola.

Segundo Baptista (2008, p. 10),

> [...] podemos afirmar que nesta nova era da política, a pedagogia social ocupa um lugar decisivo na reconfiguração do "espaço público da educação", tendo em conta a valorização dos múltiplos lugares de realização antropológica e a necessidade de investir em respostas educacionais de base sociocomunitária.

Do ponto de vista epistemológico, podemos afirmar que o debate sobre a Pedagogia Social dialoga diretamente com o da Pedagogia como ciência, resguardando a especificidade de sua área.

Ainda segundo a autora (2008, p. 13),

> É, pois, num horizonte de mudança paradigmática e no espaço amplo e impreciso das ciências da educação que surge hoje a pedagogia social, trazendo consigo a inevitável interrogação sobre a legitimidade científica da própria pedagogia, uma área tradicionalmente prestigiada no seio dos saberes educacionais mas que entretanto foi sendo desacreditada em virtude de sua reconhecida ligação ao mundo filosófico e metafísico. Todavia, "expulsa pela porta", a pedagogia parece agora querer "entrar pela janela" por força da necessária ressubjectivação do discurso científico. Remetendo para outro contexto o adequado tratamento académico da questão de saber se podemos ou não chamar ciência à pedagogia, situo o lugar científico da pedagogia social neste retorno da pedagogia.

Entendemos, assim, que clarificar as relações entre as Ciências da Educação e a Pedagogia pode também contribuir com o entendimento e a demarcação do campo epistemológico da Pedagogia Social na perspectiva praxiológica da Pedagogia (CARVALHO, 2008), bem como com a profissionalização em sua área específica.

Desse modo, deixamos inicialmente em aberto os seguintes questionamentos: como a Pedagogia Social se relaciona com as Ciências da Educação? Ela está acomodada no campo científico da Pedagogia ou das Ciências da Educação? Em que medida ela é reconhecida e valorizada como uma das Ciências da Educação?

2. A constituição das Ciências da Educação na França

A constituição e a institucionalização das Ciências da Educação em Portugal revelam processos históricos diretamente relacionados àqueles que ocorreram na França, país em que se localiza o nascedouro da identificação e sistematização dessas ciências. Assim, trataremos brevemente desse percurso histórico na França e, posteriormente, como ocorreu em Portugal.

Os cursos de Ciências de Educação foram criados na França em 1967, mas o debate em torno da constituição das Ciências da Educação - como campo científico - ocorre pelo menos desde o início do século anterior, a partir dos estudos da Psicologia na área de Educação. Nesse contexto, a Psicologia da Educação vai se constituir historicamente como ciência-mãe das Ciências da Educação, demarcando seus estudos na individualização dos processos educativos.

Na segunda metade do século XIX ocorreu uma grande difusão das ideias escolanovistas no âmbito do que Suchodolski (1972) identificou como Pedagogia da Existência. Essa Pedagogia vai-se contrapor radicalmente com a hegemonia milenar das pedagogias da essência. Assim, de uma tradição marcada por um ideal (externo) predeterminado de ser humano, de caráter universal - herdeiro da filosofia platônica -, transita-se para uma Pedagogia da Existência, que põe em cena a individualidade do aprendiz, que existe por ele mesmo, e não mais se prende a modelos exteriores predefinidos.

Nesse solo fértil de mudança paradigmática de entendimento do humano, a educação vai disseminar seus estudos no campo da Psicologia - que acabava por se constituir como ciência autônoma -, demarcando uma área que passa a ser identificada como uma Ciência da Educação: a Psicologia da Educação, de base experimental, diferente das abordagens científicas voltadas à Educação até então.

Quando ocorre o emprego da expressão "Ciências da Educação", no plural? A resposta a esse questionamento exige um exame sobre o impacto do pensamento positivista no campo das Ciências Humanas, assim como a decorrente negação da Pedagogia como Ciência da Educação.

3. O positivismo e as Ciências da Educação

O debate em torno da epistemologia das Ciências da Educação é intenso, pelo menos nas três últimas décadas, e dele têm participado diversos pesquisadores que concordam que sua problemática está diretamente relacionada à trajetória histórica de constituição das próprias Ciências Humanas (BOAVIDA; AMADO, 2008; CARVALHO, 1994; CARVALHO, 1996; HOUSSAYE *et al.*, 2004).

O entendimento de ciência, a partir da modernidade, foi gestado em torno das áreas de conhecimento sobre a natureza. Por outro lado, o avanço das forças produtivas, a partir do capitalismo industrial, incrementou não somente as ciências duras, mas também as que seriam identificadas como Ciências Humanas, no contexto de um novo ordenamento social constituído em torno dos centros urbanos.

O positivismo de Augusto Comte influenciará diretamente o entendimento do que deve ser a ciência, em uma visão reducionista.

Conforme argumentam Boavida e Amado (2008, p. 45-46),

> O método experimental, a partir da investigação assente nos factos observáveis tornou-se, com o Positivismo, não só como a única via possível para o conhecimento científico, a única via credível de investigação, mas também numa autêntica concepção filosófica.

Essa concepção de conhecimento científico irá marcar profundamente as novas áreas de investigação que tomam o ser humano como objeto de estudo – as Ciências Humanas. Carvalho (1996) argumenta que os teorizadores das Ciências da Natureza não vislumbraram a possibilidade de outras construções científicas para além das constituídas no modelo verificacionista e quantitativista que orientam suas pesquisas. Por extensão, podemos acrescentar que não somente esses teorizadores passaram a difundir este entendimento do que é conhecimento científico, mas também a desenvolver os estudos sobre o ser humano. Abrigados até então na filosofia, esses estudos intensificados e especializados ao longo do século XIX ainda buscam por um espaço de autonomia que permita a demarcação específica do seu objeto de investigação.

É o caso, em especial, da Psicologia e da Sociologia, duas áreas emblemáticas neste questionamento sobre o estatuto de cientificidade das Ciências Humanas, e que já em seu nascimento incorporaram estudos sobre os fenômenos educativos. Com isso, queremos destacar que os impasses em torno da constituição epistemológica das Ciências da Educação, no que se refere à problemática de um conjunto de áreas científicas (Psicologia, História, Sociologia, entre outras) toma como estudo um mesmo objeto (Educação), são ainda potencializados pela fragilidade com que se apresenta no meio científico a própria constituição de suas ciências-mãe. Ou seja, as Ciências da Educação, como áreas científicas, são duplamente atacadas pelo reducionismo conceitual da ciência moderna: primeiro, por extensão da crítica às suas ciências-mãe, que ao tomar a condição humana como objeto de estudo não se adaptam aos cânones científicos da modernidade, e depois pelo fato do seu objeto de estudo – a educação – não ser demarcado por uma única ciência especializada.

De modo particular, a Psicologia é a ciência que inaugura os estudos científicos na área de Educação, marcados pela referência positivista das Ciências da Natureza, o que depois também irá ocorrer com a Sociologia. Essas duas jovens ciências ao se voltarem para os fenômenos educativos sustentarão, posteriormente, a formulação da expressão "Ciências da Educação".

4. A negação da Pedagogia

Por que os estudos sobre Educação da Psicologia e da Sociologia não vão ao encontro daqueles já abrigados anteriormente na Pedagogia? A resposta a esse questionamento está justamente relacionada à hegemonia do pensamento positivista no século XIX, conforme Dottrens, 1961 (*apud* JUIF; DOVERO, 1974, p. 42):

> A pedagogia ainda está na fase das opiniões... A ciência progride porque resulta de um procedimento objectivo porque recorre em todos os domínios à aplicação da prova: a ciência forja o futuro, a pedagogia venera o passado.

Esse discurso cientificista logo vai rechaçar a Pedagogia como Ciência da Educação e abre caminho para que outras ciências, com outros objetos de estudo, ao se voltarem para a área educacional possam, finalmente, ser identificadas como Ciências da Educação.

Entretanto, a Pedagogia sempre foi historicamente associada à ideia de Educação na chamada civilização ocidental (SAVIANI, 2007), e seu sentido etimológico remonta à realidade social da Antiguidade Grega: o escravo que conduzia a criança aos estudos. A partir da modernidade, vários pensadores se debruçaram sobre esta área de conhecimento para estudar a Educação das novas gerações em um contexto histórico em que as pessoas não eram mais classificadas socialmente por sua hereditariedade, como ocorria no modo de produção feudal, mas sim pela sua individualidade.

Daí a importância de discutir a Educação desse (novo) ser humano a integrar outro ordenamento social. Porém, por estar diretamente associada à prática docente, a Pedagogia nunca foi facilmente identificada como ciência (mesmo antes da difusão das ideias positivistas), mas sim como arte, no sentido de que toda prática humana é expressão de sua criatividade.

5. A difusão das Ciências da Educação em Portugal

Com o objetivo de recuperar a trajetória histórica do desenvolvimento dos estudos sobre a Educação em Portugal, Amado e Boavida (2008) propõem uma mesma periodização para a Espanha e a França, países com tradição semelhante a Portugal na área educacional. Identificam um primeiro período como positivista e republicano, marcado pelo pensamento científico positivista predominante no século XIX, como já tratado anteriormente.

Segundo os referidos autores, em Portugal, os ideais positivistas e republicanos circularam nos debates educacionais no último quartel do século XIX. Para eles, é marcante nesse primeiro período de difusão das Ciências da Educação em Portugal a circulação das ideias pedagógicas de outros países europeus com as quais o movimento de bolseiros portugueses da área de Educação tinha contato no exterior.

O segundo período – identificado como da Pedagogia Experimental e da Escola Nova – surge e cresce no interior do período anterior com grande dinamismo "quer do ponto de vista das reformas educativas que se realizam na época, quer do ponto de vista da reflexão e da investigação" (AMADO; BOAVIDA, 2008, p. 15). Os autores subdividem a apresentação deste período em Pedagogia Experimental e Escola Nova, duas vertentes de um mesmo movimento de críticas à escola tradicional.

O último período estabelecido por Amado e Boavida (2008) na trajetória histórica dos estudos sobre a Educação em Portugal se refere à autonomia e institucionalização acadêmica da área educacional.

6. Os cursos de Ciências da Educação em Portugal

É no contexto histórico português de abertura política dos anos 1970 que surgem "as Ciências da Educação, trazidas pela mão dos que tinham obtido graus e experiência, em países europeus ou norte-americanos" (ESTRELA, 1999, p. 11). Segundo esse autor, as Ciências da Educação passam a ser difundidas em Portugal em níveis diversificados, com incidência inicial no ensino universitário e posteriormente no politécnico. Por outro lado, Estrela (1999) considera essa difusão também como resultado da desorganização do sistema educativo, ao fim do Estado Novo, e das mudanças e reformas decorrentes, ocorridas nos quinze anos posteriores.

Conforme Afonso (2013), a partir da década de 1970, após a democratização da sociedade portuguesa, surgiram duas estratégias que permearam o percurso das Ciências da Educação em Portugal. A primeira estratégia desse percurso está relacionada às questões suscitadas com a implementação e institucionalização dos cursos de graduação em Ciências da Educação nesse país. A segunda está voltada para o campo das Ciências da Educação advindas da Filosofia ou História da Educação e mesmo da Pedagogia com questionamentos sobre a epistemologia e da especificidade das Ciências da Educação diante de outras ciências como a Sociologia, a Antropologia, a Psicologia... Elas próprias à procura de construir sua inserção institucional.

De acordo com Afonso (2013, p. 15), isso

> [...] permitiu consolidar produtivamente grupos disciplinares, departamentos específicos e carreiras docentes em muitos subcampos (mais especializados) das Ciências da Educação, por outro, adiou práticas docentes e de investigação mais frequentemente dialógicas e interdisciplinares [...].

Em 1980, foram criadas as Faculdades de Psicologia e Ciências da Educação em Lisboa, Coimbra e Porto; e em 1984, Albano Estrela, Joaquim

Ferreira Gomes e Bártolo Paiva Campos, representando respectivamente essas três universidades, apresentam a proposta de instalação dos cursos de Licenciatura em Ciências da Educação, que começam a funcionar entre 1987 e 1988 (AMADO; BOAVIDA, 2008). Atualmente, quase todas as universidades públicas e boa parte das instituições privadas oferecem os cursos de Ciências da Educação em todo território português.

7. A Pedagogia como campo de conhecimento

A Pedagogia como ciência tem a Educação como seu objeto específico e exclusivo de investigação; entretanto, o debate em torno de sua cientificidade é recorrente, por conta do desconforto em identificá-la como ciência nos moldes do pensamento moderno, conforme exposto anteriormente. O fator fundamental e determinante desse desconforto assenta-se no fato de seu objeto de estudo – a Educação –, além de ser um fenômeno multideterminado, que implica necessariamente uma abordagem interdisciplinar, ser, sobretudo, um evento prático.

Pimenta (2000, p. 47. Grifos da autora) defende que a Pedagogia tem sua significação epistemológica ao se assumir como ciência da prática social em Educação:

> Diferentemente das demais ciências da educação, a pedagogia é ciência *da prática.* [...] Ela não se constrói como discurso sobre a educação, mas a partir da prática dos educadores tomada como referência para a construção de saberes, no confronto com os saberes teóricos. [...] O objeto/problema da pedagogia é a educação enquanto prática social. Daí seu caráter

> específico que a diferencia das demais (ciências da educação), que é o de uma *ciência prática* – parte da prática e a ela se dirige. A problemática educativa e sua superação constituem o ponto central de referência para a investigação.

Nessa mesma perspectiva, Libâneo (2011, p. 72) identifica a Pedagogia como a teoria e a prática da Educação que

> Mediante conhecimentos científicos, filosóficos e técnico-profissionais, investiga a realidade educacional sempre em transformação, para explicitar objetivos e processos de intervenção metodológica e organizativa referentes à transmissão-assimilação de saberes e modos de ação. Ela busca o entendimento, global e intencionalmente dirigido, dos problemas educativos e, para isso, recorre aos aportes teóricos providos pelas demais ciências da educação.

A partir das contribuições de Schmied-Kowarzik (1988), Pimenta (2011b), Libâneo (2011) e Franco (2003), Pinto (2011) busca ampliar o entendimento da Pedagogia como ciência, propondo sua identificação como *"campo de conhecimento"*, justamente para contemplar estas suas duas características peculiares: objeto de estudo multideterminado e de caráter prático.

Pinto (2011) parte do princípio que a Pedagogia, como teoria da Educação, tem uma importância incontestável na orientação da prática educativa. Considera-se também que sua constituição teórica se apresenta marcada por elevados níveis de complexidade e precariedade, quando compreendida como ciência "da" prática e "para" a prática. Assim, o que se propõe é identificá-la como *campo de conhecimento sobre e na Educação. Campo de conhecimento* porque a prática pedagógica não se expressa somente por teorias científicas, na medida em que envolve outras formas e outros tipos de conhecimentos.

A Pedagogia, além de constituir-se por uma abordagem transdisciplinar do real educativo, ao articular as teorias das diferentes ciências que lhe dão sustentação direta ou indireta (Psicologia, Sociologia, História, Biologia, Antropologia, Neurologia, entre outras), constitui-se, ao mesmo tempo, por uma abordagem *pluricognoscível* ao ser expressão das diferentes formas e de diferentes tipos de conhecimento: do científico, do senso comum, da Estética, da Etica e da Política, da empiria, da etnociência. *Sobre a Educação*, por teorizar e sistematizar as práticas educativas produzidas historicamente na articulação de diferentes saberes que orientam essas práticas, assim como aqueles produzidos tacitamente no movimento dessas mesmas práticas. *Na Educação*, ao materializar-se nas práticas educativas que são fundantes para a articulação de todos os conhecimentos produzidos nas ações dos educadores, no âmago da atividade prática.

Assim, a Pedagogia como campo de conhecimento teórico-prático, conjuga e é constituída por essas diferentes formas e tipos de conhecimentos sob a mediação filosófica da ética e da política. É a partir dos princípios éticos e políticos que ocorrem a seleção e a articulação dos saberes científicos, dos saberes da experiência, dos saberes do senso comum pedagógico, sob o primado da reflexão filosófica.

8. Pedagogia e as Ciências da Educação

Ainda segundo Pinto (2011), sobre as relações entre a Pedagogia, como campo de conhecimento, e as Ciências da Educação há de se destacar que, embora intimamente imbricadas, estas duas formas de abordar a natureza e a abrangência do conhecimento educacional mantêm ao mesmo tempo distanciamento em suas abordagens do fenômeno educativo. Se à Pedagogia cabe a responsabilidade de tratá-lo em movimento, ou seja, em sua dimensão prática, às Ciências da Educação ficam reservadas a uma abordagem mais descritiva e analítica desse fenômeno.

Por outro lado, enquanto a Pedagogia busca uma abordagem mais multidisciplinar do fenômeno educativo, cada uma das Ciências da Educação tende a ficar mais presa à especificidade do recorte teórico desse fenômeno a partir de sua ciência-mãe. Entretanto, a Pedagogia como campo de conhecimento teórico-prático dialoga todo o tempo com as Ciências da Educação, que justamente alimentam e imprimem cientificidade à prática profissional dos educadores.

Comumente, cada uma das Ciências (da Educação) parte do seu objeto de investigação específico (História, Filosofia, Sociologia, Psicologia...), chega ao fenômeno educacional, interpreta-o e retorna ao seu objeto de origem. A Pedagogia, ao tomar a Educação como seu objeto específico de estudo, de modo diferente, parte do fenômeno educativo, busca nas diversas ciências os elementos teóricos que possibilitem o alargamento de sua compreensão e retorna ao próprio fenômeno educativo.

Segundo Franco, diversas experiências educacionais inovadoras foram alimentadas a partir do início do século passado, com conhecimentos produzidos em outras ciências "mesclando os saberes pedagógicos com os descobertos [...] especialmente da psicologia, da sociologia, da psicanálise" (2003, p. 37).

Entretanto, ao seguirem a lógica científica do positivismo, cada uma das Ciências da Educação vai se atomizando em relação ao estudo das questões educacionais, ao invés de se organizarem em conjunto para a investigação do fenômeno educativo como um todo.

Assim, cada uma delas partiu da sua área de investigação original (Psicologia, Sociologia, entre outras) e se aproximou das questões educacionais de diferentes formas, com diferentes enfoques metodológicos, em diversos espaços e tempos históricos, e, retornando à sua área de origem com os resultados obtidos.

Nesse aspecto, Carvalho (1996, p. 83) argumenta que:

> [...] os precursores das ciências da educação, ao limitarem-se a fazer delas segregações das ciências humanas consagradas, sem propriamente delinearam uma nova área de cientificidade no que concerne a objetos e métodos... acabaram por desencadear a erupção de múltiplos desajustamentos entre perspectivas de abordagem.

Quanto à Pedagogia, por sua reconhecida vinculação com a prática, precisou lutar por um espaço entre as disciplinas científicas da universidade em alguns países (SCHMIED-KOWARZIK, 1988), e, em outros lugares, "desaparece em proveito de um modelo dedutivo que deseja reduzir o fazer ao dizer, o saber-fazer ao saber científico" (HOUSSAYE *et al.*, 2004, p.18).

Pimenta (2011a), no ensaio em que questiona "Ciências da Educação ou Ciência da Educação?", revisa as publicações de diversos pesquisadores portugueses que tratam da problemática. Ela destaca a contribuição de Carvalho (1996), que ressalta o caráter descritivo-explicativo peculiar das Ciências da Educação como extensão das Ciências Humanas e Sociais. Sobre essa questão, Pimenta argumenta que "o real educativo não é suficientemente apreendido pela descrição-explicação [...] ainda assim não se está dando conta de um campo/método específico que capte a dimensão *prática* da educação" (PIMENTA, 2011a, p. 58. Grifos da autora).

Assim, a Pedagogia difere das Ciências da Educação porque é uma ciência que orienta e é também produzida na prática do educador. O real educativo não é suficientemente captado pela descrição-explicação, nem mesmo pelo caráter interpretativo que não dá conta do campo/método específico vinculado à prática educativa (PIMENTA, 2011a). Ou seja, a prática do educador consubstancia-se em sua ação, em seu fazer, e nesse sentido cabem os seguintes questionamentos: "Como o educador age?"; "Como o educador faz?".

Considerando como ponto pacífico o princípio de que a Pedagogia não se reduz ao fazer educativo é necessário, entretanto, destacar que do mesmo modo ela não se restringe à descrição, explicação e interpretação do real educativo, pois isto, como já anunciado, é a imprescindível contribuição das Ciências da Educação. Assim, podemos identificar a especificidade da Pedagogia, como ciência da Educação, no movimento contínuo entre a intenção clara do "para que fazer" e do "como fazer".

Como já exposto, a Psicologia da Educação e a Sociologia da Educação inauguram as Ciências da Educação. Posteriormente, elas vão incorporar os estudos que já eram tradicionais na área de História e de Filosofia voltados para a Educação, desenvolvidos por diferentes pensadores ao longo dos tempos. Assim, podemos identificar essas quatro disciplinas – Psicologia, Sociologia, História e Filosofia da Educação – como áreas já clássicas no tratamento das questões educacionais, acrescidas da contribuição de outras ciências que, embora não tenham conquistado um espaço acadêmico e/ou estudos sistemáticos sobre a Educação, mesmo assim permitem à Pedagogia o alargamento na compreensão dos fenômenos educativos. É o caso da Biologia, entre outras, que em diferentes épocas já gozou de maior prestígio; e nos últimos tempos, em especial, o caso da Neurologia, da Genética e da Antropologia.

Cabe frisar a centralidade que a Filosofia da Educação ocupa (ou deveria ocupar) nos estudos sobre Educação. Em acordo com Baptista (2010, p. 101) "defendemos a necessidade de reflexividade ético-antropológica como elemento estruturante do estatuto epistemológico da pedagogia social", e por extensão, às demais áreas da Pedagogia, sem prejuízo de temas ou outras tarefas de investigação que podem ser creditadas a esses estudos.

9. As Ciências da Educação e a produção do conhecimento pedagógico

A incorporação do conhecimento científico pela Pedagogia deve ser compreendida na complexidade da articulação de saberes, de diferentes procedências, mas, sobretudo, referenciados no campo das Ciências da Educação, que são mobilizados na prática pedagógica. É no intercâmbio desses novos conhecimentos científicos com aqueles produzidos e acumulados pelas experiências profissionais – decorrentes de uma prática reflexiva – que novos saberes são construídos. Ou seja, os novos conhecimentos científicos são pedagogizados à medida que entram em contato com a atividade prática do educador, produzindo por sua vez novos saberes.

Nesse sentido, Saviani (2007, p. 18) argumenta que

> [...] se toda pedagogia é teoria da educação, nem toda teoria da educação é pedagogia. Na verdade, o conceito de pedagogia reporta-se a uma teoria que se estrutura a partir e em função da prática educativa.

Nesse mesmo entendimento da Pedagogia como ciência prática, Teixeira (1957, p. 5) argumenta que

> Como a medicina, a educação é uma arte. E arte é algo de muito mais complexo e de muito mais completo que uma ciência. Convém, portanto, deixar quanto possível claro de que modo as artes se podem fazer científicas.

O autor esclarece que arte "consiste em modos de fazer". Ou seja, como seres humanos, fazemos as coisas diferentes um do outro, pois diferente dos demais animais que agem por um instinto biológico o ser humano age a partir da sua capacidade de pensar, de modo que ele é capaz de projetar a ação antes que ela ocorra. Essa capacidade criadora do ser humano é que podemos identificar como arte.

Teixeira (1957) esclarece que "modos de fazer" implicam o conhecimento que se tem da matéria com que se está lidando, o modo de operá-la em termos metodológicos, e também na maneira pessoal com que cada um exerce esta atividade artística. O autor argumenta que, mesmo no caso das "belas-artes", ocorre certo exagero em depositar somente na personalidade do sujeito a responsabilidade da criação: "o domínio do conhecimento e o domínio das técnicas, se por si não bastam, são, contudo, imprescindíveis à obra artística" (TEIXEIRA, 1957, p. 5).

Por outro lado, o referido autor (1957, p. 7) também critica a importação de teorias científicas de diferentes áreas que não dialogam ou não têm sua origem nas questões educacionais:

> [...] o que assistimos nas primeiras décadas deste século e que só ultimamente se vem procurando corrigir foi a aplicação precipitada ao processo educativo de experiências científicas que poderiam ter sido psicológicas,

> ou sociológicas, mas não eram educacionais, nem haviam sido devidamente transformadas ou elaboradas para a aplicação educacional.

A partir desse argumento, podemos inferir que os estudos científicos que se reportam à Educação devem ter sua origem a partir das questões impostas pela prática educativa, nos problemas identificados por essa prática, e que a ela devem retornar depois de concluídos.

Ainda em relação à simbiose entre as teorias científicas e a prática pedagógica, Teixeira (1957, p. 15) sintetiza claramente a diferença entre o conhecimento científico e o conhecimento prático:

> Convém, realmente, insistir na distinção entre o campo da ciência e do conhecimento em si e o campo da aplicação do conhecimento e da prática ou da arte. Bastaria, talvez, dizer que a ciência é abstrata, isto é, que busca conhecer o seu objeto num sistema tão amplo de relações, que o conhecimento científico, como tal, desborda de qualquer sistema particular, para se integrar num sistema tão geral, que nele só contam as relações dos conhecimentos entre si; e que a "prática" é um sistema concreto e limitado, em que aqueles conhecimentos se aplicam com as modificações, alterações e transformações necessárias à sua adaptação à situação.

Nessa perspectiva de que a atividade pedagógica é sempre situacional, Pinto (2015) desenvolve a ideia de que ela ocorre sempre em contexto, marcada pelo menos por três diferentes dimensões: o contexto institucional, relacionado à instituição que emprega o educador, que demarca as condições materiais e objetivas de sua atuação (inclui as condições materiais das organizações educacionais e de trabalho dos seus educadores, a definição das diretrizes da área, entre outras); o contexto da unidade educativa onde ocorre a atuação do educador, articulado diretamente à cultura institucional local; e a terceira dimensão se refere à subjetividade da condição humana do educador, como pessoa e profissional, que age e interage nesses contextos.

Assim, a ação artística do educador está sempre condicionada por – e ao mesmo tempo condiciona – um imbricado movimento de mediação desses contextos em que atua.

A teoria científica educacional passa, portanto, por diferentes camadas de mediação até se manifestar na prática pedagógica, conforme Teixeira (1957, p. 17):

> A velha expressão: na prática é diferente, é um modo simples de indicar essa verdade essencial de que a ciência é um recurso indireto, é um intermediário e nunca uma regra direta de ação e de arte.

As Ciências da Educação, por herdarem no seu surgimento os princípios do positivismo, tiveram de rejeitar a Pedagogia como ciência, pois essa nunca teve como negar seu envolvimento com a prática educativa, que o reducionismo positivista assentado nos princípios da neutralidade e objetividade nunca suportou.

Nesse sentido, cabe diferenciar a prática científica da prática educativa. A tradição da ciência moderna demarca até os dias atuais a especificidade da prática científica (do pesquisador) em Educação, que a difere da prática educativa (do educador), pois essa última ocorre sempre em determinado contexto educacional multideterminado, de modo que seu agente – o educador – expressa em sua prática um conjunto de saberes sintetizados a partir de conhecimentos provenientes de vários ramos científicos e mobilizados exclusivamente para a situação específica em que atua.

Se, na prática científica, seu agente – o pesquisador – faz um recorte do objeto de estudo e vai examiná-lo a partir de um referencial teórico e de procedimentos metodológicos predeterminados, na prática educativa, esse mesmo grau de planificação não é possível.

Assim, podemos associar a ação do educador filiada diretamente à Pedagogia, por conta de exercer uma atividade prática (educativa) nela referenciada, e a do pesquisador vinculada mais diretamente a cada uma das diferentes Ciências da Educação, no âmbito das quais produz suas pesquisas. Entretanto, essa associação não pode reduzir a Pedagogia à prática educativa, pois além de referenciar essa prática ela é também depositária do conhecimento já produzido na área de Educação.

A Pedagogia sintetiza e armazena as práticas educativas produzidas historicamente e, ao mesmo tempo, alimenta novas práticas a partir do que já foi catalogado, assim como incorpora os novos conhecimentos científicos produzidos pelas Ciências da Educação. Ou seja, o campo pedagógico é ao mesmo tempo constituído e constituinte dos saberes educacionais.

Já as Ciências da Educação não estão necessariamente envolvidas de um modo direto com a prática. Elas até podem dialogar com as práticas educativas e delas extraírem seus objetos de estudo, exercer um papel fundamental na mediação dessas práticas, mas, de modo geral, as Ciências da Educação se aproximam mais do conhecimento teórico.

A Pedagogia, por sua vez, transita o tempo todo entre o conhecimento teórico (constituído) e o prático (constituinte). Assim, o educador é o agente da prática educativa sempre em contexto, como visto anteriormente, que interage em uma situação onde estão os seus educandos e, portanto, sua prática é sempre dependente de uma situação específica, singular, peculiar e inusitada. Já o pesquisador não está necessariamente inserido em uma situação educativa. Ele guarda em relação a seu objeto de investigação um distanciamento que ao educador não é possível; assim como o tempo e o espaço que ocupam são diferentes.

O pesquisador, por não estar em uma situação educativa, pode elaborar teoricamente o conhecimento na perspectiva científica: de um modo metódico, sistemático e com um rigor que não é viável na atividade exercida - em movimento - pelo educador.

Na tradição científica, comumente o pesquisador pode planejar as diferentes etapas de sua investigação com muito mais previsibilidade que o educador, assim como estabelecer um distanciamento maior do seu objeto de estudo. Já o educador planeja sua atividade de ensino, mas sabe que esse planejamento é sempre provisório, pois é condicionado pelas interações com seus educandos e demais sujeitos ou elementos que vão compor a situação educativa. Além disto, ele está totalmente mergulhado nessa situação, sem a menor possibilidade de se distanciar dela.

Ou seja, a prática educativa não comporta o mesmo grau de planificação da prática científica. Tudo isso faz que o sujeito que educa e o que pesquisa ocupem posições bem diferentes na área de Educação, mesmo considerando que o pesquisador educacional sempre carrega em sua atividade profissional uma dimensão educativa (e vice-versa).

Cabe considerar, por outro lado, que a sobreposição destas duas funções em um mesmo sujeito pode ocorrer nas práticas investigativas de influência pós-moderna (pesquisa-ação, observação participante, entre outras).

Esta distinção entre o papel do pesquisador e do educador pode também contribuir com a compreensão das especificidades das Ciências da Educação e do conhecimento pedagógico. As Ciências da Educação produzem um conhecimento mais apurado, codificado e com pretensão mais universal, à medida que é produzido por um sujeito (pesquisador) que interagiu - de um modo protocolar - com o conhecimento científico já catalogado na área e sob a crítica dos seus pares. Já o conhecimento pedagógico é produzido em movimento, é multifacetado e muito mais dependente da individualidade do sujeito (educador) que o coloca em ação.

Com isso, queremos destacar dois aspectos. O primeiro é que o desenvolvimento das Ciências da Educação ocorre justamente por atender aos princípios da especialização da ciência moderna (Psicologia da Educação, Sociologia da Educação), o que para a Pedagogia como ciência do fenômeno educativo em sua totalidade não seria possível. O segundo aspecto, decorrente do anterior, refere-se ao fato de as Ciências da Educação enfrentarem um grande desafio neste início do século XXI: dialogarem com as práticas educativas e assim se articularem à Pedagogia, e não dela se distanciarem, como ocorre desde o século XIX.

10. Pedagogia Social: a Ciência da Educação Social

O entendimento descrito anteriormente sobre a Pedagogia, por extensão, pode ser aplicado ao campo da Pedagogia Social, considerando que essa última se constitui como uma das áreas de abrangência da primeira.

Como sabemos, a trajetória da Pedagogia está historicamente vinculada à Educação escolar, e à medida que é a partir dos problemas mais complexos de cada área que o seu conhecimento se desenvolve, podemos concluir que a Ciência Pedagógica está mais desenvolvida justamente no campo da Educação Escolar que nos demais campos das práticas educativas.

Assim, as práticas educativas desenvolvidas em diferentes âmbitos da existência humana podem ser mais bem compreendidas com as contribuições dos estudos acumulados sobre a Educação Escolarizada, com elas dialogar, e também contribuir com a própria Educação Escolar ao aproximá-la dos processos educativos que ocorrem em outras esferas da vida social. Esse é o caso específico da Educação Social como objeto de estudo da Pedagogia Social.

Essa área da Pedagogia ganha especial pertinência no seio das Ciências da Educação contribuindo decisivamente para o seu processo histórico de ampliação e reconceptualização do conhecimento científico-educacional justamente no contexto da "sociedade educativa", em conformidade com um paradigma de valorização da Educação em toda a sua amplitude socioantropológica, e alinhada com as recomendações da Organização das Nações Unidas para a Educação, a Ciência e a Cultura (Unesco) para a Educação do século XXI, que amplia o entendimento restritivo de Educação como fenômeno social que ocorre somente entre os muros das escolas.

Com efeito, equacionado no quadro de uma educação para todos, sintonizada com os imperativos de solidariedade social, o universo de estudo das Ciências da Educação tende a ser substancialmente alargado, tornando-se cada vez mais abrangente e complexo. É justamente nesse contexto que a Pedagogia Social, uma área tradicionalmente indexada aos domínios do trabalho social, ganha especial importância, com consequente expressão acadêmica e profissional.

Por outro lado, é importante compreender que o entendimento epistemológico da produção do conhecimento educacional, conforme exposto anteriormente, articula-se à abordagem dialética da Pedagogia, que pretende se reportar à própria fundamentação teórica e científica como uma ciência prática "da" e "para" a Educação.

Segundo Schmied-Kowarzik (1988, p. 14),

> Somente na medida em que a ciência da educação se compreende dialeticamente a partir do interesse libertário do conhecimento de uma teoria crítica da sociedade, voltado à emancipação e libertação dos homens, torna-se possível a ela criticar, por sua vez, a realidade educacional descoberta empiricamente [...] na experiência, antecipando, deste modo emancipatório, uma práxis educacional transformada.

Nesse sentido, é fundamental recuperar a especificidade da Educação Social, como objeto de estudo e de intervenção da Pedagogia Social: a prática educativa e sua correspondente aprendizagem social. Na intervenção pedagógica social, o preponderante na interação entre o educador (social) e o educando é a própria dimensão relacional que se estabelece entre esses dois sujeitos. Se, na interação professor/aluno, a dimensão relacional deve ser considerada como um meio estratégico de garantir o papel mediador do professor no processo de assimilação dos conteúdos escolares por seus aprendizes, na Educação Social, de modo diferente, a dimensão relacional pode ser considerada em muitas situações como a própria finalidade da intervenção pedagógica. A qualidade dessa dimensão é diretamente proporcional aos resultados da intervenção.

Por outro lado, o educador social é o agente desencadeador desta interação educativa, que é carregada de intencionalidade. Tal especificidade da Educação Social imprime uma responsabilidade ética na atuação do educador que inevitavelmente é instigado a questionar a realidade social em que atua e ao mesmo tempo problematizá-la entre seus educandos. Daí a práxis educacional transformadora: a prática do educador social (como qualquer outro educador) não é neutra, ela pode expressar somente a acomodação social dos seus educandos, mas pode – ao mesmo tempo – imprimir indiretamente uma transformação da realidade social por meio de uma intervenção crítica no contexto de vida de seus educandos.

O pensamento educacional contemporâneo, tal como o conhecimento científico em geral, não pode ficar indiferente aos desafios e às exigências de construção de sociedades democráticas efetivamente cosmopolitas, hospitaleiras e solidárias. Assim, a discussão de carácter epistemológico em torno da identidade disciplinar das Ciências da Educação ou dos novos paradigmas de cientificidade deve levar em conta a responsabilidade social da ciência e das comunidades científicas. O que nos leva para o reconhecimento do estatuto ético do conhecimento científico-educacional, com tudo o que tal implica em termos de assunção das responsabilidades acadêmicas, profissionais, perfil do investigador educacional e ética na investigação científica.

Baptista (2013, p. 40) assim sintetiza a ligação entre a Filosofia da Educação e a Pedagogia Social:

> É neste entendimento que justificamos a insubstituibilidade da reflexão filosófica junto da educação onde, de forma muito particular, a transformação do mundo se revela inseparável da mudança das próprias pessoas e dos seus comportamentos relacionais.

Essa especificidade da Pedagogia Social decorre justamente da atuação do educador social ser sempre comprometida com um projeto de sociedade. Como sabemos, as sociedades contemporâneas são constituídas estruturalmente por desigualdades socioeconômicas e culturais que conferem à Educação duas funções contraditórias: conservar e transformar a realidade social; funções essas que dependem, entre outros, dos diferentes posicionamentos de seus agentes educativos. Daí a defesa da "necessidade de reflexividade ético-antropológica como elemento estruturante do estatuto epistemológico da pedagogia social" (BAPTISTA, 2010, p. 101).

Ainda de acordo com Baptista (2008), defendemos que reside justamente neste papel balizar da ética e da reflexão filosófica na Pedagogia Social sua maior contribuição no debate epistemológico das Ciências da Educação, ainda tão marcada pela lógica positivista.

11. Considerações finais

Finalmente, podemos retomar os questionamentos enunciados na introdução. Pelo entendimento das especificidades e das relações estabelecidas anteriormente entre os campos das Ciências da Educação e da Pedagogia, podemos posicionar a Pedagogia Social como uma área da Pedagogia voltada diretamente ao trabalho educativo de solidariedade social e de base comunitária que ocorre em diferentes âmbitos e espaços de convivência social. Assim, a conceituação de Pedagogia, proposta anteriormente - como campo de conhecimento "da" e "para" a prática educativa de um modo geral -, incorporaria o campo específico da Pedagogia Social. Deste modo, a Pedagogia Social não seria considerada como uma a mais das Ciências da Educação, embora esteja intimamente articulada a elas, como ocorre com a Pedagogia de um modo geral.

Firmamos, assim, mais do que nunca, a urgência de valorização da educação social neste contexto histórico em que vivemos a crise humanitária mundial decorrente da pandemia da Covid-19. Uma educação social voltada para a valorização e a emancipação da vida humana, a partir do princípio da solidariedade e do reconhecimento epistemológico da Pedagogia Social.

Referências

AFONSO, Almerindo Janela. A propósito das Ciências da Educação: algumas reflexões. *In*: MIGUÉNS, Manuel (coord.). *O estado da educação e as ciências da educação:* leituras críticas e desafios. [Textos do Workshop e do Seminário realizados no CNE a 23 de abril de 2013]. Lisboa: CNE, 2013. Disponível em: https://www.cnedu.pt/content/edicoes/seminarios_e_coloquios/LIVRO_EE_e_Ciencias_da_Educacao.pdf. Acesso em: fev. 2021.

AMADO, João da Silva; BOAVIDA, João José. A afirmação social das ciências da educação: uma perspectiva histórica a partir de Portugal. *Revista Educação em Questão*, Natal, v. 32, n. 18, p. 7-39, maio/ago. 2008.

AMADO, João da Silva; BOAVIDA, João José. *Ciências da educação*: epistemologia, identidade e perspectivas. Coimbra: Imprensa da Universidade de Coimbra, 2008.

BAPTISTA, Isabel. *A epistemologia das ciências da educação*. Porto: Edições Afrontamento, 1996.

BAPTISTA, Isabel. Condição antropológica, transformação política e aprendizagem social. *Itinerários de filosofia da educação*, Porto, n. 12, 2013.

BAPTISTA, Isabel. Estatuto antropológico e limiares epistemológicos da educação social. *Cadernos de Pedagogia Social*, Lisboa, v. 2, ano II, 2008.

BAPTISTA, Isabel. Estatuto filosófico e científico da pedagogia social. Especificidade epistemo-antropológica. *In:* CARVALHO, Adalberto Dias (coord.). *Contemporaneidade educativa e interpelação filosófica*. Porto: Edições Afrontamento, 2010.

BAPTISTA, Isabel. Pedagogia social: uma ciência, um saber profissional, uma filosofia de ação. *Cadernos de Pedagogia Social*, Lisboa, v. 2, ano II, 2008.

CARVALHO, Adalberto Dias de. *A epistemologia das ciências da educação*. Porto: Edições Afrontamento, 1996.

CARVALHO, Adalberto Dias de. Estatuto antropológico e limiares epistemológicos da educação social. *Cadernos de Pedagogia Social*, Lisboa, v. 2, ano II. 2008.

CARVALHO, Adalberto Dias de. *Utopia e educação*. Porto: Porto Editora Ltda., 1994.

ESTRELA, Albano. *O tempo e o lugar das ciências da educação*. Porto: Porto Editora, 1999.

FRANCO, Maria Amélia Santoro. *Pedagogia como ciência da educação*. Campinas: Papirus, 2003.

FREIRE, Paulo. *Pedagogia da indignação*: cartas pedagógicas e outros escritos. São Paulo: Editora Unesp, 2000.

HOUSSAYE, Jean; SOETARD, Michel; HAMELINE, Daniel; FABRE, Michel. *Manifesto a favor dos pedagogos*. Porto Alegre: Artmed, 2004.

JUIF, Paul; DOVERO, Fernand. *Guia do estudante de ciências pedagógicas*. Lisboa: Editorial Estampa, 1974.

LIBÂNEO, José Carlos. Ainda as perguntas: o que é pedagogia, quem é o pedagogo, o que deve ser o curso de pedagogia. *In*: PIMENTA, Selma Garrido (org.). *Pedagogia e pedagogos*: caminhos e perspectivas. 3. ed. São Paulo: Cortez Editora, 2011.

PIMENTA, Selma Garrido (org.). *Didática e formação de professores*: percursos e perspectivas no Brasil e em Portugal. 3. ed. São Paulo: Cortez Editora, 2000.

PIMENTA, Selma Garrido (org.). *Pedagogia*: ciência da educação? 6. ed. São Paulo: Cortez Editora, 2011a.

PIMENTA, Selma Garrido (org.). *Pedagogia e pedagogos*: caminhos e perspectivas. 3. ed. São Paulo: Cortez Editora, 2011b.

PINTO, Umberto de Andrade. A didática e a docência em contexto. *In:* MARIN, Alda Junqueira; PIMENTA, Selma Garrido. *Didática*: teoria e pesquisa. Araraquara: Junqueira & Marin, 2015.

PINTO, Umberto de Andrade. *Pedagogia escolar*: coordenação pedagógica e gestão educacional. São Paulo: Cortez Editora, 2011.

SAVIANI, Dermeval. Epistemologia e teorias da educação no Brasil. *Revista Pro-Posições*, Campinas, v. 18, n. 1(52), jan./abr. 2007.

SCHMIED-KOWARZIK, Wolfdietrich. *Pedagogia dialética:* de Aristóteles a Paulo Freire. São Paulo: Brasiliense, 1988.

SUCHODOLSKI, Bogdan. *A pedagogia e as grandes correntes filosóficas*. Lisboa: Livros Horizonte, 1972.

TEIXEIRA, Anísio. Ciência e arte de educar. *Educação e Ciências Sociais*, Rio de Janeiro, v. 2, n. 5, ago. 1957.

Capítulo V

Pedagogia como Ciência da Educação: da racionalidade moderna à racionalidade crítica

Maria Amélia Santoro Franco

"Deixemos de fazer da epistemologia o fantasma das ciências da educação e analisemos o que as ciências da educação têm sido e têm feito e, mais ainda, o que elas podem ser e podem fazer hoje"

(Bernard Charlot)[6]

6 CHARLOT, Bernard. Les sciences de l'éducation en France: une discipline apaissé, une culture commune, un front de recherche incertain. *In:* HOFSTETTER, Rita; SCHNEUWLY, Bernard (éds.). *Le pari des sciences de l'éducation.* Geneve: De Boeck Supérier (Raisons éducatives); Bruxelles: De Boeck & Larcier, 2001. p. 147.

1. Introdução

Estudo e pesquiso a Pedagogia como campo/espaço de conhecimento há meio século, ou seja, há cinquenta anos, ou mais, se considerar o período de formação inicial. Desde então, reflito na perspectiva da contradição: suas origens amarradas às raízes iluministas e pragmáticas e seu "poder ser" entrelaçando-se com possibilidades e necessidades crítico-emancipatórias.

As marcas desse campo de conhecimento (campo privilegiado a se constituir como possível ou necessária Ciência da Educação) permanecem eivadas de contradições, de tensões e de mal-entendidos. Ciência ou arte? Ciência prática ou teórica? Prática regulatória ou emancipadora?

A Educação, processo social inerente a toda forma de convivência humana, tão presente em todas as comunidades e instituições sociais, tão fundamental à construção da possibilidade humana, tem, paradoxalmente, tido extrema dificuldade em se organizar em torno de uma ciência, ou mesmo de um consenso mínimo sobre sua finalidade social.

Várias razões poderiam explicar essa dificuldade: uma delas será por certo o fato de ter sido "colonizada" por diversas ciências que, no intuito de estudá-la, acabaram por reduzi-la a um fato em suas diversas realidades de origem, incorporando-a em outra totalidade que não a de sua especificidade. Assim, a Pedagogia, ciência que estuda a Educação, foi perdendo seu potencial de protagonizar processos e práticas a partir das especificidades da Educação como práxis humana. Ficou colonizada à lógica das outras ciências e não pode colocar em prática novos caminhos de superação epistemológica.

Outra possível compreensão seria considerar aquilo que Boaventura Souza Santos (2018) denomina de "epistemicídio", ou seja, a colonização de saberes e práticas produzida por certa injustiça cognitiva, que anula ou não deixa emergir outras formas de conhecimento que não as hegemônicas, ou seja, aquelas produzidas nos núcleos de poder.

O fenômeno gera silenciamentos de culturas e práticas e faz da Pedagogia um instrumento de naturalização dessas opressões, de modo a descaracterizar epistemologias críticas, divergentes e resistentes.

O comentário seguinte realça a questão das epistemologias únicas, produzidas no espaço da modernidade, que impossibilitaram outras possibilidades.

Por certo, segundo Tavares (2009, p. 18), a Pedagogia sofreu com esta limitação:

> [...] ao longo da modernidade, a produção do conhecimento científico foi configurada por um único modelo epistemológico, como se o mundo fosse monocultural, o que descontextualizou o conhecimento e impediu a emergência de outras formas de saber não redutíveis a esse paradigma.

A Pedagogia, ancorada em lógicas decorrentes de epistemologias clássicas que não condizem com suas possibilidades/necessidades ontológicas, foi apequenando-se e descaracterizando-se como ciência de uma prática emancipatória.

Já escrevi (FRANCO, 2001) que, historicamente, a "ciência pedagógica" esteve construindo seu objeto de estudo a partir de referenciais metodológicos das Ciências Naturais, utilizados pelas outras ciências que a estudaram (a Psicologia, a Sociologia, a Antropologia, a Biologia, entre outras). Esse fato, de aliar-se à lógica metodológica das Ciências da Natureza, na dimensão de embasamentos teóricos positivistas, foi produzindo o rompimento da necessária intercambialidade entre objeto da ciência pedagógica e seus necessários métodos. Ou seja, para estudar a Educação a partir da lógica das Ciências da Natureza, foi necessária a simplificação de seu objeto, qual seja, as práticas educativas e, assim, tais estudos não só comprimiram seu objeto, por não o perceberem em sua complexidade, como também o descaracterizaram.

Na lógica modernista, só é considerada prática educativa aquilo que é empiricamente observável. No entanto, as práticas são mais que o visível da prática. Elas incluem os sujeitos e sua multiplicidade de circunstâncias, o presente e o futuro, que decorrem e se configuram na/da intencionalidade (que não é visível).

Essa situação, que Kincheloe (1997) denomina de "desdém do modernismo" às coisas da dialética humana, impediu que pesquisas educacionais se aprofundassem e produzissem um redirecionamento nas formas e meios metodológicos. Essa desconexão entre objeto e método tem produzido um conhecimento superficial das práticas educativas, reafirmando a ironia de Dilthey (*apud* DERBOLAV, 1959)[7], ao escrever que a Pedagogia, atada ao credo iluminista e à timidez de um sistema naturalista que lhe dava suporte, não se permitiu cometer o pecado original da consciência histórica.

Assim, proponho neste texto refletir sobre outras possíveis epistemologias à Pedagogia, com realce à epistemologia crítica e decolonial.

2. Da Pedagogia Tradicional no Brasil à Pedagogia Crítica: o papel de Freire

Durante todo o Período Colonial, Imperial e mesmo no início do Período Republicano, havia, no Brasil, a forte presença de uma pedagogia filosófica, utilizada pelos membros da Companhia de Jesus. A orientação pedagógica dos jesuítas, fundamentada nos princípios da escolástica, era extremamente livresca e autoritária. Fundada na concepção essencialista do homem, pautava-se, como prática educativa, pela memorização, pela repetição de exercícios e era totalmente dissociada dos problemas da

7 Citado por: DERBOLAV, Josef. A posição da psicologia pedagógica no quadro das ciências da educação. *In*: HETZER, Hildegard. *Psicologia pedagógica*. Lisboa: Fundação Calouste Gulbenkian, 1959.

realidade brasileira. A Educação empreendida pelos jesuítas era destinada, especialmente, a dar cultura geral, sem qualquer preocupação com a qualificação ao trabalho, com a pesquisa ou com a qualificação de professores. Era uma pedagogia que, em termos de intencionalidade social, atendia aos anseios de uma sociedade elitista, escravocrata, aristocrática, não podendo, conforme Azevedo (1937, p. 24), "contribuir para modificações estruturais na vida social e econômica do Brasil, na época".

Essa influência vai marcar muito a Pedagogia brasileira e será, aos poucos, um pouco transformada, absorvendo algumas mudanças socioculturais e políticas do País e integrando outras tendências, em especial, após 1930, com o Movimento da Escola Nova, no bojo, principalmente, do pragmatismo de Dewey e das tendências tecnológicas posteriores. A Pedagogia brasileira passa, assim, a gravitar em torno da concepção técnico-científica.

Esta concepção vai impregnar bastante a prática pedagógica brasileira e configurar quase que toda estruturação legal-administrativa e pedagógica da organização das escolas e dos cursos de Pedagogia.

Aos poucos, a Pedagogia brasileira foi superando a visão essencialista da natureza humana e incorporando uma concepção mais centrada na questão da existência, da vida e da atividade (SUCHODOLSKI, 1977).[8]

Percebe-se que são influências advindas tanto do pragmatismo de Dewey, quanto de uma concepção mais romântica, na linha de Pestalozzi, Fröebel, Bergson, sem se esquecer da influência da psicologia experimental, muito presente na realidade brasileira, conforme aponta Anísio (1934). Isso significa que outros elementos começam a compor o pensamento de educadores, mas, principalmente, é importante realçar que a Pedagogia começa a psicologizar-se, a sociologizar-se, a biologizar-se. Deixará de ser vista como ciência unitária, e também não será vista como ciência integradora.

No bojo desse clima, ou como grande produtor desse clima, que é conceitual e político essencialmente, emerge um forte movimento entre educadores brasileiros com vistas a um processo de renovação das práticas

8 Nesta e em outras obras, o autor explicita a dialética da essência e da existência como dimensões históricas da dialética pedagógica.

escolares, conhecido como "Manifesto dos Pioneiros da Educação". O movimento teve seu auge, como concepção, em 1932, quando redireciona a epistemologia da Pedagogia no sentido do pragmatismo utilitarista de Dewey.

Esse movimento ganha força e chega mesmo a impregnar o espírito da época, com repercussões históricas marcantes, porque, de alguma forma, atendia aos anseios da classe política dominante. Saviani (1983) referenda esse ponto de vista ao dizer que a escola era vista como elemento de concretização da política liberal da classe dominante, como a redentora da humanidade, para funcionar como a esperança do povo. À medida que esta escola é percebida pela classe popular como não atendendo a estes anseios, usa-se o argumento, no discurso oficial, de que é preciso reformular a escola.

Assim, a Escola Nova passa a ter um espaço de atuação e visibilidade, consentido e incentivado pela classe política e classe social dominante.

Diz Saviani (1983, p. 31) que

> a Escola Nova surge, pois, como um mecanismo de recomposição da hegemonia da classe dominante, hegemonia essa ameaçada pela crescente participação política das massas, viabilizada pela alfabetização através da escola universal e gratuita.

Com o advento do escolanovismo, as preocupações educacionais vão abandonar o terreno político/ideológico e se abrigar no âmbito técnico-pedagógico. Com isto, desmobilizar as forças populares que se organizavam e servir de instrumento à manutenção da hegemonia da classe dominante.

Nesta época, na década de 30 do século XX, criam-se escolas profissionalizantes "para os menos favorecidos", configurando, na lei e na prática, mais uma vez a dualidade do sistema educacional brasileiro. Conforme esclarece Freitag (1984, p. 52), a intenção da política educacional da época "é transformar o sistema educacional em um instrumento mais eficaz de manipulação das classes subalternas".

Esse clima vai produzindo uma Pedagogia que, no dizer de Libâneo (1999, p. 114), estará assumindo "ora uma conotação instrumental de ênfase no caráter técnico-administrativo da Educação, ora conotação de operacionalização metodológica". E, ainda mais sério que isso, os estudos pedagógicos estarão sendo identificados apenas para referirem-se à formação de professores, ou para organizar métodos e técnicas de ensino.

Perde-se, nesse horizonte, o aspecto fundamental da Pedagogia como reflexão, como orientadora dos espaços educacionais para formação de cidadãos, como crítica de ações educacionais.

É nesse contexto que os cursos de Pedagogia são criados, em 1939, com a finalidade de formar o professor formador de docentes, bem como o bacharel para exercício dos cargos técnicos de Educação. Não se pode esquecer que 1939 é um momento político de ditadura brasileira.

A concepção pragmática-tecnológica está presente no espírito da criação desse curso. Destinado a formar técnicos e professores, o curso organiza-se na intencionalidade de formar professores organizadores da instrução, operadores de sala de aula. Não houve a intenção de que o curso viesse a configurar um espaço de reflexões, de pesquisas, de propostas ou de políticas. E isto será um fardo e um entrave que os cursos de Pedagogia carregam até hoje. Suas raízes tecnicistas se fortalecem.

Na década de 60 do século XX, a escola fundamental pública gozava de bastante prestígio entre a burguesia brasileira, principalmente nos Estados mais desenvolvidos da nação, nos quais estava razoavelmente presente. No entanto, nas regiões mais carentes do Brasil, problemas relativos ao analfabetismo e à exclusão escolar cresciam e aprofundavam. Nessa época, a taxa de analfabetismo girava em torno de 40% da população, e, na Região Norte e Nordeste, esse percentual chegava a mais de 50% da população de maiores de quinze anos.

É nesse Brasil, impregnado na perspectiva de uma pedagogia tecnicista e liberal, com reminiscências de uma pedagogia essencialista e livresca, um país de extremas desigualdades sociais, com regiões de imensa miséria e pobreza, que se verá emergir uma proposta pedagógica eminentemente emancipatória e crítica: a Pedagogia do Oprimido.

Na confluência do contexto político-cultural que antecedeu o golpe civil-militar de 1964, com a expansão de movimentos educacionais de base e o novo papel exercido pela Igreja Católica, surgiu, com Paulo Freire, esse importante movimento epistemológico na Pedagogia brasileira, que carrega os fundamentos de uma Pedagogia crítico-emancipatória, embora não exclusivamente. Essa Pedagogia vem conferir um novo panorama à epistemologia pedagógica, mesclando diversas concepções filosóficas, carregando uma proposta eminentemente política, não conivente com a da ideologia da classe dominante. Mesmo tendo sido um processo precocemente abortado pelo golpe civil-militar de 1964, suas raízes estavam fincadas e germinaram em outros espaços e tempos.

Quero realçar que a Pedagogia do Oprimido surge como um rompimento epistemológico e político diante do que se desenhava como perspectiva política da Educação e, mais que tudo, surge como uma resistência à lógica liberal e tecnicista que marcava a história política do Brasil até aquele momento. A Pedagogia do Oprimido, sempre crítica em sua perspectiva, buscou articular novas práticas condizentes às novas percepções diante da realidade educativa.

Segundo Morrow e Torres (1998, p. 14),

> Em poucas palavras, a pedagogia crítica tem envolvido um esforço complexo, de ligação entre a teoria crítica e as práticas educativas tal como entendidas por Freire: a relação entre reprodução societal e educação; uma sociologia estrutural do currículo; uma compreensão interacionista das atividades da sala de aula e do papel do professor, isso em termos de relações de poder que definem a educação em relação à constituição do pacto democrático de determinadas sociedades.

É exatamente esta questão que foi diretamente abordada por Freire: não era apenas uma teoria social crítica; mais que isso, o que ele propunha era uma maneira inevitável, inexorável de ser e estar educador: assumir um papel social a favor dos "esfarrapados da vida" e dar-lhes os instrumentos para tensionar as relações de poder postas historicamente. Nesse ponto, ressalto que: ou a Pedagogia assume a perspectiva dos oprimidos, com os sujeitos, na luta coletiva por sua emancipação, ou não é Pedagogia. Ou a Pedagogia se coloca como instrumento de emancipação dos oprimidos, ou deixa de ser Pedagogia e passa a ser uma tecnologia social a favor da manutenção do *status* de opressão e silenciamento de uma classe social sobre a outra.

O trabalho pedagógico de Freire com a Educação de adultos carrega e favorece um grande rompimento epistemológico com a intencionalidade da Educação vigente no Brasil. Até então, pressupunha-se a Educação como uma forma de encaminhar os educandos à cultura letrada da elite; ele recoloca esta situação, no sentido de alertar que a Educação tem por finalidade a humanização do próprio homem e deve ser um instrumento que permite ao educando ressignificar sua humanidade, redescobrir seu lugar no mundo, amalgamar-se com sua cultura, fazer-se um elemento dela e transformar essa cultura à medida que a apreende e se transforma como elemento dela.

Portanto, a Educação passa a ser vista não mais como instrumento que deve propiciar a posse de uma cultura estranha e construída por outros, mas um processo de realizar, pelos educandos, a possibilidade de se tornarem homens em plenitude, produtores, interpretadores de cultura capazes de apreendê-la e construí-la.

Está certo que Paulo Freire não descarta a importância da cultura letrada, no entanto é uma questão de encarar o fenômeno da relação homem-mundo de maneira diferente: antes de ser método e técnica de transmissão, a Educação deve ser um ato político, que organiza a intencionalidade do ensino, a partir do sujeito, visto sempre em seu coletivo social. Freire não desconsiderava o papel da informação, mas considerava que as informações de nada servirão se, paralelamente ao ato de conhecer, o sujeito não criar uma "nova teoria do conhecimento" que será a matriz de um novo quadro interpretativo, que irá permitir ao aluno reelaborar seus conhecimentos dentro de uma nova ótica, a ótica do sujeito.[9]

Em 1958, no Congresso Nacional de Educação de Adultos, Freire ressaltava que o processo educacional da alfabetização de adultos deveria firmar-se na consciência da realidade cotidiana e jamais reduzir-se à leitura de letras e palavras. Sua proposta passa a ser um grande divisor de águas

9 Vejo muita similaridade deste conceito de Paulo Freire com a atual proposta de Charlot (2000) quando se refere ao fato de que o sujeito, aluno, precisa construir novas relações com o saber, de forma que o conhecimento tenha sentido ao sujeito.

diante de uma educação que, ao se tecnificar, supunha-se neutra, mas era opressiva e elitista e servia para a manutenção das tradições arcaicas e discriminatórias, secularmente vigentes no País.

Diante do peso do ensino verbalista decorrente dos estudos de Herbart, Freire propõe uma teoria do conhecimento que será a mediação entre sujeito e cultura; perante o ativismo da escola deweyana, vai propor uma ação transformadora do sujeito e da realidade; diante da histórica separação entre teoria e prática, sempre reafirmada pelos teóricos positivistas, proporá a práxis; perante as aulas dirigidas por discursos e narrativas, sugerirá o diálogo; em relação ao conformismo e à adaptação ao social, proporá a conscientização; contra a pedagogia do colonizador que instrumentaliza os alunos para bem servirem ao sistema, propõe a pedagogia do oprimido, fazendo do aluno um sujeito histórico.

Torres (1979, p. 5), no prefácio, apresenta sua posição em relação à Pedagogia do Oprimido:

> é uma pedagogia científica em que a dimensão epistemológica se congrega com a dimensão gnosiológica para fundamentar uma antropologia política que revaloriza dois instantes cruciais do acontecer social contemporâneo: a consciência e a história.

O pensamento freireano carrega diversas nuanças de variadas tendências filosóficas. Segundo Torres (1979, p. 14): "minha perspectiva é dialética e fenomenológica", e o próprio pensamento sofre evoluções que são hoje bastante analisadas no cenário mundial.

O próprio Torres diz que três filosofias marcaram sucessivamente a obra de Freire: o existencialismo, a fenomenologia e o marxismo, realçando que a dialética hegeliana está presente em quase toda a obra de Freire.

Também Heinz-Peter Gerhardt (*apud* GADOTTI, 1996, p. 163) indica os fundamentos epistemológicos do trabalho freireano:

> O sistema educacional e a filosofia da educação de Freire têm suas referências numa miríade de correntes filosóficas, tais como fenomenologia, existencialismo, personalismo cristão, marxismo humanista e hegelianismo.

Schmied-Kowarzik (1983, p. 69) escreve que, ao entrelaçar temas cristãos e marxistas, Freire retoma a relação originária entre dialética e diálogo, definindo a Educação como a experiência dialética da libertação humana.

Nesta obra, o autor afirma que

> Desta forma ele vincula de um modo fecundo a própria dialética de Litt, referida à respectiva situação educacional concreta, com a determinação dialética da educação em Kant, como experiência histórica da totalidade da sociedade.

A obra de Freire no Brasil foi bruscamente interrompida[10], mas teve diversas continuidades no mundo, demonstrando sua pertinência como fundamento de uma Pedagogia que, aliando ciência, arte e política, influenciou outras áreas do saber e apresentou princípios que foram profundamente utilizados por vários trabalhadores sociais em suas práticas: filósofos, terapeutas, médicos, cientistas. Sua obra prenunciou um tratamento interdisciplinar das ciências, enriquecendo o trabalho de educadores com novas formas de pesquisa, como a pesquisa participante, demonstrando que a Pedagogia pode ser uma ciência articuladora de saberes e também instrumento fundamental, essencial, à emancipação da humanidade.

Freire, em seu último trabalho, *Pedagogia da autonomia: saberes necessários à prática educativa* (1999), realça a questão dos saberes necessários à prática educativa que, extrapolando os saberes já cristalizados, podem, via um trabalho reflexivo e transformador, redundar em uma leitura crítica das condições de degradação da humanidade e, assim, fundamentar as condições de um saber-fazer crítico e emancipatório.

Alicerçado no desejo e na alegria, mas sem abrir mão do rigor, da seriedade e simplicidade do fazer competente, tal saber-fazer poderá redirecionar os descaminhos tomados pela humanidade em relação à construção da dignidade humana.

---

10 Sua obra foi interrompida logo após o golpe civil-militar de 1964, que instituiu mais uma vez a ditadura civil-militar em nosso país.

3. Teoria Social Crítica e Pedagogia Crítica

Muitas vezes tive de explicar a pesquisadores iniciantes que nem toda teoria social crítica corporificou-se em uma pedagogia crítica. Há teorias sociais críticas que provêm da Sociologia, da Filosofia, da Antropologia e da própria Pedagogia que subsidiaram perspectivas críticas à Pedagogia, mas não se corporificaram em uma Pedagogia Crítica.

Considero que as Teorias da Educação modulam referenciais para configuração de processos de formação humana, cabendo à Pedagogia, como Ciência da Práxis Educativa (da/para a Educação), organizar, avaliar e perseguir ações que permitam a busca de compreensão teórica e prática desses processos educativos-formativos.

Paulo Freire foi aquele que, incorporando teorias sociais críticas que compuseram sua formação, criou uma Pedagogia Crítica, como conceito e como práxis. Foi o autor de uma prática que consolida uma teoria e de uma teoria que se retifica e se robustece com a prática.

A Teoria Crítica da Educação e a Pedagogia Crítica referem-se a determinadas formas de pensar o ato educativo e de organizar a prática educativa concreta (LIBÂNEO, 1999)[11] considerando que as articulações entre a Educação e a sociedade devem se compor por meio de problematização permanente.

Nesse sentido, a Pedagogia Crítica relaciona-se à teoria e à prática do processo de formação humana que compreende não só a apropriação de conhecimentos, mas a construção de ideias, conceitos, valores, atitudes para a emancipação dos sujeitos e a transformação das relações de dominação nas sociedades desiguais.

11 LIBÂNEO, José Carlos. *Pedagogia e pedagogos*: para quê? São Paulo: Cortez Editora, 1998.

A necessidade da Pedagogia Crítica impõe-se pelas grandes desigualdades sociais que caracterizam a sociedade brasileira. Assim, essa Pedagogia parte da crítica da sociedade injusta e desigual e do papel da Educação como instrumento de democracia social, propondo a Educação como instrumento de transformação das condições opressoras.

Nessa perspectiva crítica, estão abrigadas propostas pedagógicas que orientam ações educativas que devem contribuir para a formação crítica dos sujeitos por meio de processos reflexivos de discussão, compreensão e ação transformadora das relações sociais de dominação. A ênfase na crítica da organização da sociedade desigual e no papel crítico e transformador da Educação tem como fundamento teórico a teoria marxista.

Considero que Marx e Engels compõem o plano de fundo da Pedagogia Crítica proposta por Freire, uma vez que a partir deles consolidou-se a ideia de que as formas de concretização da Educação emergem da realidade socioeconômica e da luta de classes que caracteriza e sustenta essa mesma realidade. A partir de Freire, a Pedagogia não poderá ser vista como uma atividade neutra, mas será necessariamente uma prática que absorve em seu fazer social a dialeticidade da realidade sócio-histórica, conforme bases teóricas lançadas por Marx e Engels e atualizadas como práxis pedagógica por Freire.

Desta forma, após a *Pedagogia do oprimido* e demais trabalhos de Freire, pelo menos duas considerações passaram a estruturar a compreensão de prática pedagógica:

1) A prática pedagógica precisa absorver o complexo sentido da dialética da práxis social. A prática que nega a práxis nega o sentido partilhado da vida coletiva, desconsidera as circunstâncias do tempo histórico.
   Schmied-Kowarzik (1984, p. 43) considera que esta é a grande revolução teórica provinda de Marx, e reafirmada por Freire: a de reconhecer na práxis social o fundamento de todo desenvolvimento histórico, alertando para o fato de que os homens não podem se realizar como produtores de suas condições de vida, mas inversamente, que as condições de vida, ou seja, as imposições de fato das condições de produção, o poder

político e jurídico das relações de dominação, a capacidade enganadora da ideologia determinam os homens em sua atividade a partir do exterior, como estranhos.

2) A Pedagogia passa a assumir uma função essencialmente política e uma epistemologia essencialmente fundada na dialética. Para a Pedagogia, a partir da compreensão do significado de práxis, decorre uma transformação radical em sua posição como Ciência da Educação, eminentemente política, e essencialmente dialética, quer na construção de sua epistemologia, quer em seu exercício como ciência, na construção de seu objeto e na realização de sua prática. A Pedagogia será aquela prática social que se destina à formação de indivíduos inseridos na práxis social, conscientes de seu papel na construção da realidade: o domínio da natureza e o exercício de liberdade, concomitantemente.

Esta tarefa, de formar indivíduos "na" e "para" *a* práxis, conscientes de seu papel na conformação e transformação da realidade sócio-histórica, exige um trabalho educacional crítico, que pressupõe sempre uma ação coletiva por meio da qual os indivíduos tomarão consciência do que é possível e necessário a cada um na formação e controle da constituição do modo coletivo de vida. A essência desta tarefa é eminentemente política, social e emancipatória.

As ampliações posteriores do pensamento de Marx, por outros pesquisadores, deram à Pedagogia amplas e frutíferas contribuições. É possível lembrar-se de Bourdieu e Passeron (1975), que, partindo da análise crítica da sociedade capitalista na França, alertam para a questão da reprodução social, ou seja, para além da reprodução da cultura, há a reprodução dos significados ideológicos da cultura. Também as instituições escolares acabariam assumindo a função de perpetuar a própria estrutura social hierarquizada, com os significados elaborados pela classe dominante, fazendo que o sistema educacional, ao transmitir a cultura de poder e privilégios da classe dominante, camufle esta função sob uma aparência de neutralidade, de apoliticidade, reproduzindo, como cultura universal, a ideologia da classe dominante.

O impacto dessa análise é considerável, uma vez que irá redirecionar, entre outras coisas, o sentido de Educação popular, contribuir para uma reinterpretação da questão do fracasso escolar, introduzir um olhar mais crítico na questão da organização dos currículos e produzir outras teorias que expandem e aprofundam essa questão. A Pedagogia do Oprimido é uma luz para reinterpretação da teoria da reprodução social.

Seguiram-se outros estudos que procuraram dar continuidade a esta interpretação da dinâmica de funcionamento dos sistemas sociais. Desses estudos realço Althusser (1970) e Baudelot e Estabelet (1971), que procuram identificar os verdadeiros mecanismos que produzem e conservam as estruturas de desigualdade social mantidas e perpetuadas sob a aparência de igualdade e semelhança. É fundamental a análise de Althusser caracterizando a escola como aparelho ideológico do Estado (AIE).

Poulantzas e Estabelet analisam que a escola e outras instituições de socialização, na realidade, não criam a divisão em classes, mas contribuem para ela e a reproduzem. A escola seria um mecanismo de reforço da própria relação capitalista.

Ou, como escreve Freitag (1984, p. 34):

> Assim a escola, na medida em que qualifica os indivíduos para o trabalho, inculca-lhes certa ideologia que os faz aceitar sua condição de classe, sujeitando-os ao mesmo tempo ao esquema de dominação vigente [...] ou mais adiante: é, pois, a escola que transmite as formas de justificação da divisão de trabalho vigente, levando os indivíduos a aceitarem, com docilidade, sua condição de explorados, ou a adquirirem o instrumental necessário para exploração da classe dominada.

Outra grande contribuição, decorrente deste eixo marxista do papel da escola, da sociedade e da Pedagogia, é a de Gramsci (1973), que repensa os princípios metodológicos do marxismo e oferece à luta de classes um papel emancipatório.

Gramsci, revendo a teoria marxista, interpreta que é possível transformar a realidade por meio da construção de um novo partido (revolucionário e proletariado), que construa uma hegemonia cultural que, na ação, transformar-se-ia em hegemonia política, e, desta forma, pudesse pouco a pouco minar a ideologia da classe dominante.

Como se percebe, o papel da Pedagogia é fundamental em Gramsci, pois, em seu pensamento, a hegemonia cultural se constrói na ação educativa, a partir de várias instituições sociais que educam no amplo sentido, formando os "intelectuais orgânicos", e produzindo uma profunda mediação entre cultura e consciência crítica.

Gramsci será, conforme afirma Freitag (1984), o autor que atribui à escola e a outras instituições da sociedade civil (aos Aparelhos Ideológicos do Estado de Althusser) a dupla função dialética e estratégica de conservar e minar as estruturas capitalistas.

Dessa forma, seus estudos favorecem a entrada em cena de uma Pedagogia do Oprimido e permitem ainda a organização institucional do processo emancipatório, à medida que a contraideologia se constrói e faz circular, ao lado da cultura dominante, uma nova concepção de mundo e Educação, produzindo, evidenciando e tornando pedagógicas as contradições aí imanentes.

É por isso que Gramsci (1973) considera que toda relação de hegemonia é sempre uma relação pedagógica, e isto confere à Educação um papel eminentemente político, uma vez que o controle da circulação das hegemonias, nos sistemas educacionais, será sempre um fator decisivo nas mediações das forças presentes na luta de classes.

A teoria de Gramsci reforça e reafirma a Pedagogia do Oprimido ao realçar o caráter eminentemente político, de reorganizar, por meio de uma pedagogia que carregue o interesse dos oprimidos, a contraideologia. Esta terá a função de divulgar uma nova concepção de mundo, sob a ótica dos excluídos do raio de cobertura da classe dominante. Assim, corroendo, destruindo, conferindo novas interpretações à cultura hegemônica da classe dominante, poderá abrir espaços para um processo emancipatório, que implicará um novo jogo de forças na luta de classes. Esse processo dialético e revolucionário poderá ser semente de transformações históricas, que podem conduzir a um mundo com mais inclusões, igualdade e possibilidades de convivência humana.

A partir especialmente de Marx, Gramsci e Freire, pode-se construir a grande utopia revolucionária da Pedagogia, a de acreditar que será possível transformar o mundo por meio da transformação das consciências, e esta tarefa se fará por meio de um trabalho pedagógico comprometido com as classes populares e com a construção de uma sociedade mais justa.

4. Pedagogia Crítica hoje

A consolidação de políticas neoliberais no Brasil tem produzido tensões incalculáveis na prática da pedagogia, na docência e nos saberes instituídos. Mais do que a reestruturação das esferas econômica, política e social, o que vem à tona é a redefinição e a reelaboração das formas de significar, de representar e de valorar o mundo.

Gentili (1995, p. 244) realça que o neoliberalismo precisa, entre outras coisas, despolitizar a Educação, dando-lhe significado de mercadoria para garantir o triunfo de suas estratégias mercantilizantes e o necessário consenso em torno delas.

Essa despolitização é uma das principais rupturas que abalam a racionalidade pedagógica (crítica) da Educação. Outras existem e se interpenetram. A Ciência da Educação em sua história já compreendeu que de nada vale oferecer ao educador teorias sobre fatos e normas observadas que ele deva aplicar; mas o fundamental é auxiliar o educador "a perceber as exigências de cada situação educacional concreta, de tal forma que ele se torne apto a levá-las a cabo autonomamente" (SCHMIED-KOWARZIK, 1983, p. 50).

O que se realça é a necessária formação do professor, do pedagogo, para o pensamento autônomo, crítico, uma vez que a posição sobre a reflexão da responsabilidade do educador deve ser o cerne da ciência pedagógica e que, por isto, a prática pedagógica não pode se realizar de forma neutra, sem os compromissos com o sujeito e suas circunstâncias. Considero que toda Pedagogia deva transformar-se em uma Pedagogia do Oprimido, no sentido de trazer o sujeito ao diálogo, à reflexão, ao compromisso com a formação.

Nunca é demais realçar que, quando se fala da politicidade das práticas pedagógicas, quer-se realçar que isto não significa a doutrinação pedagógica ou domesticação pedagógica. Ao contrário, o pensamento crítico do educador é a maior arma contra o proselitismo doutrinário.

Segundo Freire (1993, p. 46-47), a politicidade exerce-se na perspectiva freireana:

> A compreensão dos limites da prática educativa demanda indiscutivelmente a claridade política dos educadores com relação a seu projeto. Demanda que o educador assuma a política de sua prática. Não basta dizer que a educação é um ato político, assim como não basta que o ato político é também educativo. É preciso assumir realmente a política da educação.

Quero realçar a questão da busca da política de sua prática. Essa busca, essa tarefa é eminentemente pedagógica. Como afirma Therrien (2006, p. 77), "a racionalidade pedagógica é inconcebível fora do contexto da epistemologia da prática".

Ainda segundo o autor (2006, p. 77),

> Ela é o suporte de uma práxis educativa como processo de reflexão sistemática sobre a ação por parte de sujeitos, social e coletivamente, voltados para a construção de conhecimentos e saberes que refletem os significados e sentidos num horizonte de transformação do mundo da vida com emancipação social.

É essa a politicidade que é inerente ao ato pedagógico, ou seja, são o pedagogo e o professor cientes de seu papel social como educadores, sabendo a favor e contra o que estão atuando.

Desta forma, pode-se perceber o perigo que ronda os processos de ensino quando estes se tornam excessivamente técnicos, planejados e avaliados apenas em seus produtos finais e quando a voz do professor é calada pela fragilidade de sua formação inicial.

Kincheloe (1997) relembra que o professor que trabalha na perspectiva epistemológica crítica e construtivista rejeita modelos que consideram o ensinar "como a provisão de fatos, enquanto adota uma visão que considera o processo como uma reformulação dialógica" (KINCHELOE, 1997, p. 214).

A Educação faz-se em processo, em diálogos, nas múltiplas contradições que são inexoráveis entre sujeitos e natureza que mutuamente se transformam. Medir apenas resultados e produtos de aprendizagens, como forma de avaliar o ensino, pode se configurar e tem se configurado como uma grande falácia.

5. Considerações finais

Muitas vezes, perguntaram-me por que insisto na necessidade de conduzir a Pedagogia a um *status* científico. Tenho várias razões para isso, e algumas foram delineadas no presente texto; outras podem ser pressupostas ou pressentidas.

Enfatizo que considero ciência um conhecimento organizado, estruturado, validado e construído metodicamente, mesmo que nem sempre pautado em um modelo que congela a realidade em prol de protocolos afirmativos de verdade, que se pauta nas evidências empíricas, deixando de ascender a um concreto pensado, como nos revela Kosik (1995). Essa perspectiva cientificista não coaduna com a compreensão de uma sociedade múltipla, complexa, humana, que se quer solidária, inclusiva e participativa.

A Pedagogia realmente não se encaixa nos cânones da ciência moderna. A Pedagogia talvez tenha de, em sua perspectiva ontológica, debater sobre si própria e resistir a determinada forma de ciência.

Gadamer (1988, p. 40) expressa essa consideração neste sentido:

> Não seria difícil mostrar de que modo a ciência moderna pressupõe sempre, por seu turno, como sua condição vital, este conceito de teoria. Mas onde acabamos por chegar? Lidamos ainda forçosamente com a teoria, em semelhante recuo à constituição fundamental do homem, e não com a práxis, com as experiências do intercâmbio entre homem e homem ou da relação do homem com as coisas, que decerto não poderíamos chamar teóricas.

Se considerarmos que toda Pedagogia, na perspectiva existencialista e dialética, pressupõe uma intervenção na realidade (quer das ideias, quer da prática), há que se pensar que essa intervenção altera a realidade, altera e intervém no Outro.

Dessa forma, só outra perspectiva científica pode identificar caminhos de humanização entre e com os seres humanos, e não para estes. Portanto, a prática da Pedagogia, eticamente constituída, deverá incluir a presença do Outro.

Em uma sociedade de imensas desigualdades sociais, como é o caso do Brasil, a Pedagogia como ciência deverá se constituir na prática da dialética opressor/oprimido; rompendo áreas de silenciamento; abrindo espaços para diálogos interculturais; fundamentando movimentos inclusivos e participativos. Essas perspectivas não cabem na lógica da ciência moderna que identifica a razão como caminho de emancipação. É preciso mais que isso. Será preciso que a Pedagogia incorpore os princípios fundamentais da Pedagogia Crítica, quais sejam:

a) A finalidade da Educação é formar sujeitos conscientes de seu lugar no mundo; sujeitos que, no processo educativo, aprendem a dar nome e sentido ao mundo; jamais sujeitos despersonalizados e objetos à mercê de um processo que lhes é estranho.
b) A Educação será sempre um ato de resistência à racionalização da prática educativa como pretexto de potencializar o desenvolvimento econômico; a Educação jamais poderá se realizar na perspectiva mercadológica.
c) A construção do conhecimento se fará na prática dialógica; na vivência crítica da tensão entre teoria e prática e jamais como transmissão de informações sem vinculação à realidade dos educandos ou dos educadores.

d) A emancipação dos sujeitos da prática deve organizar toda prática pedagógica, em um processo contínuo de luta e compromisso social, onde se tecem os fundamentos de uma prática democrática e crítica. Esse processo não se fará, jamais, na perspectiva da doutrinação/domesticação dos sujeitos.

Nesta perspectiva, a Pedagogia precisa se revestir de outra possibilidade científica, que acolha o outro, sujeito da prática, e organizar resistências a uma prática cartorial e científica, que coloniza os conhecimentos pedagógicos, retira a complexidade dos processos sociais inerentes à prática educativa, desta forma, descaracterizando tais processos e, acima de tudo, perpetua a lógica excludente e elitista.

É preciso que a Pedagogia seja a nova ciência que atue na perspectiva crítica e decolonial.

Referências

ALTHUSSER, Louis. *Ideologia e aparelhos ideológicos de Estado.* Lisboa: Presença 1970.

ANDRADE FILHO, Bento. *Pedagogia:* estudo filosófico-científico da educação. São Paulo: Saraiva, 1957.

ANÍSIO, Pedro M. *Tratado de Pedagogia.* Rio de Janeiro: Civilização Brasileira. 1934.

AZEVEDO, Fernando. *A educação e seus problemas.* São Paulo: Companhia Editora Nacional, 1937.

BAUDELOT, Christian; ESTABELET, Roger. *L'école capitaliste en France.* Paris: Maspero, 1971.

BOURDIEU, Pierre; PASSERON, Jean-Claude. *A reprodução*: elementos para uma teoria do sistema de ensino. Rio de Janeiro: Francisco Alves, 1975.

CAMBI, Franco. *História da pedagogia*. São Paulo: Unesp, 1999.

CHARLOT, Bernard. *Du rapport au savoir*: éléments pour une théorie. Paris: Economica, 1997.

CHARLOT, Bernard. Les sciences de l'éducation en France: une discipline apaissé, une culture commune, un front de recherche incertain. *In:* HOFSTETTER, Rita; SCHNEUWLY, Bernard (éds.). *Le pari des sciences de l'éducation*. Geneve: De Boeck Supérier (Raisons éducatives); Bruxelles: De Boeck & Larcier, 2001. p. 147-177.

DERBOLAV, Josef. A posição da psicologia pedagógica no quadro das ciências da educação. *In*: HETZER, Hildegard. *Psicologia pedagógica*. Lisboa: Fundação Calouste Gulbenkian, 1959.

DEWEY, John. *La ciência de la educación*. Buenos Aires: Losada, 1976.

FRANCO, Maria Amélia Santoro. *A pedagogia como ciência da educação*: entre epistemologia e prática. 257 f. Tese (Doutorado) – Faculdade de Educação, Universidade de São Paulo, São Paulo, 2001.

FRANCO, Maria Amélia Santoro. *Pedagogia como ciência da educação*. 3 ed. rev. ampl. São Paulo: Cortez Editora, 2013.

FRANCO, Maria Amélia Santoro. *Pedagogia e prática docente*. 2. ed. São Paulo. Cortez Editora, 2012.

FRANCO, Maria Amélia do Rosário Santoro. Verbete: antipedagogismo. *REVEC: Revista de Estudos Culturais*, São Paulo, v. 2, p.99-110, 2015.

FREIRE, Paulo. *Conscientização*. São Paulo: Cortez Editora, 1984.

FREIRE, Paulo. *Educação como prática da liberdade*. Rio de Janeiro: Paz e Terra, 1976.

FREIRE, Paulo. *Pedagogia da autonomia*: saberes necessários à prática educativa. São Paulo: Paz e Terra, 1999.

FREIRE, Paulo. *Pedagogia do oprimido*. Rio de Janeiro: Paz e Terra, 1975.

FREIRE, Paulo. *Política e educação*. São Paulo: Cortez Editora, 1993.

FREITAG, Bárbara. *Escola, estado e sociedade*. São Paulo: Moraes, 1984.

GENTILI, Pablo A. A. O discurso da "qualidade" como nova retórica conservadora no campo educacional. *In*: GENTILI, Pablo A. A.; SILVA, Tomaz T. (org.). *Neoliberalismo, qualidade total e educação*. 2. ed. Petrópolis, RJ, Vozes, 1995.

GERHARDT, Heinz-Peter. Paulo Freire. *In*: GADOTTI, Moacir (org.). *Paulo Freire:* uma biobibliografia. São Paulo: Cortez Editora/Instituto Paulo Freire; Brasília, DF: Unesco, 1996.

GRAMSCI, Antonio. *Os intelectuais e a organização da cultura.* Rio de Janeiro: Civilização Brasileira, 1973.

HERBART, Johan F. *Pedagogia general derivada del fin de la educación.* Madrid: Ediciones de La Lectura, [s.d.]

KINCHELOE, Joe L. *A formação do professor como compromisso político*: mapeando o pós-moderno. Porto Alegre: Artes Médicas, 1997.

KOSIK, Karel. *Dialética do concreto.* 6. ed. Rio de Janeiro: Paz e Terra, 1995.

LIBÂNEO, José Carlos. *Pedagogia e pedagogos, para quê?* São Paulo: Cortez Editora, 1999.

MARX, Karl; ENGELS, Friedrich. *A ideologia alemã:* teses sobre Feuerbach. São Paulo: Moraes, 1994.

MORROW, Raymond; TORRES, Carlos .Alberto. Jurgen Habermas, Paulo Freire e pedagogia crítica: novas orientações para a educação comparada. *Educação, Sociedade e Culturas*, Porto, n. 10, p. 123-155, 1998.

SAVIANI, Dermeval. *Escola e democracia.* São Paulo: Cortez Editora, 1983.

SCHMIED-KOWARZIK, Wolfdietrich. *Pedagogia dialética:* de Aristóteles a Paulo Freire. São Paulo: Brasiliense, 1983.

SUCHODOLSKI, Bogdan. *A pedagogia e as grandes correntes filosóficas:* a pedagogia da essência e a pedagogia da existência. Lisboa: Livros Horizonte, 1977.

TAVARES, Manuel. Resenha de Epistemologia do Sul. *Revista Lusófona de Educação*, Lisboa, n. 13, p. 183-189, 2009.

THERRIEN, Jacques. Os saberes da racionalidade pedagógica na sociedade contemporânea. *Educativa*, Goiânia, v. 9, n. 1, p. 67-81, jan./jun. 2006.

TORRES, Carlos Alberto. *A práxis educativa de Paulo Freire.* São Paulo: Loyola, 1979.

TORRES, Carlos Alberto. *Diálogo com Paulo Freire.* São Paulo: Loyola, 1979.

TORRES, Carlos Alberto. *Paulo Freire:* Education y Conscientización. Salamanca: Sigueme, 1980.

Capítulo VI

Pedagogia como Ciência da Educação: objeto e campo investigativo

José Carlos Libâneo

1. Introdução

Este capítulo oferece um delineamento introdutório dos principais temas ligados à Pedagogia como Ciência da Educação e campo profissional. No primeiro tópico, faz-se uma breve exposição sobre o desenvolvimento histórico da Pedagogia e, no segundo, são explicitados os vários posicionamentos acerca da organização do conhecimento pedagógico. O terceiro tópico introduz o tema das definições de educação para apresentar, em seguida, a concepção histórico-cultural de Educação. No quarto, a Pedagogia é abordada como a ciência que estuda a Educação (ou práticas educativas) visando a formação e desenvolvimento do ser humano em situações concretas, com bases conceituais e princípios e métodos de investigação próprios.

Nessa condição, é vista como campo de investigação de finalidades educativas, objetivos formativos, conteúdos, meios da ação educativa, ações esperadas dos que ensinam e dos que aprendem, formas de atuação e organização do processo educativo, que constituem as bases conceituais necessárias para identificar seu campo de estudos para, daí, articular-se com as demais Ciências da Educação. O quinto tópico trata da estruturação do campo científico da Pedagogia como formado por disciplinas específicas como a Introdução à Pedagogia, a Teoria da Educação, a Filosofia da Educação, a Didática e as Didáticas Específicas, a Organização Escolar, a História da Educação, todas em conexão com as Ciências da Educação como a Sociologia da Educação, a Psicologia da Educação, a Economia da Educação, entre outras. Na conclusão, é trazida à discussão a necessidade de reconstituição da Pedagogia em face dos percalços e dilemas postos pela realidade educacional atual e pelos próprios desafios dentro do campo teórico e investigativo da Educação.

2. A Educação e o desenvolvimento histórico da Pedagogia

A Educação ou prática educativa se caracteriza como uma prática social entre outras existentes na sociedade, e a investigação e a reflexão sobre ela geram um campo de conhecimento denominado Pedagogia. Nessa formulação, Educação e Pedagogia são termos relacionados entre si, porém distintos.

A Educação corresponde a uma atividade prática inerente ao processo social e cultural uma vez que, desde o início da história, a espécie humana precisa ser preparada para adaptar-se ao seu ambiente e poder sobreviver, caracterizando o processo educativo como atividade ininterrupta. Já a Pedagogia como reflexão sobre a prática educativa é produto do desenvolvimento histórico no sentido de que as transformações nas sociedades e o surgimento de novas circunstâncias e desafios vão levando à necessidade de melhor compreender essa prática de modo a conduzi-la de forma intencional.

Assim se expressa Penagos (2007, p. 35): "a reflexão sobre a educação só aparece quando esta se revela defasada e incongruente com as necessidades de uma sociedade ou grupo, em um momento determinado da história".

A atividade reflexiva sobre as práticas educativas se inicia com filósofos da Grécia Clássica desde que surge a palavra *pedagogo*, em grego, 'o que conduz a criança (à escola)'. Segundo Saviani (2008), vão se formando daí dois elementos constitutivos da Pedagogia: um, ligado à reflexão filosófica voltada para a formulação da finalidade ética da ação educativa, outro, ligado ao sentido prático, de meio de formação da criança. Esses dois sentidos foram demarcando, ao longo da história, diferentes concepções de Pedagogia que persistem até o presente: uma, a Pedagogia como teoria e orientação da prática educativa; outra, a Pedagogia como metodologia, ocupando-se de estratégias e procedimentos, técnicas de transmissão do conhecimento.

Ainda segundo esse autor, foi a partir do século XVII com Comênio e, mais tarde, no século XIX, com Herbart, que esses dois sentidos tenderam a unificar-se, culminando com a constituição da Pedagogia como um campo de conhecimento próprio. Essa tendência, no entanto, não se consumou inteiramente uma vez que, presentemente, em várias partes do mundo, mantêm-se ao menos esses dois entendimentos, Pedagogia como Teoria e Prática da Educação e Pedagogia como arranjo de meios como gestão da sala de aula e organização de situações de ensino (LIBÂNEO, 2012; FRANCO; LIBÂNEO, PIMENTA; 2011).

As teorias pedagógicas expressam a relação entre o sentido das práticas educativas conforme contextos socioculturais e o pensamento dos grandes pedagogos, mostrando o percurso da Pedagogia na busca de fundamentos para a prática educativa.

No século XVI, quando vai ganhando corpo a modernidade, transformações sociais, políticas, religiosas, culturais influenciam o modo de pensar a Educação, como o nascimento do Estado moderno e de formas de regulação de saberes, indivíduos e instituições, a afirmação da burguesia e do capitalismo, a valorização da natureza e da ciência e, na Educação, a vigilância sobre o indivíduo, a instrução planificada (CAMBI, 1999).

A Reforma Protestante surge com componentes religiosos, mas, também, sociais e econômicos, promovendo a ruptura com princípios da doutrina católica, estabelecendo uma religiosidade interior liberta da autoridade religiosa, lançando as bases da Educação popular. A Contrarreforma, ou Reforma Católica, surge para conter a heresia protestante e difundir a religião católica criando, para isso, as congregações religiosas com forte teor pedagógico.

Cambi (1999, p. 256) menciona a diferença, no plano educacional, entre os dois movimentos, a Reforma e a Contrarreforma:

> O primeiro privilegia a instrução dos grupos burgueses e populares com o fim de criar as condições mínimas para uma leitura pessoal dos textos

sagrados; o segundo, sobretudo com a obra dos jesuítas, repropõe um modelo cultural e formativo tradicional em estreita conexão com o modelo político e social expresso pela classe dirigente.

O período subsequente, o século XVII, é caracterizado por Cambi, no que se refere à Educação, como momento da revolução pedagógica burguesa em que a Educação surge respondendo mais diretamente a demandas e necessidades políticas e sociais como o controle social nos costumes, a laicização da cultura, a preparação dos jovens para o trabalho nas manufaturas e fábricas, a socialização de um sujeito individual, tal como expressa o autor (1999, p. 279):

> O sujeito moderno é realmente um "si" individual e consciente da própria irrepetibilidade mas é também um sujeito radicalmente governado pela sociedade e suas regras, já que cada vez menos pode viver sem ela ou longe dela.

Comênio (1592-1670) representa esse espírito que se difunde ao longo do século XVII ao promover, no contexto de desenvolvimento da manufatura e das guerras de religião, a refundação da Educação e da Pedagogia cujo ideário ainda permanece, em boa parte, na mentalidade e no modo de proceder pedagógico na atualidade (ALVES, 2005). Sua Pedagogia está associada à Reforma Protestante, em uma orientação de tendência puritana, e a ideais político-religiosos voltados à justiça, à paz, à reforma social, concretizada em objetivos, conteúdos e procedimentos didáticos pormenorizados, principalmente em sua obra *Didacta Magna,* publicada em 1631 (COMÊNIO, 1957).

Unindo finalidades ético-religiosas e meios educativos, Comênio é o primeiro sistematizador do discurso pedagógico (CAMBI, 1999) e da organização escolar. Visando à formação integral do homem, "a mais alta e mais perfeita e a mais excelente de todas as criaturas do universo" (COMÊNIO, 1957, p.81), empenhou-se em desenvolver métodos de instrução mais rápidos e eficientes em uma escola que ensinasse tudo a todos.

O século XVIII corresponde, segundo Cambi, à laicização educativa e ao racionalismo pedagógico, típicos do mundo moderno, em conexão com transformações econômicas, sociais, jurídicas. O problema educativo é posto no centro da vida social. Escreve o autor (1999, p. 326):

> À educação é delegada a função de homologar classes e grupos sociais, de recuperar todos os cidadãos para a produtividade social, de construir em cada homem a consciência do cidadão, de promover uma emancipação (sobretudo intelectual) que tende a tornar-se universal (libertando os homens de preconceitos, tradições acríticas, fés impostas, crenças irracionais).

A Educação, a partir daí, adquire papel central na vida social de formação individual e coletiva do indivíduo, estendendo-se aos séculos seguintes, abrindo caminho para a institucionalização da Pedagogia como arte e ciência destinada a modelar os indivíduos conforme os imperativos da razão. É nesse contexto que surge, também, a escola, tal como se configura hoje, pública, estatal e laica. Entre tantos estudiosos da Educação nesse período, a figura mais expressiva é a de Rousseau (1712-1778), tido como o pai da Pedagogia contemporânea, que introduz o reconhecimento da criança com interesses e características próprias de desenvolvimento, a exigência da instrução e da formação moral e, especialmente, o estabelecimento de conexões entre educação, política e moral. A par da valorização da Educação, Rousseau coloca a Pedagogia diretamente ligada à reforma social pela igualdade e liberdade (FRANCO, 2012).

Kant (1724-1804), expressão não menos importante da Pedagogia, influenciou Pestalozzi e Herbart ao assinalar como fim específico da Educação a moralidade e seus meios, a disciplina e o desenvolvimento da razão. É dele (1996, p. 15) a forte afirmação da necessidade da Educação:

> O homem não pode tornar-se um verdadeiro homem senão pela educação, ele é aquilo que a educação faz dele. Note-se que ele só pode receber esta educação de outros homens, os quais a receberam igualmente de

> outros. Portanto, a falta de disciplina e de instrução em certos homens os torna mestres muito ruins de seus educandos.

Já no final do século XVIII, Pestalozzi (1746-1827) formulou sua proposta pedagógica também no contexto de guerra de religiões que assolava a Europa. Sua história é marcada pela iniciativa de atender crianças pobres a partir de uma forte crença no poder da educação para desenvolvimento das capacidades humanas, respeitando a natureza infantil. O pensamento de Pestalozzi, que impregnou e continua impregnando profundamente a prática pedagógica de professores(as) brasileiros, está assentado em princípios como o de seguir a natureza da criança, da instrução graduada conforme leis naturais do desenvolvimento humano, da impressão sensorial como alicerce de todo conhecimento, da intuição sensível como método de conhecimento.

Escreve Pestalozzi (2009, p. 89):

> A cada intuição profundamente impressa e tornada indelével no espírito humano, se junta [...] quase involuntariamente, uma série de conceitos acessórios mais ou menos relacionados com essa intuição.

A Pedagogia de Herbart (1776-1841) está diretamente vinculada à formação do homem moral e do cidadão no contexto da unificação do Estado alemão na segunda metade do século XIX, para o que se requer a Educação regrada por instrução, disciplina e moralidade. Formulou seu sistema pedagógico em estreita ligação com a filosofia, principalmente a ética, da qual derivou os princípios da moralidade: a perfeição, a liberdade interior, a vontade correta, o direito e a equidade. Para atingir a moralidade, o meio é a instrução educativa, isto é, a Educação para a formação do caráter e aprimoramento do ser humano, a instrução para propiciar conhecimentos sobre o mundo, aperfeiçoar aptidões e capacidades humanas (EBY, 1962).

Herbart estabelece, assim, os princípios da cientificidade e autonomia da Pedagogia como Ciência da Educação como fundamento, a Ética como a Ciência dos Fins e a Psicologia, ciência dos meios educativos, visando a formação do caráter moral do homem, fim último da Educação. Pestalozzi e Herbart tiveram um impacto decisivo na Educação brasileira, ao lado da Pedagogia católica, demarcando a concepção pedagógica que veio a ser designada, entre nós, como Pedagogia tradicional.

Na segunda metade do século XIX, no contexto da consolidação da indústria e do desenvolvimento científico e tecnológico, surgiu o movimento pela renovação científica da Pedagogia, geralmente denominado Educação Nova. Em sua versão europeia, visou separar a Pedagogia da Filosofia para reconstruir o saber pedagógico "científico" inspirado principalmente na psicologia experimental e em métodos científicos (observação, experimentação, verificação) e, assim, superar o caráter demasiadamente metafísico da pedagogia anterior.

Nos Estados Unidos, o movimento ganhou expressividade com o pensamento de John Dewey, que propôs, também, tratamento científico dos problemas educativos, em uma visão assentada no pragmatismo que denominou Ciência da Educação. Segundo ele, a função da Educação é promover e estimular a atividade própria da criança para que ela alcance seu objetivo interno de desenvolvimento. Por isso, a prática educativa deve centrar-se em situações de experiência na qual a reflexão é ativada por meio do método de solução de problemas. O caráter científico da Educação consuma-se com a utilização do método científico para o desenvolvimento da inteligência, levando a uma redefinição das bases do saber pedagógico em relação à Pedagogia tradicional.

Nas primeiras décadas do século XX, desenvolveu-se a concepção socialista de Educação e escola com base em escritos de Marx mais tarde ampliada por outros filósofos da Educação, entre eles Gramsci, Suchodolski e Manacorda. Tal concepção insere-se historicamente no quadro de ruptura com o modo de organização da sociedade capitalista, cujas relações sociais precisam ser transformadas tendo em vista a emancipação da classe trabalhadora.

A universalização da instrução obrigatória tendo em vista uma educação *omnilateral* surgiu como necessidade e direito da classe trabalhadora e requisito para as lutas pela transformação social. A educação *omnilateral* leva a "substituir o indivíduo parcial, pelo indivíduo integralmente desenvolvido para o qual as diferentes funções sociais não passariam de formas diferentes e sucessivas de sua atividade" (MARX, 1983).

A proposta socialista de Educação propugnava a conjugação da instrução com o trabalho não em função da produção, mas para formar homens completos e harmonicamente desenvolvidos para o que se requer uma sólida Educação politécnica e científica. Nessa direção, Gramsci propôs uma escola que ofereça uma sólida formação cultural visando o desenvolvimento onilateral do indivíduo, tendo como princípio educativo o trabalho como atividade teórico-prática capaz de assegurar a participação ativa do educando na aprendizagem e a compreensão do efeito da atividade prática humana transformadora e laboral na constituição da sociedade e do próprio conhecimento (GRAMSCI, 1979).

Avançando para a atualidade, contribuições de várias teorias no campo da Filosofia, da Psicologia, das Ciências Sociais vêm mobilizando o debate pedagógico como o construtivismo piagetiano, a teoria histórico-cultural, os estudos culturais, a teoria da ação comunicativa, as teorias de currículo, entre outras, de alguma forma afetando discussões epistemológicas em torno da Pedagogia.

Severino, em artigo sobre a construção do campo científico da Educação na América Latina (2015), aponta cinco abordagens de investigação: duas clássicas, a positivista e a dialética materialista histórica, e três de outras orientações, a fenomenológica-hermenêutica, a arqueogenealógica e a epistemologia de segunda ordem (epistemologia de fronteira ou intercultural).

Cabe destacar, ainda, a emergência da concepção pedagógica produtivista caracterizada, conforme Saviani (2007; 2008), pela subordinação da Educação à economia e, hoje, de forma mais explícita, pela vinculação ao neoliberalismo, às demandas do mercado globalizado. No campo pedagógico, o papel da escola fica reduzido à preparação para o trabalho por meio da avaliação de competências que assegurará aos indivíduos disputar uma melhor posição no mercado de trabalho.

A visão neoliberal ocupa, atualmente, lugar hegemônico na definição de políticas educacionais e das diretrizes curriculares e operacionais para as escolas por meio do currículo instrumental, consolidando a pedagogia de resultados, em que a ideia de desenvolvimento de capacidades produtivas se confunde com desenvolvimento humano (EVANGELISTA; SHIROMA, 2006; EVANGELISTA, 2014; LIBÂNEO, 2014; 2019; LIBÂNEO; FREITAS, 2018).

O pensamento pedagógico brasileiro está impregnado das tendências pedagógicas modernas e, ainda, da pedagogia tradicional. O pensamento de Dewey teve intensa repercussão no País pela atuação de Anísio Teixeira e outros estudiosos nas reformas educacionais dos anos 1920-1930 propiciando, além disso, a abertura para a adoção de outros modelos educacionais, "entre os quais a proposta construtivista de Educação [...] ao levar em consideração nas práticas pedagógicas a realidade do aluno" (FRANCO, 2012, p. 67).

O ideário reformista desse período foi expresso no Manifesto dos Pioneiros da Educação Nova, publicado em 1932, e a repercussão da ação dos reformadores estendeu-se a vários segmentos do campo educacional influenciando significativamente a legislação educacional, embora com pouca penetração na prática escolar. A pedagogia tradicional, nas versões herbartiana e católica, continua exercendo forte influência não somente nas escolas confessionais como, também, nas práticas pedagógicas dos professores (SAVIANI, 1983; 2008; LIBÂNEO, 1985; 2010).

Franco (2012) ressalta a contribuição de autores brasileiros para o pensamento pedagógico contemporâneo, entre os quais se destacam Paulo Freire e Dermeval Saviani, que interpretam em suas necessidades da realidade educacional contribuindo para o fortalecimento da teoria pedagógica no País. Freire posiciona-se pelo reforço da dimensão política da Educação na transformação da sociedade no sentido de uma pedagogia que possibilite ao oprimido descobrir-se, pela reflexão, como sujeito da própria destinação histórica.

Escreve Franco (2012, p. 69):

> A questão da pedagogia do oprimido, da ação cultural para a liberdade, a consideração da educação como prática da liberdade, entram definitivamente, na composição de uma Pedagogia brasileira que se dispõe a estar a serviço da superação das imensas desigualdades que marcam nosso povo e nossa história.

Saviani, segundo Franco (2012), elabora uma teoria pedagógica crítica em que a Educação é vista em seus determinantes sociais, especialmente o modo de produção de cada momento histórico, surgindo daí, em cada sociedade, o sentido de Educação e do Ensino. É assim que, fundamentado no materialismo histórico dialético, formula um sólido posicionamento sobre a Pedagogia como Ciência da Educação (SAVIANI, 2013). Em seus escritos, indica como sentido da Pedagogia a produção da humanidade no homem. Nas próprias palavras, a Educação é o ato de produzir direta e intencionalmente, em cada indivíduo singular, a humanidade que é produzida histórica e coletivamente pelo conjunto dos homens, sendo precisamente esse o objeto de estudo da Pedagogia. Cumpre destacar duas importantes publicações de Saviani, nas quais se pode apanhar aspectos históricos e teóricos da constituição do campo (2007; 2008).

O esboço traçado do desenvolvimento histórico da Pedagogia confirma, independentemente da orientação teórica dos pedagogos apresentados, seu caráter de ciência que investiga finalidades e meios do processo educativo no percurso do desenvolvimento histórico-social. A tradição de estudos da Pedagogia indica, assim, com clareza, seu objeto: Educação como formação humana e os processos dessa formação, visando orientá-la racionalmente. Pode-se constatar com isso que seu significado primitivo de condução da criança modificou-se ao longo do desenvolvimento histórico, quando foi se consolidando como ciência e disciplina de estudo com a tarefa de descrever e explicar a natureza e os modos de ação educativa, bem como sua direção de sentido no movimento da vida social.

À medida que deixou de ser apenas teoria ou apenas técnica educativa, a despeito das críticas que recebeu e vem recebendo, seu significado se amplia para poder conter nele tanto a reflexão sobre os fatos educativos quanto os modos de ação educativa nos seus componentes científicos e técnicos.

3. Pedagogia, Ciência da Educação, Ciências da Educação?

O tópico anterior descreveu os caminhos de busca de autonomia científica da Pedagogia, afirmando a Educação ou as práticas educativas como seu objeto de estudo. No entanto, a tradição mostra, também, a diversidade de enfoques do fenômeno educativo, já que sua compreensão foi se constituindo na inter-relação com outros saberes. Não há como negar a pluridimensionalidade do fato educativo, o que leva a admitir a necessidade de se recorrer a um conjunto de saberes para compreendê-lo e explicá-lo. Permanece, no entanto, a polêmica: em relação à organização do conhecimento sobre Educação, a Pedagogia é a única Ciência da Educação? Seria uma das Ciências da Educação? Ou não existe um campo científico chamado "Pedagogia", mas "Ciências da Educação?".

Consideremos, a seguir, alguns posicionamentos surgidos ao longo da história sobre o estudo científico da educação e das possibilidades de organização do conhecimento pedagógico, resguardando que esses posicionamentos decorrem diferentes tradições epistemológicas e culturais. Parece haver, efetivamente, quatro posições:

a) Pedagogia, única Ciência da Educação, ou seja, a Pedagogia Geral;
b) Ciências da Educação (excluindo a Pedagogia com a conotação de "geral");
c) Ciência da Educação (em que desaparece o termo "Pedagogia");
d) Pedagogia como Ciência da Educação articulada com as Ciências da Educação.

O primeiro posicionamento defende a unicidade da ciência pedagógica, ou seja, a Pedagogia seria a única Ciência da Educação, no sentido de Pedagogia geral, as demais ciências são chamadas "auxiliares". Dentro da tradição alemã, corresponde à herança dos pedagogos clássicos como Comênio e Herbart, à qual se juntou, mais tarde, a Pedagogia católica (WILLMANN, 1970). Com ramificações em países europeus e em outros de influência europeia, de tradição católica, essa posição tem recebido muitas críticas por não considerar a realidade educativa como pluridimensional.

O segundo posicionamento, com a pretensão de assegurar o caráter científico da Educação, abandona o termo Pedagogia Geral como estudos sistemáticos de Pedagogia, pela denominação "Ciências da Educação", dentro da tradição francesa de estudos empíricos do "fato educativo". Essa denominação, bastante difundida em países europeus ou de influência europeia, foi introduzida nas universidades francesas em 1967 (MIALARET, 1976). A Educação, nessa perspectiva, é objeto de estudo de um conjunto de ciências, enquanto a Pedagogia e a Didática se transformam em meios operacionais das Ciências da Educação (ROMÁN, 2018), concepção essa praticamente unânime entre pesquisadores franceses (LIBÂNEO, 2012).

No Brasil, a adoção um tanto aleatória dessa denominação em instituições universitárias brasileiras reforçou o encolhimento do interesse acadêmico pelos estudos pedagógicos. De fato, a diluição das dimensões do fenômeno educativo em vários campos produziu a dispersão do estudo da problemática educativa, levando a uma postura pluridisciplinar em vez de interdisciplinar e aos vários reducionismos (psicológico, sociológico, econômico, entre outros), como tem sido visto no campo acadêmico da Educação no Brasil.

O terceiro posicionamento designa os estudos sobre Educação como Ciência da Educação (às vezes, Teoria da Educação), em que desaparece o termo Pedagogia. Em um enfoque positivista de ciência, na tradição inglesa e norte-americana, essa posição abre espaço para a abordagem empírica e pragmática da Educação, e para a tecnologia educacional. A visão cientificista do fenômeno educativo dilui o caráter ético-normativo associado ao termo Pedagogia, precisamente porque valores e fins da Educação não podem ser inferidos cientificamente. Daí não ser meramente acidental a utilização do termo "educação" para designar o que, em outros lugares, se conhece como Pedagogia, ou seja, o termo "educação" agrupa, ao mesmo tempo, a prática educativa e a ciência que a estuda. Também não é acidental, nessa tradição, a precedência no uso do termo currículo em relação à Didática.

Finalmente, o quarto posicionamento considera a Pedagogia como Ciência da Educação autônoma, no entanto, em articulação com as demais Ciências da Educação, cujos objetos de estudo dependem da Ciência da Educação. Nessa concepção, ela promove uma síntese integradora dos diferentes processos analíticos que correspondem a cada uma das Ciências da Educação em seu objeto específico de estudo. Ou seja, a Pedagogia busca aportes nas Ciências da Educação na clarificação de seu objeto sem perder sua autonomia epistemológica. Em síntese, a pluridimensionalidade do fenômeno educativo não elimina sua unicidade assegurada pela Pedagogia, como formulam Sarramona e Marques (1985, p. 56):

> Advirta-se que a polifacética dimensão do fenômeno educativo não pode eliminar sua unicidade enquanto tal, sob o risco de perder sua justificação como processo objeto de estudo científico. Tal unicidade permite estabelecer um corpo científico que tome o fenômeno educativo em seu conjunto como objeto de estudo, com a finalidade expressa de dar coerência à multiplicidade de ações parcializadas; trata-se, em suma, de elaborar uma síntese integradora dos diferentes processos analíticos que correspondem a cada uma das ciências da educação, em seu objeto (dimensão da educação) específico de estudo.

Ressaltamos que adotamos essa última posição. Afirmando o caráter peculiar da Pedagogia e da tradição de seus estudos, compreende o caráter multidimensional e interdisciplinar do fenômeno educativo. No entanto, sustenta que é somente a Pedagogia que pode investigar os fatores e os elementos da ação educativa e sua contextualização, por exemplo, o aluno como sujeito do processo de socialização e aprendizagem; os agentes de formação (incluindo a escola e o professor), as situações concretas em que se dão os processos formativos (incluindo o ensino), o saber como objeto de apropriação constituído em relações históricas e culturais, o contexto sociocultural e institucional (incluindo as escolas e salas de aula). Não abdica, no entanto, da contribuição das Ciências da Educação e outros campos de conhecimento afins no esclarecimento do seu objeto de estudo.

Ressalte-se, pois, que a Pedagogia não é a única área científica que tem a Educação como objeto de estudo. Também a Sociologia, a Psicologia, a Economia, a Linguística, a Antropologia podem ocupar-se de problemas educativos como extensão de seus próprios objetos de investigação e, nessa medida, os resultados de seus estudos são imprescindíveis para a compreensão do educativo.

Entretanto, cada uma dessas ciências aborda o fenômeno educativo sob a perspectiva de seus próprios conceitos e métodos de investigação e nenhuma delas por si só dá conta de substituir a Pedagogia. É a Pedagogia que pode requerer para si a investigação do campo educativo propriamente dito, como também de seus desdobramentos práticos, e com isso constitui-se em conhecimento integrador dos aportes das demais áreas. Autores de vários países tendem a aderir a esse posicionamento, como Visalberghi (1983), Sarramora e Marqués (1985), Estrela (1992), Penagos (1983), Houssaye *et al.* (2004), Frabboni e Minerva (2006), entre outros.

No Brasil, cumpre mencionar presentemente, entre outros, pesquisadores como Saviani (2007; 2008; 2013), Libâneo (1990; 1997; 2006), Silva (2006), Franco (2008), Pimenta (2011a; 2011b), Pinto (2011), Silvestre e Pinto (2017); Cruz (2011), Severo (2015; 2017). Sintetizando esse posicionamento, Franco, Libâneo e Pimenta (2013, p. 61) expressam, com clareza:

> Assumimos a Pedagogia como um campo de estudos sobre o fenômeno educativo, portadora de especificidade epistemológica que, ao possibilitar o estudo do fenômeno educativo, busca a contribuição de outras ciências da educação. Assim, a Pedagogia é a ciência que tem por objeto a educação humana nas várias modalidades em que se manifesta na prática social. [...] investiga a natureza do fenômeno educativo, os conteúdos e métodos da educação, os procedimentos investigativos. [...] A educação, em suas várias modalidades, se caracteriza como processo de formação de qualidades humanas, enquanto o ensino é o processo de organização e viabilização da atividade de aprendizagem em contextos específicos para esse fim.

Por fim, nesses posicionamentos sobre os estudos sobre a Educação, cumpre considerar a dependência do fenômeno educativo em relação aos condicionantes sociais, políticos culturais. Conforme veremos no próximo tópico, a condição de prática social inerente ao ato educativo implica vê-lo na dinâmica das relações sociais. Isso significa que o fenômeno educativo precisa ser investigado como expressão de interesses sociais em conflito na sociedade, razão pela qual toda pedagogia expressa finalidades sociopolíticas em função de um projeto de gestão social e política da sociedade. Esse tema será abordado no tópico a seguir.

4. As definições de Educação: a concepção histórico-cultural de Educação

Uma vez que se reconheça como objeto de estudo da Pedagogia a Educação ou o ato educativo, é preciso iniciarmos pelas definições de Educação, ou seja, o que as várias correntes da Pedagogia entendem por natureza do ato educativo, finalidades da Educação, dimensões da Educação, os agentes da relação educativa, os processos formativos.

O sentido etimológico da Educação indica a origem latina de dois termos: *educare* ('nutrir, alimentar, criar, cuidar') e *educere* ('tirar para fora de, conduzir para'). Para Mialaret (1976, p. 11), esses dois termos refletem duas tendências seculares, frequentemente em conflito, uma preocupada em nutrir, alimentar os alunos de conhecimentos, outra em extrair deles todas as possibilidades de se educarem. Planchard (1975, p. 26) sintetiza os dois termos em um terceiro, *educatio*, isto é, conduzir os educandos de um estado para outro, agir sobre o ser humano visando prepará-lo para as expectativas de exigências de um determinado meio social.

Essa primeira aproximação do sentido de Educação indica, talvez, a matriz dos diversos entendimentos que vão ser atribuídos à natureza da Educação, suas finalidades e modos de atuação, ou seja, a articulação da ideia de Educação como desenvolvimento individual com a de meio de adaptação do indivíduo à sociedade.

Desse modo, as definições vão se diferenciar, primeiro, pela maior acentuação ou dos fatores internos ou da influência externa ou, ainda, da ação recíproca entre ambos; segundo, pelas finalidades ou ideais que orientam a ação educativa. Surgem, assim, concepções naturalistas ou inatistas, pragmáticas, espiritualistas, culturalistas, ambientalistas, interacionistas (LIBÂNEO, 2006), as quais formulam entendimentos sobre fins e formas do processo educativo. Nessas concepções, predomina a visão liberal e individualista de Educação que a considera um processo meramente individual e de adaptação a formas já estabelecidas de organização da sociedade, passando ao largo das condições históricas e sociais em que se assenta esse tipo de sociedade.

Em oposição a essa visão liberal e individualista, a perspectiva de Educação fundamentada no materialismo histórico dialético a toma como produto do desenvolvimento histórico e social e do embate entre interesses entre classes e grupos sociais que compõem a sociedade burguesa. Nessa visão, o processo educativo é visto como enraizado nas contradições e lutas sociais engendradas na dinâmica das relações entre classes sociais, de modo que é nos embates da práxis social que vai se configurando o ideal de formação humana. Isso significa que a tarefa da reflexão pedagógica é a de superar a antinomia entre fins individuais e fins sociais da Educação. Essa é a ideia-chave da concepção histórico-cultural desenvolvida dentro da tradição socialista marxista. Conceber a Educação como produto do desenvolvimento social e determinada pela forma de relações sociais de uma dada sociedade significa vincular as práticas educativas à prática social global, o que significa que qualquer análise de uma prática educativa requer identificar intencionalidades e interesses engendrados na dinâmica de relações de poder entre grupos e classes sociais.

Tal dependência da Educação em relação às formas sociais, econômicas, políticas de uma sociedade põe aos educadores a exigência de assumir uma atitude crítica, colocando em questão uma prática educativa meramente adaptadora ao modelo de sociedade vigente e cuja ação se restringe aos marcos estreitos da família, da escola, da igreja, entre outros.

Há, assim, processos sociais mais amplos que se sobrepõem às instituições, aos indivíduos e aos grupos que estão vinculados ao modo de produção da vida material.

Marx e Engels (1984, p. 72) escrevem sobre esse aspecto:

> As ideias da classe dominante são, em cada época, as ideias dominantes; isto é, a classe que é a força material dominante da sociedade é, ao mesmo tempo, sua força espiritual dominante. A classe que tem à sua disposição os meios de produção material dispõe, ao mesmo tempo, dos meios de produção espiritual, o que faz com que a ela sejam submetidas, ao mesmo tempo e em geral, as ideias daqueles aos quais faltam os meios de produção espiritual.

Nessas condições, a Educação tende não só a ser representativa dos interesses dominantes (consolidados pela ação do Estado), como também a ser transmissora da ideologia que responde a esses interesses. A reflexão sobre a Educação, portanto, não consiste unicamente em vê-la como relações pedagógicas ou de orientação do desenvolvimento individual. Ao considerar esse aspecto, é preciso compreendê-la partindo da análise objetiva das relações sociais vigentes, das formas econômicas, dos interesses sociais em jogo, pois a prática educativa é sempre a expressão de determinada forma de organização das relações sociais na sociedade.

No entanto, como esclarece Severino (1986), a Educação não tem sentido unívoco como pura instância de reprodução, pois os processos que desencadeia geram e desenvolvem também forças contraditórias, que comprometem o fatalismo da reprodução quer ideológica, quer social, atuando na direção da transformação da realidade social. Pode operar, pois, uma mediação na ruptura das práticas reprodutivas pela intervenção da práxis humana, que pode criar, recriar, transformar a realidade social. Pode prover aos indivíduos a apropriação de saberes pelos quais podem compreender as relações reais de poder, atuando na formação política das classes dominadas, tanto ao nível da gestação de sua consciência de classe quanto ao nível de sua instrumentação para a práxis política mais adequada.

Cabe, assim, considerar que os objetivos e conteúdos da Educação não são sempre idênticos e imutáveis, antes variam ao longo da história e são determinados conforme o desdobramento concreto da dinâmica das relações sociais, das formas econômicas da produção, das lutas sociais, sendo que esse desdobramento é resultado das ações humanas.

Considera-se, pois, que a Pedagogia é um campo específico de reflexão sobre a Educação, movendo-se entre a dimensão teórica e a dimensão prática no sentido de análise da ação educativa em seus condicionantes históricos e sociais e projeção dessa ação em um sentido crítico emancipatório.

Ao mesmo tempo, a natureza complexa e multifacetada da Educação requer uma abordagem interdisciplinar, levando à articulação da Pedagogia com as demais Ciências da Educação, conforme já abordado neste texto.

5. Pedagogia e seu objeto de estudo, a prática educativa

Nos tópicos anteriores, procedeu-se uma retrospectiva histórica da Pedagogia destacando suas distintas tradições culturais e epistemológicas, e apresentando a perspectiva histórico-cultural acerca do fenômeno educativo. Neste tópico, será exposta de forma mais sistemática a Educação ou prática educativa como objeto de estudo da Pedagogia.

O requisito para discutir o objeto de estudo da Pedagogia é o conceito de Educação ou, mais especificamente, de prática educativa. É preciso, pois, iniciarmos pelo entendimento sobre a natureza do ato educativo, as finalidades da Educação, as dimensões da Educação, os agentes da relação educativa, os aspectos operativos da Educação.

A Educação, antes de tudo, é um fenômeno objetivo, possível de ser reconhecido como uma prática social, envolvendo relações entre indivíduos, entre indivíduos e sociedade, estruturas, processos, ações, visando a formação e o desenvolvimento humano. A ideia-chave é a de que Educação é, constitutivamente, uma prática. O pedagogo alemão Schmied-Kowarzik (1983, p. 10) situa a Pedagogia entre as ciências práticas, com a ética e a política, definindo-a como "uma ciência prática da e para a práxis educacional".

As ciências práticas são assim designadas por se referirem à realização efetiva de uma atividade humana que tem um sentido, uma intencionalidade. No caso da Educação, trata-se de uma atuação dirigida à formação e ao desenvolvimento do ser humano, em condições sociais, culturais e materiais concretas.

Schmied-Kowarzik (1983, p. 44) assim se expressa sobre a educação:

> A educação é uma função parcial integrante da produção e reprodução da vida social, determinada por meio da tarefa natural, e ao mesmo tempo cunhada socialmente, da regeneração de sujeitos humanos, sem os quais não existiria nenhuma práxis social. A história do progresso social é simultaneamente, também, um desenvolvimento dos indivíduos em suas capacidades espirituais e corporais e em suas relações mútuas. A sociedade depende tanto da formação da evolução dos indivíduos que a constituem, quanto estes não podem se desenvolver fora das relações sociais.

Desse modo, a educação compreende o conjunto dos processos, influências, estruturas, ações, que intervêm no desenvolvimento humano de indivíduos e grupos na sua relação ativa com o meio natural e social, em um determinado contexto de relações entre grupos e classes sociais, visando a formação do ser humano. Podemos, em uma formulação mais operacional, definir a educação como prática social, materializada em uma atuação efetiva na formação e desenvolvimento de seres humanos, em condições socioculturais e materiais concretas, implicando métodos e procedimentos específicos e resultados, visando mudanças qualitativas na aprendizagem dos alunos, tendo em vista o desenvolvimento global da personalidade.

Em síntese, ressaltamos que a educação se refere à formação humana pela qual os indivíduos adquirem aquelas características humanas necessárias para a vida social, e a Pedagogia, aos objetivos e meios de realizar nos sujeitos humanos essas características de humanização plena, em meio à dinâmica das relações sociais na sociedade.

A formação e o desenvolvimento humano identificam, assim, a natureza do processo educativo e, desse modo, ao se constituir como núcleo do saber pedagógico, junta nela elementos éticos, cognitivos e afetivos que vão orientar os motivos e competências dos educandos para si próprios e a vida social. Segundo Frabboni e Minerva (2006, p. 19), a formação desdobra em uma dupla dimensão: a primeira que se refere ao influxo externo, ou seja, "a atuação das instituições formativas para conservar e transmitir o conhecimento e a cultura de um grupo social", a segunda, ao "formar-se", isto é, "processos autoconstrutivos pelos quais o sujeito particular elabora e transfigura aquela cultura com o aporte da própria individualidade".

O processo educativo inclui, assim, determinados elementos (CASTILLEJO, 1994), como:

a) ***Finalidades:*** referem-se ao tipo de ser humano que se quer alcançar com a educação, traduzidas em objetivos formativos em relação às dimensões humanas (social, intelectual, física, afetiva, moral, estética, entre outras), evidentemente dentro da visão que se tem de sociedade e de ser humano.
b) ***Seleção e organização de conteúdos:*** isto é, a seleção de elementos da cultura referentes ao que é necessário e relevante aprender em cada etapa do desenvolvimento humano, obviamente coerente com os objetivos. Trata-se de conteúdos conceituais, procedimentais e valorativos.
c) ***Ação ou intervenção educativa:*** implica uma intencionalidade referida à consecução de finalidades e objetivos, efetivada por algum agente

educativo próximo a um sujeito (educando) visando estimular, orientar e possibilitar a aprendizagem, ativando as potencialidades e capacidades do educando.

d) ***A aprendizagem dos sujeitos:*** trata-se de um processo de aprender que produza mudanças no modo de ser e agir, compatível com as finalidades e objetivos propostos para a ação educativa.

e) ***O processo de ensino-aprendizagem, meio pelo qual se desenvolve a aprendizagem, que sintetiza os demais elementos:*** finalidades, objetivos, seleção de conteúdos, a intervenção educativa, aprendizagem autônoma do aluno.

Além desses elementos básicos indicados, cabe acrescentar a consideração dos contextos socioculturais e institucionais em que estão inseridas as práticas educativas, incluindo as formas de organização e gestão das instituições escolares.

É relevante assinalar, ainda, que a educação não se refere somente às práticas escolares, mas a um grande conjunto de práticas educativas na família, no trabalho, na comunidade, nos meios de comunicação e informação. Da diversidade de práticas educativas resultam muitas pedagogias.

Conforme já abordado neste texto, é preciso considerar que a educação ou prática educativa é um campo de conhecimento plurifacetado, ou seja, é um fenômeno ao mesmo tempo social, cultural, político, econômico, biológico, psicológico. Em razão disso, seu estudo requer o concurso de outras Ciências Humanas como a Sociologia, a Antropologia, a História, a Política, a Economia, entre outras, das quais surgem a Sociologia da Educação, Economia da Educação, Política Educacional, Psicologia da Educação e, também, a Filosofia da Educação. No entanto, o campo científico que investiga a educação, em primeira mão, é a Pedagogia. Como tal, ela é a teoria e a prática da educação, no sentido indicado por Schmied-Kowarzik (1983, p. 129):

> De um lado, a práxis educativa depende de uma teoria pedagógica para poder ser consciente e voluntariamente a educação do homem pelo

> homem; de outro lado, a teoria pedagógica depende da educação como práxis, pois ela só pode ser diretriz teórica da educação para a prática educacional enquanto conhecimento dessa prática.

A mesma ideia é expressa, em outra formulação, pelo pedagogo francês G. Mialaret (1991, p. 9):

> A Pedagogia é uma reflexão sobre as finalidades da educação e uma análise objetiva de suas condições de existência e de funcionamento. Ela está em relação direta com a prática educativa que constitui seu campo de reflexão e de análise, sem, todavia, confundir-se com ela.

A Pedagogia é, portanto, o campo de conhecimento que tem, especificamente, a responsabilidade de formular os princípios, as bases conceituais e as formas organizativas do ato educativo, partindo da investigação da prática. Cabe a ela fazer uma aproximação teórica e intencional aos problemas educativos propriamente ditos, recorrendo para isso às demais Ciências da Educação, produzindo um conhecimento próprio.

Escreve Libâneo (2005, p. 142):

> A Pedagogia assume essa tarefa de orientar a prática educativa de modo consciente, intencional, sistemático, para finalidades sociais e políticas cunhadas a partir de interesses concretos no seio da práxis social, ou seja, de acordo com exigências concretas postas à humanização num determinado contexto histórico-social. Junto a isso, formula e desenvolve condições metodológicas e organizativas para viabilizar a atividade educativa.

A "aproximação teórica e intencional aos problemas educativos" mencionada anteriormente expressa, assim, o caráter imanente à ciência pedagógica da relação entre teoria e prática. O pedagogo francês Houssaye e outros pedagogos, em um *Manifesto em favor dos pedagogos* (2004), afirmam que a Pedagogia não deve ser considerada apenas um campo de estudos, um campo disciplinar, um objeto de práticas, uma qualidade de saber-fazer, ou mesmo uma posição ideológica. Para eles, a Pedagogia é a reunião mútua e dialética da teoria e da prática educativa, em uma mesma pessoa, passando a considerar o pedagogo como aquele que procura conjugar a teoria e a prática pela própria ação, pressuposto que o faz afirmar: "só será considerado pedagogo aquele que fizer surgir um *plus*, na e pela articulação teoria-prática da educação" (2002, p. 10).

Essa articulação em processo contínuo, ele denomina de "caldeirão da fabricação pedagógica". Schmied-Kowarzik, na tradição dialética materialista histórica, afirma que a prática educativa depende da diretriz pedagógica e a Pedagogia, de uma práxis educativa anterior. Desse modo, segundo o autor (1983, p. 25):

> a Pedagogia nem pode tematizar de uma maneira puramente teórica a práxis educacional [...] nem pode se voltar a uma intervenção prática direta, já que ela é uma ciência da educação somente quando é simultaneamente uma ciência para a educação e vice-versa.

Também Pimenta (2011a), trazendo a contribuição de vários autores (ESTRELA, 1980; SCHMIED-KOWARZIK, 1983; DIAS DE CARVALHO, 1988, entre outros), afirma que a interface da pedagogia com outras Ciências da Educação e, ao mesmo tempo, a imprecisão dessas ciências em face do fenômeno educativo, levam à necessidade de uma revisão epistemológica sob risco de que o estudo dos fenômenos educativos permaneça condenado a reproduzir discursos alheios sem promover, efetivamente, a interdisciplinaridade.

Desse modo, a autora conclui (2011a, p. 68. Grifos da autora):

> O objeto/problema da ciência da educação – a Pedagogia – é a educação enquanto prática social. Daí seu caráter específico que a diferencia das demais, que é o de uma *ciência prática*, parte da prática e a ela se dirige. [...]. A problemática educativa e sua superação constituem o ponto central de referência para a investigação.

Precisamente pelo seu caráter "prático", isto é, de realização efetiva de uma atividade de sentido e intencionalidade determinados voltada para a formação e o desenvolvimento humano, uma prescrição científica ou técnica da práxis não é suficiente. A conotação da educação como atividade prática ou práxis, no sentido de "realização efetiva de uma atividade humana de sentido determinado" (SCHMIED-KOWARZIK, 1983, p. 23), torna a Pedagogia distinta das outras "Ciências da Educação", como a Sociologia, a Política e, mesmo, a Psicologia.

Essas, pelo caráter empírico e pela característica inerentemente científica (SCHMIED-KOWARZIK, 1983, p. 23), não têm poder de determinar objetivos e procedimentos propriamente educativos. Ou seja, é a Pedagogia que pode realizar uma aproximação teórica e intencional aos problemas educativos articulando-se, para isso, com as outras Ciências da Educação.

Dessas considerações, deriva-se o entendimento de que as chamadas "Ciências da Educação" devem subordinar suas análises ao específico da prática educativa. Sendo assim, a exigência mais legítima e mais elementar que deve cumprir um pesquisador no campo da Educação é que sua investigação esteja subordinada ao que é peculiar e inerente à prática educativa por excelência, a formação e o desenvolvimento do ser humano em condições socioculturais e materiais concretas. Portanto, estudam-se as políticas e a gestão para melhor conhecer as formas de viabilização de ações educativas; os processos culturais, sociais, ambientais, tecnológicos, entre outros, para explicar e viabilizar ações educativas; os elementos da cultura, os processos de subjetivação-objetivação, o universal e o diverso, em função das ações educativas, isto é, dos processos formativos do ser humano em situações históricas e materiais concretas.

Desse modo, qualquer outro campo investigativo que atua no campo da educação, além da Pedagogia, não pode deixar de considerar esses elementos básicos, centrais, do conceito de Educação: formação e desenvolvimento do ser humano em condições históricas, sociais e materiais concretas. Este é, portanto, o requisito de legitimidade epistemológica de qualquer das chamadas "Ciências da Educação".

Conforme Frabboni e Minerva (2006, p. 19):

> A busca da identidade por parte da Pedagogia se apresenta, assim, como um processo aberto em contínuo devir, no qual a Pedagogia aparece caracterizada por uma disponibilidade natural a deixar-se "contaminar"

> por outros saberes, mas, ao mesmo tempo, comprometida em elaborar seus próprios e autônomos pontos de vista [...] interpretando-os ou orientando-os à luz do que é o constitutivo da investigação pedagógica, ou seja, a relação transativa instrução-educação-formação.

Em síntese, como ciência da Educação, considerada esta em contextos específicos, a Pedagogia cria o próprio objeto, na expressão de Suchodolsky e, assim, os próprios conceitos e métodos investigativos para, desse modo, formular indicativos para a prática.

Em relação às demais Ciências da Educação que lhe dão apoio, elas apenas podem se chamar "a educação" se efetivamente se ocupem de um aspecto do objeto "educação". Onde não há Pedagogia não pode haver Ciências da Educação, pois é a Pedagogia que cria e põe em foco, formalmente, o objeto educativo (GENOVESI, 1999, *apud* SAVIANI, 2008).

6. Estrutura do conhecimento pedagógico

Após termos enfocado as possibilidades do estudo científico da realidade educativa, a natureza do processo educativo, suas características e conceitos básicos, tornamos, com isso, explícita a autonomia da Pedagogia no conjunto das Ciências Humanas. Cabe, pois, verificar a estrutura do conhecimento pedagógico, ou seja, como se ordenam e se dividem os ramos que compõem a ciência pedagógica.

A organização do conhecimento pedagógico no Brasil, em forma institucionalizada e sistematizada em um curso de Pedagogia, ocorre em 1939 por ocasião da criação da Faculdade Nacional de Filosofia. Outros estudos fazem a reconstituição histórica desse tema (SAVIANI, 2007; SILVA, 2006), e aqui cumpre registrar nesse currículo influências teóricas do movimento da Escola Nova, de cunho positivista-pragmático, acentuando-se muito fortemente aspectos metodológicos, o que levou a legislação a denominar o bacharel em Pedagogia de "técnico em educação".

As regulamentações seguintes, de 1962 e 1969, foram ambas formuladas por Valnir Chagas, cuja vinculação com o movimento dos Pioneiros da Educação Nova é conhecida. Não há, pois, registro na legislação da concepção unitária da Pedagogia ou das Ciências da Educação tal como mencionamos anteriormente neste texto, muito menos da visão da Pedagogia como Ciência da Educação em articulação com as demais Ciências da Educação.

A atual legislação sobre o curso de Pedagogia (Resolução CNE/CP n. 1/2006) manteve parte das influências encontradas na legislação anterior, mas, além disso, expressa uma concepção reducionista da Pedagogia ao reduzir seu sentido à docência, provocando graves prejuízos ao desenvolvimento dos estudos teóricos referentes à ciência pedagógica bem como às formas de organização das escolas (LIBÂNEO, 2006; FRANCO; LIBÂNEO; PIMENTA, 2011).

A indicação aqui de uma estrutura do conhecimento pedagógico tenta seguir a lógica desenvolvida neste texto em torno da Pedagogia como Ciência da Educação em articulação com as demais Ciências da Educação, guardando vínculos com a tradição da Pedagogia alemã, de assegurar a cientificidade da Pedagogia, mas abrindo-se para a interdisciplinaridade.

Desse modo, tem-se como disciplinas pedagógicas propriamente ditas: Introdução à Pedagogia, Teorias da Educação, Filosofia da Educação, Didática, Organização Escolar, História da Educação, Pesquisa em Pedagogia, Comparada, Pesquisa em Educação. A partir dessas disciplinas próprias da Pedagogia, formulam-se as bases das relações da Pedagogia com outras esferas de conhecimento científico, como a Sociologia, a Psicologia, a Antropologia, a Biologia, a Filosofia e outras áreas afins.

A definição do conteúdo dessas disciplinas merece cuidados dos professores(as) formadores no sentido de diferenciar os temas abordados em cada uma. Por exemplo, Introdução à Pedagogia, Teorias da Educação, Filosofia da Educação, possuem conteúdos muito próximos. Temas de Teorias da Educação podem ser incluídos em Introdução à Pedagogia ou vice-versa, enquanto a Filosofia da Educação terá um caráter de reflexão sobre a concepção de homem e sociedade, educação e sociedade, os sistemas filosóficos e as concepções de educação e ensino, educação e problemática do mundo contemporâneo. Uma disciplina de Introdução à Pedagogia (que poderia corresponder a Fundamentos da Educação ou Teoria da Educação no singular) abrangeria os seguintes temas ou parte deles: compreensão do fenômeno educativo: natureza da educação, a ação educativa, dimensões da educação, modalidades de educação. Finalidades e objetivos da educação, os agentes do processo educativo, formas de intervenção educativa. As instituições educacionais. As funções sociais e políticas da educação: educação, sociedade e Estado; educação e cultura; educação e política; educação e movimentos sociais. Bases teóricas do desenvolvimento humano e aprendizagem. A educação social, moral e estética. As teorias educacionais: mundo antigo e medieval; modernas; contemporâneas. Temas da atualidade: sociedade e cultura globalizadas; internacionalização das políticas educacionais; a ética dos negócios; a obrigação de resultados; alteridade, diferença e educação intercultural; os direitos humanos; as tecnologias digitais e tecnologias educativas.

Cabe ressaltar, também, as relações entre Pedagogia e Didática. A Pedagogia formula finalidades e formas organizativas da educação, de certo modo se confundindo com Teoria da Educação, enquanto a Didática se refere às questões do ensino-aprendizagem. A divisão de campos não pode ser rígida, mas a Didática, como ramo da Pedagogia, refere-se especificamente aos fundamentos e à organização do processo de ensino e aprendizagem em relaçao aos conteúdos da educação e do ensino, em consonância com a rigorosa reflexão pedagógica sobre finalidades educativas e meios do processo educativo.

A Didática define-se como teoria do processo de ensino-aprendizagem e das regularidades e condições desse processo para orientar o trabalho docente na sala de aula. Investiga as regularidades do processo de ensino-aprendizagem e, sobre esta base, elabora objetivos, conteúdos, métodos e formas de organização do ensino e da educação. A Didática e a Pedagogia/Teoria da Educação se necessitam mutuamente. Estreitamente unidas à Didática estão as Metodologias específicas de ensino (Didáticas específicas) e, evidentemente, as matérias que lhe dão origem. As metodologias apoiam-se nos conhecimentos essenciais da Didática e esta, por sua vez, recolhe das metodologias os conhecimentos e as experiências, generalizando-as (LIBÂNEO, 2008; 2015).

Quanto à organização escolar, trata-se de disciplina que necessita aproximar-se mais da teoria pedagógica. Ela se refere, no geral, às práticas institucionais a vigorar na escola e, em particular, à direção e organização do sistema escolar e da escola. Mas cabe a essa disciplina não somente investigar a estrutura e as formas de funcionamento e gestão, mas, também, as formas de organização social do ambiente escolar que propiciam as condições de aprendizagem e desenvolvimento dos alunos.

A pesquisa pedagógica mereceria um capítulo à parte. Em que consiste a pesquisa pedagógica e o que a distingue da pesquisa das demais Ciências da Educação? O que aproxima a pesquisa pedagógica da pesquisa em Didática ou elas se referem à mesma coisa? Vários pesquisadores vêm se dedicando a este tema. Na perspectiva abordada neste texto, a pesquisa pedagógica tem como referência os fins, as ações e os processos formativos propiciados pelas várias modalidades de educação. Desse modo, o foco próprio da pesquisa pedagógica estaria no rigor científico da reflexão pedagógica para alimentar a práxis pedagógica a partir das demandas desta própria práxis, isto é, das formas pelas quais a educação e o ensino, como práticas sociais, formam o desenvolvimento cognitivo, afetivo e moral dos indivíduos.

Como "ciência da práxis para práxis", conforme propõe Schmied-Kowarzik, a pedagogia ocupa-se de duas dimensões intercambiáveis. Como ciência teórica e prática, ela se ocupa de fatores que levam à constituição do ser humano em seu desenvolvimento histórico-cultural e em suas condições históricas, sociais e materiais concretas e, ao mesmo tempo, investiga diretrizes dos processos de constituição do ser humano, ou seja, como promover mudanças qualitativas nos indivíduos inseridos na práxis histórico-cultural.

7. Considerações finais

Este capítulo trouxe argumentos para se conceber a Pedagogia como Ciência da Educação e explicitou seu objeto e seu campo investigativo. No entanto, não tem sido tranquila sua trajetória em sustentar sua legitimidade epistemológica, seja pelo não reconhecimento dela como tendo um saber próprio, seja pela sua diluição nas Ciências da Educação ou nas didáticas específicas. Os anos 1960-1979 demarcam um período em que a Educação e a escola passam a ser objetos de crítica por parte de movimentos organizados nos Estados Unidos e na Europa, expressas em movimentos de jovens em torno de ideais libertários, pacifistas, anticonsumistas e da contracultura. Surgem daí as teorias reprodutivistas que identificam na Educação seu caráter ideológico, ou seja, a Educação reproduz e reforça a ideologia capitalista e burguesa. A Pedagogia como teoria e como prática sofre, então, abalos consideráveis que acabaram por impregnar boa parte da produção acadêmica no campo da Educação, incluindo no Brasil. Para seus críticos, ela teria um estatuto científico débil além de desconhecer demandas do contexto histórico, social e cultural, com pouca capacidade de se ligar à problemática contemporânea. As tentativas de buscar sua cientificidade na ciência empírica e no pragmatismo não foram suficientes para convencer seus críticos. No entanto, presentemente, continuam a se multiplicar questões sociais, econômicas, políticas, culturais, como a globalização dos mercados, migrações, degradação ambiental, pobreza, desemprego, ataque aos direitos humanos e a vítimas de discriminação social e cultural. Outra vez a Pedagogia é desafiada. Os pesquisadores e teóricos da Pedagogia são postos perante essa gama de desafios e têm outra chance de argumentar perante seus críticos que a Pedagogia é um saber legítimo e que pode produzir saberes legítimos e relevantes, que os saberes pedagógicos constituídos na história são tão legítimos quanto os saberes produzidos pela Filosofia e pelas demais Ciências da Educação, e que a Pedagogia tem o poder para propor abordagens sobre o destino humano e seu futuro e, por isso, é capaz de gerar saberes sobre a Educação e a humanidade (HOUSSAYE *et al.*, 2002). Ou seja, é preciso que ela retome a posse de seu objeto de investigação de modo a ocupar o vazio que deixou se instalar no campo científico da Educação, e recupere seu espaço de atuação na sociedade e nas instituições. Essa é a condição para transformar-se, efetivamente, em sujeito histórico mediador das transformações humanas por meio da Educação, principalmente a Educação escolar.

Tendo em conta essas questões de cunho epistemológico e profissional, os especialistas da Pedagogia são, também, desafiados a repensar projetos formativos em um momento de aceleradas mudanças na sociedade, na Educação e na vida cotidiana, em nível mundial (no momento da escrita deste capítulo são decorridos 120 dias após a interrupção das aulas presenciais em escolas da Educação Básica e instituições de Ensino Superior, com introdução do ensino *on-line*, em razão da pandemia provocada pela Covid-19). São trazidos à cena problemas antigos da Educação escolar agora redimensionados, como a desigualdade social e a desigualdade escolar, as formas de organização da escola e do ensino para alunos das escolas públicas em sua maioria pertencentes às camadas pobres da população, o atendimento à diversidade social e cultural dos alunos em suas diferentes trajetórias de vida, as dificuldades da população de baixa renda em ter acesso aos recursos digitais. Como recomendava Boto (2005), mantém-se o desafio de pensar a diversidade, o atendimento aos direitos políticos, sociais e identitários, sem abdicar do necessário código de universalidade provido pela escola. Saviani (2008, p. 74), após argumentar sobre a relação mais fundamental da Pedagogia, a relação entre teoria e prática, conclui:

> [...] o caminho para equacionar de modo adequado o problema do espaço acadêmico da Pedagogia começa pelo resgate de sua longa e rica tradição teórica, explicitando, no conjunto de suas determinações, sua íntima relação enquanto prática da qual ela se origina e à qual se destina.

Em resumo, a Pedagogia busca, ao mesmo tempo, a autonomia e a interdisciplinaridade. Para que continue orientando os professores (as) e às suas demandas pessoais e profissionais, é necessário, por um lado, assegurar sua condição de ser uma ciência que se ocupa, intencional e formalmente, do que é específico das práticas educativas, isto é, a formação e o desenvolvimento do ser humano, e, por outro, usufruir as contribuições de outros saberes que, embora com sistemas conceituais e procedimentos metodológicos diferentes, buscam, sem reducionismos, acercar-se das práticas educativas para que estas sejam olhadas sob diferentes perspectivas, mas centradas no seu objetivo, a formação humana. Precisamente, ao centrar-se na formação humana a Pedagogia, inevitavelmente, retoma dois aspectos reiterados em todo o seu percurso histórico: o ético que se desdobra nas finalidades educativas, nos valores e atitudes, vitais para o desenvolvimento da personalidade; e o prático, que incide nos processos formativos de natureza cognitiva, afetiva e moral, em função da apropriação de conteúdos e habilidades social e historicamente constituídos.

Referências

ALVES, Gilberto Luiz. *O trabalho didático na escola moderna:* formas históricas. Campinas: Autores Associados, 2005.

ARETIO, Lorenzo Garcia. El aprendizaje fuera de la escuela. *Bened*, [s.l.], jul. 2006.

CAMBI, Franco. *História da pedagogia.* São Paulo: Unesp, 1999.

CASTILLEJO, José Luis. La educación como fenómeno, proceso y resultado. *In*: CASTILLEJO, José Luis; VÁZQUEZ, Gabriel; COLOM, Antonio; SARRAMONA, Jaume. *Teoría de la educación.* Madrid: Taurus, 1994.

COMÊNIO. *Didática Magna:* tratado da arte universal de ensinar tudo a todos. Lisboa: Fundação Calouste Gulbenkian, 1957.

CRUZ, Giseli Barreto da. *Curso de pedagogia no Brasil:* história e formação com pedagogos primordiais. Rio de Janeiro: Wak Editora, 2011.

EBY, Frederick. *História da educação moderna.* Porto Alegre: Globo, 1962.

ESTRELA, Albano. *Pedagogia ou ciências da educação?* Porto: Porto Editora, 1992.

EVANGELISTA, Olinda. (org.). *O que revelam os "slogans" na política educacional.* Araraquara: Junqueira & Marin, 2014.

EVANGELISTA, Olinda; SHIROMA, Eneida Oto. Educação para o alívio da pobreza: novo tópico da agenda global. *Revista de Educação,* Campinas, v. 20, p. 43-54, 2006.

FRABBONI, Franco; MINERVA, Franca Pinto. *Introducción a la pedagogía general.* México: Siglo XXI, 2006.

FRANCO, Maria Amélia Santoro. *Pedagogia como ciência da educação.* São Paulo: Cortez Editora, 2008.

FRANCO, Maria Amélia do Rosário Santoro. *Pedagogia e prática docente.* São Paulo: Cortez Editora, 2012.

FRANCO, Maria Amélia Santoro; LIBÂNEO, José Carlos; PIMENTA, Selma Garrida. As dimensões constitutivas da pedagogia como campo de conhecimento. *Educação em Foco,* Belo Horizonte, ano 14, n. 17, p. 55-78, jul. 2011.

GRAMSCI, Antonio. *Os intelectuais e a organização da cultura.* Rio de Janeiro: Civilização Brasileira, 1979.

HOUSSAYE, Jean; SOËTARD, Michel; HAMELINE, Daniel; FABRE, Michel. *Manifeste pour les pédagogues.* Paris: ESF Éditeur, 2002.

KANT, Immanuel. *Sobre a pedagogia.* Tradução de Francisco Cock Campanella. Piracicaba: Unimep, 1996.

LIBÂNEO, José Carlos. As teorias pedagógicas modernas revisitadas pelo debate contemporâneo na educação. *In:* LIBÂNEO, José Carlos; SANTOS, Akiko (orgs.). *Educação na era do conhecimento em rede e transdisciplinaridade.* Campinas (SP): Alínea, 2010.

LIBÂNEO, José Carlos. *Democratização da escola pública:* a pedagogia crítico-social dos conteúdos. São Paulo: Loyola, 1985.

LIBÂNEO, José Carlos. Didática e epistemologia: para além do embate entre a didática e as didáticas específicas. *In:* VEIGA, Ilma P. A.; D'ÁVILA, Cristina (orgs.). *Profissão docente:* novos sentidos, novas perspectivas. Campinas: Papirus, 2008.

LIBÂNEO, José Carlos. Diretrizes curriculares da pedagogia: imprecisões teóricas e concepção estreita. *Educação e Sociedade,* Campinas, v. 27, n. 96, p. 843-876, 2006.

LIBÂNEO, José Carlos. Educação: pedagogia e didática – o campo investigativo da pedagogia e da didática no Brasil – esboço histórico e buscas de identidade epistemológica e profissional. *In:* PIMENTA, Selma Garrido (org.). *Didática e formação de professores:* percursos e perspectivas no Brasil e Portugal. São Paulo: Cortez Editora, 1997, p. 23-88.

LIBÂNEO, José Carlos. Ensinar e aprender, aprender e ensinar: o lugar da teoria e da prática em didática. *In:* LIBÂNEO, José Carlos; ALVES, Nilda (orgs.). *Temas de pedagogia:* diálogos entre didática e currículo. São Paulo: Cortez Editora, 2012.

LIBÂNEO, José Carlos. Finalidades educativas escolares em disputa, currículo e didática. *In*: LIBÂNEO, José Carlos; ECHALAR, Adda Daniela Lima Figueiredo; ROSA, Sandra Valéria Limonta; SUANNO, Marilza Vanessa Rosa (orgs.). *Em defesa do direito à educação escolar:* didática, currículo e políticas educacionais em debate. Goiânia: Gráfica da UFG, 2019. p. 33-57.

LIBÂNEO, José Carlos. Formação de professores e didática para desenvolvimento humano. *Educação e Realidade,* Porto Alegre, v. 40, p. 629-650, 2015.

LIBÂNEO, José Carlos. *Fundamentos teóricos e práticos do trabalho docente*: estudo introdutório sobre pedagogia e didática. 498 f. Tese (Doutorado em Educação) – Pontifícia Universidade Católica de São Paulo, São Paulo, 1990.

LIBÂNEO, José Carlos. Internacionalização das políticas educacionais: elementos para uma análise pedagógica de orientações curriculares para o ensino fundamental e de propostas para a escola pública. *In:* SILVA, Maria Abádia; CUNHA, Célio da (orgs.). *Educação básica:* políticas, avanços e pendências. Campinas: Autores Associados, 2014. p. 13-56.

LIBÂNEO, José Carlos. *Pedagogia e pedagogos, para quê?* São Paulo: Cortez Editora, 2006.

LIBÂNEO, José Carlos; FREITAS, Raquel A. M. da M. (orgs.). *Políticas educacionais neoliberais e escola pública:* uma qualidade restrita de educação escolar. Goiânia: Espaço Acadêmico, 2018.

MARX, Karl; ENGELS, Friedrich. *A ideologia alemã.* São Paulo: Hucitec, 1984.

MARX, Karl; ENGELS, Friedrich. *Textos sobre educação e ensino.* São Paulo: Moraes, 1983.

MIALARET, Gaston. *As ciências da educação.* Lisboa: Moraes, 1976.

MIALARET, Gaston. *Pédagogie générale.* Paris: PUF, 1991.

PENAGOS, Rafael Ávila. *Fundamentos de pedagogía:* hacia una comprensión del saber pedagógico. Bogotá: Cooperativa Editorial Magisterio, 2007.

PESTALOZZI, Johann Heinrich. *Cómo Gertrudes enseña a sus hijos.* Barcelona: PPU S.A., 2009.

PIMENTA, Selma Garrido. Para uma ressignificação da didática: ciências da educação, pedagogia e didática. *In*: PIMENTA, Selma Garrido (org.). *Didática e formação de professores:* percursos e perspectivas no Brasil e Portugal. São Paulo: Cortez Editora, 1997, p. 23-88.

PIMENTA, Selma Garrido (org.). *Pedagogia, ciência da educação?* São Paulo: Cortez Editora, 2011a.

PIMENTA, Selma Garrido (org.). *Pedagogia e pedagogos*: caminhos e perspectivas. São Paulo: Cortez Editora, 2011b.

PINTO, Umberto de Andrade. *Pedagogia escolar:* coordenação pedagógica e gestão educacional. São Paulo: Cortez Editora, 2011.

PLANCHARD, Émile. *A pedagogia contemporânea.* 8. ed. atual. Coimbra: Coimbra Editora, 1975.

ROMÁN, Emmanuel Abraham Vega. Pedagogía o ciencias de la educación? Una lucha epistemológica. *Revista Boletín Redipe,* Rioja, v. 7, n. 9, p. 56-62, 2018.

SARRAMONA, Jaime; MARQUÉS, Sarramona. *¿Qué es la pedagogía?* Una respuesta actual. Barcelona: Ediciones CEAC, 1985.

SAVIANI, Dermeval. *A pedagogia no Brasil*: história e teoria. Campinas: Autores Associados, 2008.

SAVIANI, Dermeval. *História das ideias pedagógicas no Brasil.* Campinas: Autores Associados, 2007.

SAVIANI, Dermeval. *Pedagogia histórico-crítica*: primeiras aproximações. Campinas: Autores Associados, 2013.

SAVIANI, Dermeval. Tendências e correntes da educação brasileira. *In*: BOSI, Alfredo; SAVIANI, Dermeval; MENDES, Durmeval Trigueiro; HORTA, José Silvério Baia. *Filosofia da educação brasileira.* Rio de Janeiro: Civilização Brasileira, 1983.

SCHMIED-KOWARZIK, Wolfdietrich. *Pedagogia dialética*: de Aristóteles a Paulo Freire. São Paulo: Brasiliense, 1983.

SEVERINO, Antônio Joaquim. A construção do campo científico da educação em debate: contribuições da filosofia da educação latino-americana. *Itinerários de Filosofia da Educação*, Porto, n. 13, 2015.

SEVERINO, Antônio Joaquim. *Educação, ideologia e contraideologia.* São Paulo: EPU, 1986.

SEVERO, José Leonardo Rolim de Lima. *Pedagogia não escolar no Brasil*: crítica epistemológica, formativa e profissional. 266 f. Tese (Doutorado) – Universidade Federal da Paraíba, João Pessoa, 2015.

SEVERO, José Leonardo Rolim de Lima. Perspectivas curriculares sobre a formação do pedagogo para a educação não escolar. *Educação em Revista*, Belo Horizonte, v. 34, mar. 2018.

SILVA, Carmem Silvia Bissoli da. *Curso de pedagogia no Brasil*: história e identidade. Campinas: Autores Associados, 2006.

SILVESTRE, Magali Aparecida; PINTO, Umberto de Andrade. *Curso de pedagogia*: avanços e limites após as Diretrizes Curriculares Nacionais. São Paulo: Cortez Editora, 2017.

VISALBERGHI, Aldo. *Pedagogia e scienze dell'educazione.* Milano: Mondadori, 1983.

WILLMANN, Otto. *A ciência da educação.* Porto Alegre: Globo, 1970.

Capítulo VII

Curso de Pedagogia no Brasil: oitenta anos de história[12]

Dermeval Saviani

12 Conferência proferida no 39º Encontro Nacional dos Estudantes de Pedagogia. Unifesp, *campus* Guarulhos, 23 de julho de 2019.

1. Introdução

Para tratar do tema central alusivo aos oitenta anos do curso de Pedagogia, começarei por caracterizar o significado da Pedagogia a partir da emergência histórica de sua problemática; abordarei, em seguida, a presença da Pedagogia no Brasil à guisa dos antecedentes do curso de Pedagogia; no terceiro momento resgatarei a origem e trajetória do curso de Pedagogia para, finalmente, tecer considerações sobre as perspectivas que se abriam e que, na situação atual, agora se fecham para a formação pedagógica em nosso país[13].

2. Emergência histórica da problemática da Pedagogia

A Educação constitui-se como uma realidade irredutível nas sociedades humanas identificando-se com a origem do próprio ser humano. E, na medida em que o homem se empenha em compreender a Educação buscando intervir nela de maneira intencional, foi-se constituindo um saber específico

13 No desenvolvimento do plano de exposição da conferência tomei como referência aspectos da pesquisa que deu origem ao livro *A pedagogia no Brasil: história e teoria* (SAVIANI, 2012).

que, desde a Paideia grega, passando por Roma e pela Idade Média chegou aos tempos modernos fortemente associado ao termo Pedagogia.

Vê-se, pois, que a Pedagogia se desenvolveu historicamente em íntima relação com a prática educativa, constituindo-se como a teoria ou ciência dessa prática sendo, de modo geral, identificada com o próprio modo intencional de realizar a Educação. Ao longo de vários séculos, a Pedagogia construiu uma rica tradição teórica e científica sobre a prática educativa a despeito das inúmeras negativas de que foi alvo no que se refere a sua cientificidade.

Todavia, se a problemática da Pedagogia remonta à Antiguidade tendo se desenvolvido em uma linha de continuidade, de certo modo ascensional, até chegar a ocupar, na atualidade, um lugar reconhecido no campo acadêmico-científico, observa-se que a trajetória histórica da problemática da Pedagogia não coincide necessariamente com a trajetória histórica do termo Pedagogia.

O termo "Pedagogia" evidentemente surgiu na Grécia. E, conforme Jaeger, é grega também a origem da problemática pedagógica. Ele localiza a origem da Pedagogia nos sofistas, quando o fazer da Educação se alça ao plano da ideia consciente: é de essencial importância, diz Jaeger (1967, p. 279), "a íntima conexão em que se acha a elaboração consciente da ideia da Educação com o fazer consciente do processo da Educação".

Da Grécia, tanto o termo quanto a problemática pedagógica transladaram-se para Roma. No entanto, a passagem do grego para a língua latina deu origem a "*paedagogatus*", substantivo da quarta declinação que significa 'Educação, instrução'; originou também "*paedagogus*" e "*paedagoga*", com o sentido de 'pedagogo, preceptor, mestre, guia, aquele que conduz'; e "*paedagogium*", substantivo neutro significando tanto a 'escola', mais especificamente destinada aos escravos, quanto as 'crianças que frequentam essa escola'. Assim, a problemática pedagógica expressava-se pelas palavras "*paedagogatus*" e "*institutio*", não se registrando o termo "*paedagogia*".

No latim clássico, a palavra "*institutio*" assumia o significado de Educação ou formação, o que se evidencia claramente na obra, em doze volumes, "*Institutio oratória*", escrita por Quintiliano no primeiro século de nossa era como um verdadeiro tratado sobre a formação do orador. Do latim essa acepção se transladou para o francês, como o demonstra o Capítulo XXV dos "Ensaios" de Montaigne, *De l'institution des enfants*, que versa sobre a Educação das crianças. O mesmo se diga da palavra "*instituteur*" ("*institutrice*", no feminino) que, em francês, significa aquele que ensina, o mestre e, mais especificamente, o professor primário, o que levou François Mauriac, grande poeta e escritor francês, a exclamar: "Instituteur, de institutor, celui qui établit... celui qui institue l'humanité dans l'homme; quel beau mot! " (ROBERT, 1978, p. 1.013).

Na Idade Média, as duas obras pedagógicas mais significativas foram escritas por Santo Agostinho de Hipona em 389, na forma de um diálogo com seu filho, Adeodato, para instruí-lo nas verdades divinas e humanas, considerando que Cristo é a verdade que ensina interiormente: "Christus veritas intus docet" (AGOSTINHO, 1956, p. 114); e por Santo Tomás de Aquino, quase nove séculos mais tarde, tratando da dupla matéria do ensino: "Uma das suas matérias é aquilo mesmo que se ensina; outra, a pessoa a quem se comunica a ciência" (AQUINO, 1935, p. 120).

Ambas as obras, tanto a de Santo Agostinho quanto a de Santo Tomás de Aquino, têm por título *De magistro*, ou seja, "sobre o mestre". As duas tratam da problemática pedagógica, mas em momento algum recorrem ao termo "Pedagogia".

Constatamos, ainda, que, no decorrer da Época Moderna, a problemática pedagógica teve um forte desenvolvimento, o mesmo não ocorrendo com o termo "Pedagogia". Assim, Comênio deu uma grande contribuição à Pedagogia com sua obra sobre a arte de ensinar tudo a todos totalmente, mas o termo com que a denominou foi "Didática" e não "Pedagogia". Esse termo também não aparece na obra de Condorcet.

Como assinala Coutel (1989, p. 245), "o termo 'Pedagogia' não figura uma única vez na obra de Condorcet sobre a instrução pública". Além de "Pedagogia", Condorcet evitava também a palavra "Educação" por considerar que esses termos expressavam conceitos polissêmicos, introduzindo imprecisões no discurso. Por isso ele dava preferência para o termo "instrução", adotando a expressão "instrução pública" em lugar de "Educação nacional". Quanto ao termo "Pedagogia", além da polissemia pesava também o sentido pejorativo. Naquela época o termo "pedagogo" assumia frequentemente um significado depreciativo de "mestre pedante, autoritário e pobre de espírito", como se evidencia nessa frase de Victor Hugo: "Filisteus! Mestres! Eu vos odeio, pedagogos!" (ROBERT, 1978, p. 1.385).

Foi a partir do século XIX que tendeu a se generalizar a utilização do termo Pedagogia para designar a conexão entre a elaboração consciente da ideia da Educação e o fazer consciente do processo educativo, o que ocorreu mais fortemente nas línguas germânicas e latinas do que nas línguas anglo-saxônicas.

Desde a Grécia, delineou-se uma dupla referência para o conceito de Pedagogia. De um lado, foi se desenvolvendo uma reflexão estreitamente ligada à filosofia, elaborada em função da finalidade ética que guia a atividade educativa. De outro lado, o sentido empírico e prático inerente à Paideia entendida como a formação da criança para a vida reforçou o aspecto metodológico presente já no sentido etimológico da Pedagogia como meio, caminho: a condução da criança.

A partir do século XVII, esses dois aspectos tenderam a se unificar como o demonstra o esforço realizado por Comênio. Foi, porém, com Herbart que os dois aspectos da tradição pedagógica foram reconhecidos como distintos, sendo unificados em um sistema coerente: os fins da Educação, que a Pedagogia deve elaborar a partir da ética; e os meios educacionais, que a mesma Pedagogia elabora com base na psicologia. A partir daí, a Pedagogia consolidou-se como disciplina universitária, definindo-se como o espaço acadêmico de estudos e pesquisas educacionais.

No âmbito do idealismo, a Pedagogia tendeu a ser dissolvida na Filosofia. No âmbito do positivismo a Pedagogia foi, na origem, assimilada à prática educativa. É este o entendimento de Durkheim (1965), para quem a Pedagogia é uma teoria prática, interessada na realização do fenômeno educativo, em contraposição à teoria científica, interessada no conhecimento do fato educativo, tarefa essa acometida à Sociologia da Educação. Posteriormente se manifestou, ainda no interior do positivismo, o empenho em imprimir caráter científico à Pedagogia. No entanto, em vez de lhe granjear autonomia científica, apenas a transmutou de uma submissão, aquela da filosofia, a uma outra: a das ciências empíricas reconhecidas como tais e que foram tomadas como modelo para a Pedagogia.

Recentemente, em especial a partir do final dos anos 70 do século XX, a Pedagogia enveredou por um caminho de autonomia científica que já não é mais suscetível de maiores contestações. No entanto, a admissibilidade da Pedagogia como ciência ainda está sujeita a várias controvérsias ligadas ao próprio significado atribuído à ciência no contexto da assim chamada "pós-modernidade".

Schmied-Kowarzik ressalta, no prefácio de seu livro *Pedagogia dialética*, que se tornou comum buscar nas ciências próximas questões e posições teóricas para aplicá-las a problemas pedagógicos "em vez de continuar a desenvolver a tradição teórica e científica própria, tantas vezes negada, confrontando-a com questões e exigências novas". O referido autor (1983, p. 7) prossegue observando que "depois que a psicologia e a sociologia descobriram sua relação com a prática [...] desenvolvendo concepções de uma 'prática crítica'", a Pedagogia,

> "justamente uma das ciências práticas mais ricas em tradição", acabou por se pautar "pela discussão das ciências sociais de ontem, não tendo por isso como contribuir para a questão da orientação e da análise teórica de uma prática em transformação".

E, ao tratar da "Pedagogia como ciência prática", o autor (1983, p. 12) mostra que "a relação entre teoria e prática é a mais fundamental da Pedagogia". Indica os campos em que essa relação se manifesta para considerar que à primeira vista ela parece bastante simples, resumindo-se na reciprocidade entre os dois polos que a constituem. E conclui:

> Caso a pedagogia perdesse de vista inteiramente a sua dialética constitutiva entre teoria e prática, ou aconteceria com ela o mesmo que ocorreu à ciência política, outrora também uma ciência prática, que perdeu qualquer capacidade de influir na práxis política enquanto ciência do conhecimento histórico e sociológico ou ciência expositiva jurídica, ou então – o que é mais provável – se tornaria, como a medicina, uma ciên-

cia profissional pragmática do professor, mera transmissora de conhecimentos para o domínio das aptidões técnicas e artesanais da orientação do ensino, submetida a objetivos determinados politicamente.

Esse alerta resulta importante porque, de fato, a Pedagogia mantém várias analogias com a Medicina, o que poderia levar à tentação de tomá-la como modelo. De qualquer modo, é possível notar que o tratamento dado à Pedagogia, desde o Decreto-Lei n. 1.190, de 1939, até as indicações de Valnir Chagas, em 1975, tendeu a reduzi-la a "uma ciência profissional pragmática do professor, mera transmissora de conhecimentos para o domínio das aptidões técnicas e artesanais da orientação do ensino".

Feitas essas considerações preliminares sobre a emergência histórica da problemática da Pedagogia, passo, agora, a tratar da presença da Pedagogia no contexto brasileiro à guisa dos antecedentes da instituição do curso de Pedagogia.

3. Presença da Pedagogia no Brasil

Entendendo a Pedagogia como uma teoria que orienta de modo intencional a realização da prática educativa, podemos constatar que, desde as origens da colonização no Brasil, manifestou-se a problemática pedagógica.

Com efeito, desde a chegada dos primeiros jesuítas, chefiados pelo padre Manuel da Nóbrega, detectamos a preocupação em desenvolver ação educativa de forma intencional. Isso fica explícito no Plano Educacional proposto por Nóbrega que deu origem àquilo que podemos chamar de "Pedagogia brasílica", isto é, uma orientação da ação educativa que levava em conta as peculiaridades da nova terra conquistada por Pedro Álvares Cabral. Essa orientação pedagógica vigorou, grosso modo, de 1549 a 1599.

A referida característica fica ainda mais evidente no Plano do "*Ratio Studiorum*" promulgado em 1599. As regras do *Ratio*, em número de 467, cobrem todas as atividades dos agentes diretamente ligados ao ensino, abrangendo: as regras do provincial, em número de quarenta; as dos reitores dos colégios, 24; dos prefeitos de estudo, oitenta; dos professores em geral e de cada matéria de ensino, 205; da prova escrita, onze; da distribuição de prêmios, treze; do bedel, sete; dos alunos, quarenta; e das diversas academias, 47 regras.

Com a expulsão dos jesuítas do Brasil, em 1759, foram introduzidas as "aulas régias" no âmbito das reformas pombalinas da instrução pública com o objetivo explícito de mudar a orientação da Educação. Assim, a Pedagogia do *Ratio Studiorum* foi substituída pela Pedagogia pombalina.

É interessante notar, porém, que em todo esse processo, se era evidente a presença da problemática pedagógica, estava ausente o termo "Pedagogia". Tanto no Plano Educacional de Nóbrega, quanto no *Ratio Studiorum*, e igualmente nas reformas pombalinas da instrução pública, não aparece, em nenhum momento, a palavra "Pedagogia". Por isso, em meu livro *A pedagogia no Brasil: história e teoria*, denominei o período colonial da história da Educação brasileira de "Pedagogia antes da Pedagogia" (SAVIANI, 2012, p. 73-81).

O vocábulo "Pedagogia" só vai aparecer na reabertura do Parlamento em 1826, com a apresentação do projeto de lei do ensino de Januário da Cunha Barbosa, que pretendia instituir um sistema completo de Educação distribuído em quatro graus, o primeiro deles denominado de "Pedagogias" relativo ao Ensino Elementar, Escola de Primeiras Letras. Mas a palavra "Pedagogia", foi rechaçada pelo deputado Ferreira França. Afirmando que se tratava de uma palavra de origem grega que significa "guia de meninos", incompreensível para a maioria das pessoas, defendeu que se deveria riscar o nome "bárbaro" de "Pedagogia" optando por "instrução pública" ou "escola de primeiras letras". E assim foi feito: a Lei de 15 de outubro de 1827 determinou que "em todas as cidades, vilas e lugares mais populosos, haverão (*sic*) as escolas de primeiras letras que forem necessárias". Foi eliminado, portanto, o aposto "que se chamarão Pedagogias" que constava do projeto.

Nessa primeira Lei de Ensino da história do Brasil independente, pretendeu-se equacionar a questão pedagógica em seu sentido específico pelo método monitorial-mútuo. Por isso, a Lei estipulou, no art. 4º, que os professores deveriam ser treinados nesse método, à própria custa, nas capitais das respectivas províncias.

Na sequência buscou-se encaminhar a solução do problema pedagógico na Educação brasileira por meio da instalação das escolas normais, começando pela de Niterói, em 1835, caminho que foi seguido pela maioria das províncias ainda no século XIX.

No entanto, a via normalista de formação docente, além de somente adquirir certa estabilidade após 1870, permaneceu ao longo do século XIX como uma alternativa sujeita a contestações. Ilustra isso a posição de Couto Ferraz, que considerava as escolas normais muito onerosas, ineficientes qualitativamente e insignificantes quantitativamente, pois muito pequeno era o número de alunos formados. Por isso Couto Ferraz, quando presidente da província do Rio de Janeiro, fechou a Escola Normal de Niterói em 1849, substituindo-a pelos professores adjuntos, regime que adotou no Regulamento de 1854, ao exercer o cargo de ministro do Império.

Os adjuntos atuariam nas escolas como ajudantes do regente de classe, aperfeiçoando-se nas matérias e práticas do ensino. Por esse meio seriam preparados os novos professores, dispensando-se a instalação de escolas normais. Mas esse caminho também não prosperou. Os cursos normais continuaram a ser instalados e a pioneira escola de Niterói foi reaberta em 1859.

O Decreto de 19 de abril de 1879, conhecido como Reforma Leôncio de Carvalho, introduziu pela primeira vez na legislação brasileira de ensino o adjetivo "pedagógico" e o substantivo "Pedagogia", o que se expressa no inciso 10 do art. 8º, "fundar ou auxiliar bibliotecas e museus *pedagógicos* nos lugares onde houver escolas normais"; e no § 1º do art. 9º, que se refere à disciplina "Pedagogia e prática do ensino primário em geral".

Além de serem essas as únicas referências em todo o texto da Lei, deve observar-se que se trata de uma aparição ainda incidental e em um plano claramente secundário, dado que "pedagógico" está qualificando os museus e não o processo educativo; e "Pedagogia" está referida a uma disciplina ligada à atividade prática não se reportando, portanto, à Teoria da Educação.

4. O curso de Pedagogia

O curso de Pedagogia teve como antecedente a elevação ao nível superior dos estudos de nível médio realizados nos Institutos de Educação. Isso ocorreu com a incorporação do Instituto de Educação Paulista à Universidade de São Paulo, criada em 1934, e do Instituto de Educação Carioca à Universidade do Distrito Federal, criada em 1935. O curso de Pedagogia foi instituído pelo Decreto-Lei n. 1.190, de 4 de abril de 1939, que deu organização definitiva à Faculdade Nacional de Filosofia, integrante da Universidade do Brasil, cuja estrutura, pensada como modelo-padrão para todo o País, previa a existência de quinze faculdades, todas adjetivadas de "nacional". As duas primeiras da lista eram a Faculdade Nacional de Filosofia, Ciências e Letras e a Faculdade Nacional de Educação. Esta, embora prevista em lei, não chegou a ser implantada.

Tendo sido concebida como modelo-padrão a ser seguido por todas as instituições de ensino superior do País, a Universidade do Brasil, de fato, determinou a forma de organização desse nível de ensino durante todo o período que vai de 1940 a 1968, quando foi aprovada a Lei n. 5.540, de 1968, conhecida como a Lei da Reforma Universitária. Essa tarefa foi facilitada pelo quadro político, uma vez que estava em vigência o regime centralizado do Estado Novo.

O mencionado Decreto n. 1.190, de 1939, ao organizar a Faculdade Nacional de Filosofia, estruturou-a em quatro seções: Filosofia, Ciências, Letras e Pedagogia, acrescentando, ainda, a de Didática, considerada como "seção especial". Enquanto as seções de Ciências e Letras albergavam, cada uma, diferentes cursos, a de Pedagogia, assim como a seção especial de Didática, era constituída de apenas um curso cujo nome era idêntico ao da seção.

Está aí a origem do curso de Pedagogia que, como os demais cursos das faculdades de Filosofia, Ciências e Letras de todo o País, foi organizado em duas modalidades: o bacharelado, com a duração de três anos; e a Licenciatura, que seria obtida mediante o acréscimo de um ano correspondente ao curso de Didática. É essa a origem do fenômeno conhecido como "esquema 3+1".

Foram definidos, para todos os cursos, os respectivos currículos plenos.

Para o curso de Pedagogia, foi previsto o seguinte currículo (SAVIANI, 2008, p. 39):

> 1º Ano: Complementos de Matemática; História da filosofia; Sociologia; Fundamentos biológicos da Educação; Psicologia educacional.
>
> 2º Ano: Psicologia educacional; Estatística educacional; História da Educação; Fundamentos sociológicos da Educação; Administração escolar.
>
> 3º Ano: Psicologia educacional; História da Educação; Administração escolar; Educação comparada; Filosofia da Educação.

Vê-se, pelas informações anteriores, que a Psicologia Educacional se destaca, pois é a única disciplina que figura em todos os anos escolares. Em seguida, posicionam-se História da Educação e Administração Escolar, figurando em duas séries. Às demais disciplinas, reservou-se apenas um ano de estudo.

O curso de Didática, com duração de um ano, compunha-se das seguintes disciplinas: Didática Geral; Didática Especial; Psicologia Educacional; Fundamentos Biológicos da Educação; Fundamentos Sociológicos da Educação; Administração Escolar. Assim, no caso do Bacharel em Pedagogia, para obter o título de licenciado, bastava cursar Didática Geral e Didática Especial, uma vez que as demais já faziam parte de seu currículo de bacharelado. Essa estrutura prevaleceu até a aprovação da primeira Lei de Diretrizes e Bases da Educação Nacional, a Lei n. 4.024, de 20 de dezembro de 1961.

Em decorrência da aprovação da Lei de Diretrizes e Bases da Educação Nacional (LDB), promulgada em 20 de dezembro de 1961, o curso de Pedagogia foi reformulado pelo Parecer n. 251, de autoria do conselheiro Valnir Chagas, aprovado pelo Conselho Federal de Educação em 1962.

Quanto à duração do curso, foi definida em quatro anos, englobando o bacharelado e a Licenciatura, correspondendo, portanto, à duração anterior.

No que se refere ao currículo, foi mantido o caráter generalista, isto é, não foram, ainda, introduzidas as habilitações técnicas. O rol de disciplinas sofreu algumas alterações, porém não em aspectos substantivos. Diferentemente da regulamentação anterior, não se fechou a grade curricular com a distribuição das disciplinas pelas quatro séries do curso. Essa tarefa foi deixada para as instituições.

O currículo da Licenciatura compunha-se das seguintes disciplinas: Psicologia da Educação: Adolescência e Aprendizagem; Elementos de Administração Escolar; Didática; e Prática de Ensino. Considerando-se a revogação do esquema "3+1", a prática que se generalizou foi a de cursar Psicologia Educacional, Didática e Elementos de Administração Escolar na segunda e terceira séries do curso, deixando-se Prática de Ensino para a quarta série. Quanto ao curso de Pedagogia, como já constavam em seu currículo Psicologia Educacional e Administração Escolar, para obter o título de licenciado bastava aos alunos cursar Didática e Prática de Ensino.

A entrada em vigor da Lei da Reforma Universitária (Lei n. 5.540/1968), aprovada em 28 de novembro de 1968, ensejou uma nova regulamentação do curso de Pedagogia, levada a efeito pelo Parecer n. 252/1969 do Conselho Federal de Educação, também de autoria de Valnir Chagas, do qual resultou a Resolução CFE n. 2/1969, com a seguinte ementa: "fixa os mínimos de conteúdo e duração a serem observados na organização do curso de Pedagogia" (BRASIL, 1969), prevendo-se, no art. 1º, diversas modalidades de habilitações, assim descritas, com as disciplinas correspondentes, no art. 3º:

1. ***Orientação Educacional***: Estrutura e Funcionamento do Ensino de 1º Grau; Estrutura e Funcionamento do Ensino de 2º Grau; Princípios e Métodos de Orientação Educacional; Orientação Vocacional; Medidas Educacionais.
2. ***Administração Escolar, para exercício nas escolas de 1º e 2º graus:*** Estrutura e Funcionamento do Ensino de 1º Grau; Estrutura e Funcionamento do Ensino de 2º Grau; Princípios e Métodos de Administração Escolar; Estatística Aplicada à Educação.

3. ***Supervisão Escolar, para exercício nas escolas de 1º e 2º graus:*** Estrutura e Funcionamento do Ensino de 1º Grau; Estrutura e Funcionamento do Ensino de 2º Grau; Princípios e Métodos de Supervisão Escolar; Currículos e Programas.
4. ***Inspeção Escolar, para exercício nas escolas de 1º e 2º graus:*** Estrutura e Funcionamento do Ensino de 1º Grau; Estrutura e Funcionamento do Ensino de 2º Grau; Princípios e Métodos de Inspeção Escolar; Legislação do Ensino.
5. ***Ensino das disciplinas e atividades práticas dos cursos normais***: Estrutura e Funcionamento do Ensino de 1º Grau; Metodologia do Ensino de 1º Grau; Prática de Ensino na Escola de 1º Grau (estágio).
6. ***Administração Escolar, para exercício na escola de 1º Grau:*** Estrutura e Funcionamento do Ensino de 1º Grau; Administração da Escola de 1º Grau; Estatística Aplicada à Educação.
7. ***Supervisão Escolar, para exercício na escola de 1º Grau:*** Estrutura e Funcionamento do Ensino de 1º Grau; Supervisão da Escola de 1º Grau; Currículos e Programas.
8. ***Inspeção Escolar, para exercício na escola de 1º Grau:*** Estrutura e Funcionamento do Ensino de 1º Grau; Inspeção da Escola de 1º Grau; Legislação do Ensino.

Essa regulamentação do curso de Pedagogia, não obstante as tentativas de modificação, de iniciativa do próprio Conselho Federal de Educação e do movimento organizado dos educadores, permaneceu em vigor até a aprovação da nova Lei de Diretrizes e Bases da Educação Nacional (Lei n. 9.394/1996), em 20 de dezembro de 1996.

E foi justamente em 1969, com a aprovação do Parecer n. 252/1969 que introduziu as habilitações técnicas, que começaram as dificuldades do curso de Pedagogia, as quais se acentuaram a partir de 1971 com a descaracterização do ensino normal transformado, a partir da aprovação da Lei n. 5.692, de 11 de agosto de 1971, em Habilitação Específica do Magistério. A partir daí, multiplicam-se os debates e as propostas com os respectivos ensaios de aplicação sem que, até hoje, o curso tenha assegurado sua identidade e encontrado um rumo claro.

As vicissitudes pelas quais vinha passando o curso de Pedagogia conduziram à organização, na I Conferência Brasileira de Educação realizada em 1980, do Comitê Pró-Participação na Reformulação dos cursos de Pedagogia e Licenciatura, transformado, em 1983, na Comissão Nacional pela Reformulação dos cursos de Formação de Educadores (CONARCFE) que, finalmente, se converteu, em 1990, na atual Associação Nacional pela Formação dos Profissionais da Educação (Anfope).

Nesse quadro de dificuldades a Pedagogia tornou-se a última área a ter definidas suas diretrizes nacionais previstas pela nova LDB, o que veio a acontecer somente em 2006 com a aprovação, em 13 de dezembro de 2005 pelo Conselho Nacional de Educação, do Parecer CNE/CP n. 5/2005 (BRASIL, 2005), reexaminado pelo Parecer CNE/CP n. 3/2006, aprovado em 21 de fevereiro de 2006 e homologado pelo Ministro da Educação em 10 de abril de 2006 (BRASIL, 2006a).

O texto do parecer foi acompanhado de uma Resolução que traduziu em quinze artigos a normatização das considerações expressas no corpo do parecer. Observe-se que a Resolução aprovada como anexo do Parecer CNE/CP n. 5/2005 deu ao art. 14 a seguinte redação (BRASIL, 2006b):

> A formação dos demais profissionais de Educação, nos termos do art. 64 da Lei n. 9.394/96, será realizada em cursos de pós-graduação, especialmente estruturados para este fim, abertos a todos os licenciados.
>
> Parágrafo único. Os cursos de pós-graduação poderão ser disciplinados pelos respectivos sistemas de ensino, nos termos do art. 67 da Lei n. 9.394/96.

O conjunto representado pelo parecer e respectiva Resolução foi aprovado pelo Conselho Pleno, por unanimidade, mas com declarações de votos de três conselheiros. Em sua declaração de voto, César Callegari chamava atenção para o conflito do disposto no art. 14 com o enunciado do art. 64 da LDB, entendendo "que aquilo que a Lei dispõe só outra Lei poderá dispor em contrário". Encaminhada a matéria para homologação, após análise da área técnica do MEC o ministro devolveu o processo ao CNE para reexame, apresentando proposta de alteração do art. 14 nos seguintes termos:

> Art. 14. A Licenciatura em Pedagogia nos termos do Parecer CNE/CP n. 5/2005 e desta Resolução assegura a formação de profissionais da Educação prevista no art. 64, em conformidade com o inciso VIII do art. 3º da Lei n. 9.394/96.
>
> Parágrafo 1º Esta formação profissional também poderá ser realizada em cursos de pós-graduação, especialmente estruturados para este fim e abertos a todos os licenciados.
>
> Parágrafo 2º Os cursos de pós-graduação indicados no § 1º deste artigo poderão ser complementarmente disciplinados pelos respectivos sistemas de ensino, nos termos do parágrafo único do art. 67 da Lei n. 9.394/96.

Mediante o Parecer CNE/CP n. 3/2006, aprovado em 21 de fevereiro de 2006, o Conselho acolheu a proposta de alteração e deu redação definitiva à Resolução, finalmente homologada pelo MEC em 10 de abril de 2006.

No livro *A pedagogia no Brasil: história e teoria*, faço uma apreciação das referidas diretrizes nacionais do curso de Pedagogia observando que o espírito que presidiu à sua elaboração foi a consideração de que o pedagogo é um docente formado em curso de Licenciatura para atuar na

> Educação Infantil e nos anos iniciais do Ensino Fundamental, nos cursos de Ensino Médio na modalidade Normal, e em cursos de Educação Profissional na área de serviços e apoio escolar, bem como em outras áreas nas quais sejam previstos conhecimentos pedagógicos [...].

[...] conforme consta do art. 2º e é reiterado no art. 4º. Eis aí a destinação, o objetivo do curso de Pedagogia (SAVIANI, 2012, p. 57). E complemento, posteriormente, na página 67:

> As novas diretrizes curriculares nacionais do curso de Pedagogia são, ao mesmo tempo, extremamente restritas e demasiadamente extensivas: muito restritas no essencial e assaz excessivas no acessório. São restritas no que se refere ao essencial, isto é, àquilo que configura a Pedagogia como um campo teórico-prático dotado de um acúmulo de conhecimentos e experiências resultantes de séculos de história. Mas são extensas

no acessório, isto é, se dilatam em múltiplas e reiterativas referências à linguagem hoje em evidência, impregnada de expressões como conhecimento ambiental-ecológico; pluralidade de visões de mundo; interdisciplinaridade, contextualização, democratização; ética e sensibilidade afetiva e estética; exclusões sociais, étnico-raciais, econômicas, culturais, religiosas, políticas; diversidade; diferenças; gêneros; faixas geracionais; escolhas sexuais, como se evidencia nos termos da Resolução.

Enfim, o espírito do parecer que fixou as diretrizes curriculares nacionais foi transferir para a pós-graduação a formação dos especialistas em Educação, tal como preconizava tendencialmente Valnir Chagas. Mas isso não se consumou, porque encontrou impedimento no dispositivo da LDB, que, em seu art. 64, faculta a formação dos especialistas em Educação nos cursos de graduação em Pedagogia apresentando apenas como alternativa a formação em nível de pós-graduação.

5. Abrindo perspectivas

Na tentativa de abrir uma nova perspectiva para o curso de Pedagogia no Brasil, redigi a conclusão do livro *A pedagogia no Brasil: história e teoria* (SAVIANI, 2012, p. 127-137). Nele, destaco que, considerando que o homem é um ser que se constrói historicamente, cabe tomar a história como o eixo articulador da escola do nosso tempo: uma escola unitária porque guiada pelo mesmo princípio, o da radical historicidade do homem e organizada em torno do mesmo conteúdo, a própria história dos homens, identificado como o caminho comum para formar indivíduos plenamente desenvolvidos. Com efeito, que outra forma poderíamos encontrar de "produzir, em cada indivíduo singular, a humanidade que é produzida histórica e coletivamente pelo conjunto dos homens" (SAVIANI, 2003, p. 13), senão fazendo-os mergulhar na própria história e, aplicando o critério do "clássico", permitir-lhes vivenciar os momentos mais significativos dessa verdadeira aventura temporal humana?

Pelo caminho da história, os vários elementos que, na atualidade, são considerados como necessários à formação do educador serão contemplados no seu nascimento e desenvolvimento, explicitando-se as condições e as razões que conduziram ao entendimento de sua necessidade para a formação do educador. Com esse desenho curricular, as disciplinas do currículo de Pedagogia ligadas à Filosofia, História, Sociologia, Psicologia, Estatística, Política e Gestão Escolar, assim como à Didática, à Educação Infantil e às várias metodologias das matérias do Ensino Fundamental, deixariam de ser estudadas como algo estático e esquemático tornando-se algo vivo, em íntima articulação com a história da escola, isto é, do próprio objeto de que se ocupam.

Penso que essa ideia é rica de desdobramentos que podem ser explorados pelo conjunto do corpo docente do curso de Pedagogia no desenvolvimento do trabalho pedagógico com os alunos, semana a semana, mês a mês, ano a ano. Assim procedendo, seria possível efetivar o resgate da longa e rica trajetória histórica da Pedagogia. Esta emergirá como um corpo consistente de conhecimentos que, constituindo-se historicamente, revela-se capaz de articular em um conjunto coerente as várias abordagens sobre a Educação, tomando como ponto de partida e ponto de chegada a própria prática educativa.

De um curso assim estruturado espera-se que irá formar pedagogos com uma aguda consciência da realidade onde vão atuar, com uma adequada fundamentação teórica que lhes permitirá uma ação coerente e com uma satisfatória instrumentação técnica que lhes possibilitará uma ação eficaz.

Tomando a história como eixo da organização dos conteúdos curriculares e a escola como lócus privilegiado para o conhecimento do modo como se realiza o trabalho educativo será possível articular, em um processo unificado, a formação dos novos pedagogos em suas várias modalidades. E isso poderá ser feito na vigência das Novas Diretrizes Curriculares Nacionais para o curso de Pedagogia, mesmo porque a correlação de forças que está posta na atual conjuntura não é favorável à aprovação de um novo dispositivo legal que modifique as referidas diretrizes. Em lugar de se postular outras normas curriculares, pelo caminho indicado poder-se-á atingir, ao mesmo tempo e no mesmo processo, os cinco objetivos previstos na Resolução que fixou as Novas Diretrizes Curriculares para o curso de Pedagogia: a formação para o exercício da docência:

1) na Educação Infantil;
2) nos Anos Iniciais do Ensino Fundamental;
3) nos cursos de Ensino Médio na modalidade Normal;
4) em cursos de Educação Profissional na área de serviços e apoio escolar;
5) em outras áreas nas quais sejam previstos conhecimentos pedagógicos.

E essa meta será alcançada sem enveredar pela dispersão da pluralidade de visões de mundo, interdisciplinaridade, sensibilidade afetiva e estética, exclusões sociais, étnico-raciais, econômicas, culturais, religiosas, políticas, diversidade, diferenças, gêneros, faixas geracionais, escolhas sexuais que povoam o texto das diretrizes curriculares nacionais em vigor.

Mas não apenas isso. Também a formação para as atividades de gestão e, portanto, o preparo inicial dos especialistas referidos no art. 64 da LDB poderão ser contemplados nesse mesmo projeto. Isso porque, ao centrar o foco do processo formativo na unidade escolar, aquilo de que se trata é capacitar o futuro pedagogo ao pleno domínio do funcionamento da escola. Assim, uma escola viva, funcionando em plenitude, implica um processo de gestão que garanta a presença de professores exercendo a docência de disciplinas articuladas em uma estrutura curricular, em ação coordenada, supervisionada e avaliada à luz dos objetivos que se busca atingir.

Ora, um aluno que é preparado para o exercício da docência assimilando os conhecimentos elementares que integram o currículo escolar; estudando a forma como esses conhecimentos são dosados, sequenciados e coordenados ao longo do percurso das séries escolares; compreendendo o caráter integral do desenvolvimento da personalidade de cada aluno no processo de aprendizagem; e apreendendo o modo como as ações são planejadas e administradas, estará sendo capacitado, ao mesmo tempo, para assumir a docência, para coordenar e supervisionar a prática pedagógica, orientar o desenvolvimento dos alunos e planejar e administrar a escola; e, assegurada essa formação, estará também capacitado a inspecionar o funcionamento de outras escolas. Claro que, sobre a base dessa formação inicial, será recomendável que, de modo especial para exercer as referidas funções no âmbito dos sistemas de ensino, sejam feitos estudos de aprofundamento, aperfeiçoamento e especialização em nível de pós-graduação.

Esse foco no estudo da história da escola em sua organização e funcionamento não significa reduzir a Educação e a Pedagogia à forma escolar. Se proponho que se tome a realidade da escola como eixo do processo formativo dos novos educadores é porque, na sociedade atual, a escola tornou-se a forma principal e dominante de Educação a partir da qual as demais formas são aferidas. Isso significa que, embora as formas de Educação não escolar tenham precedido historicamente a forma escolar, a situação que hoje se configura nos coloca diante do fato de que não nos é mais possível compreender a Educação sem a escola.

E, se é possível compreender as formas não escolares de Educação a partir da escola e o inverso não é verdadeiro, então o educador formado sobre a base da dissecação da anatomia escolar estará capacitado a compreender todas as demais formas de Educação qualificando-se, portanto, para também agir nelas.

Eis como conseguiremos evitar a dispersão, que de certo modo se faz presente no texto das Diretrizes Curriculares Nacionais, concentrando a formação no polo escolar que, por ser mais avançado, é também mais complexo contendo, portanto, em seu interior, as virtualidades das formas não escolares de Educação.

A partir das coordenadas que procurei apresentar, cabe organizar urgentemente, no âmbito das instituições de ensino superior, o espaço específico para os estudos e pesquisas educacionais que, em nível da graduação, gira em torno do curso de Pedagogia. Sem isso, os alunos passarão pelos cursos, adquirirão um diploma universitário, mas não ultrapassarão o nível da *doxa*, isto é, do conhecimento opinativo, reduzindo-se a formação de nível superior a uma mera formalidade, um ato cartorial.

O espaço apropriado para a realização de estudos e pesquisas educacionais amplos e aprofundados são as Faculdades ou Centros de Educação. Tendo como eixo central a Educação, essas unidades universitárias teriam o papel de acolher os jovens com genuíno interesse em se tornar educadores e colocá-los em um ambiente de intenso e exigente estímulo intelectual. Sua formação se iniciaria pelo curso de Pedagogia articulando o ensino dos fundamentos teóricos e práticos da Educação com a pesquisa propiciada pela inserção dos alunos nos projetos desenvolvidos pelos professores, mediante programas de iniciação científica; prosseguiria com a pós-graduação *lato sensu*, isto é, com cursos de especialização articulados com o mestrado em que se daria sua plena iniciação nas lides da pesquisa, completando-se com o doutorado.

Em suma, cabe pensar o problema da Educação e da formação de educadores como um processo global, uma totalidade. A articulação entre o curso de Pedagogia e a pós-graduação em Educação, além de propiciar a inserção completa dos alunos nos misteres da pesquisa, possibilitará a revitalização do curso de Pedagogia e, ao mesmo tempo, abrirá as portas para a plena consolidação da Educação como área científica. Assim, em vez de a pós-graduação em Educação buscar se firmar cientificamente ao preço de elidir tanto a terminologia quanto a problemática própria da Pedagogia, seu papel será o de elevar a Pedagogia à condição de ciência da e para a prática educativa.

6. Perspectivas que se fecham

A perspectiva apresentada no tópico anterior se abria em 2007, um ano após a aprovação das Diretrizes Curriculares Nacionais do curso de Pedagogia, quando publiquei o livro *A pedagogia no Brasil: história e teoria.* Inversamente, a situação atual caracteriza-se por uma profunda reversão das expectativas. Naquele momento havia a perspectiva de contornar as ambiguidades que marcaram as Diretrizes Curriculares Nacionais do curso de Pedagogia no clima de novas iniciativas de política educacional do início do segundo mandato do ex-presidente Lula, em cujo âmbito se instituiu o Fundo de Manutenção e Desenvolvimento da Educação Básica e de Valorização dos Profissionais da Educação (Fundeb), assim como o Plano de Desenvolvimento da Escola (PDE), medidas essas que, apesar de conterem também algumas ambiguidades, não deixavam de trazer algum alento com a participação ampliada possibilitada pelas Conferências Nacionais de Educação (Conaes).

Hoje estamos vivendo um retrocesso sem precedentes. Os adeptos do "obscurantismo beligerante", na apropriada expressão cunhada por Newton Duarte, tomaram de assalto o Estado, primeiro promovendo o golpe que destituiu, sem a prova do alegado crime de responsabilidade, a ex-presidente da República, Dilma Rousseff, legitimamente reeleita em 2014; e depois conseguiram eleger seu candidato à presidência da República por meio de uma dupla fraude: a primeira foi a prisão de Lula em uma condenação sem provas, impedindo sua candidatura quando as pesquisas eleitorais o colocavam em primeiro lugar na preferência dos eleitores. A segunda fraude foi a estratégia da campanha eleitoral de Jair Bolsonaro planejada com a assessoria do marqueteiro de Donald Trump, Steve Bannon, que espalhou largamente notícias mentirosas pelos diferentes dispositivos das redes sociais.

Conforme reportagem publicada no jornal *A Folha de S.Paulo*, de 18 de outubro de 2018, a campanha de Bolsonaro contratou empresas de disparos de mensagens em massa que, pelo aplicativo de mensagens instantâneas WhatsApp, espalharam notícias falsas contra a candidatura do Partido dos Trabalhadores (PT) em flagrante violação do art. 222 do Código Eleitoral Brasileiro, que define como "anulável a votação, quando viciada de falsidade, fraude, coação..."

E nos encontramos, atualmente, sob um governo obscurantista que se empenha diuturnamente em atacar as forças progressistas desmontando as políticas públicas e, especificamente, desfechando ataques contra os trabalhadores da Educação.

Esse descalabro que desabou sobre nosso país se situa em um quadro mais amplo que se refere à crise estrutural da forma de sociedade atual inspirada no capital. Nessa situação a classe dominante, não podendo se impor racionalmente, precisa recorrer a mecanismos de coerção combinados com iniciativas de persuasão que envolvem o uso maciço dos meios de comunicação e a investida no campo da Educação escolar tratada como mercadoria e transformada em instrumento de doutrinação. Daí a onda direitista e o recrudescimento fascista que vêm se manifestando em diversos países.

Vê-se, pois, que, embora os atuais governantes nos acusem de fazer proselitismo e doutrinação nas escolas e universidades, ocorre o contrário. Ou seja: nós, da esquerda, não precisamos doutrinar, pois temos a verdade do nosso lado, consoante o lema "a verdade é sempre revolucionária". Cabe-nos simplesmente mostrar a realidade, pois, com isso, se evidencia o grau de exploração que os setores dominantes exercem sobre a classe trabalhadora. Já a direita, não tendo argumentos objetivos para sustentar a dominação, necessitam lançar mão da doutrinação para manter o povo subordinado a seus interesses. É o que os atuais dirigentes do País vêm fazendo, de modo especial no âmbito federal. Em vez de se ocupar em governar o País, se preocupam em desfechar ataques ideológicos àqueles que consideram seus inimigos.

7. Considerações finais

Diante do quadro adverso da situação atual de nosso país fica evidente a necessidade de se organizar um amplo e consistente movimento de resistência contra o governo antipopular e antinacional de modo geral e, especificamente, no campo da Educação. Volto, pois, a advogar a Estratégia da Resistência Ativa que propus na conclusão do livro sobre a atual Lei de Diretrizes e Bases da Educação Nacional, cuja 13ª edição foi lançada em 2016, ao ensejo dos vinte anos da aprovação da LDB, atualizada e ampliada com um novo capítulo analisando as 39 leis que a modificaram (SAVIANI, 2016).

O que denominei de resistência ativa implica dois requisitos:

a) que seja coletiva, pois as resistências individuais não têm força para se contrapor ao poder dominante exercido pelo governo;
b) que seja propositiva, isto é, que seja capaz de apresentar alternativas às medidas do governo e de seus asseclas. Essa forma de resistência é indispensável como estratégia de luta por uma escola livre das ingerências privadas balizadas pelos interesses do mercado.

O desenvolvimento da consciência social dos trabalhadores da cidade e do campo como premissa para a ação política e ideológica eficaz implica dois aspectos, de preferência organicamente articulados entre si. Trata-se da Educação, com destaque para a forma escolar, e da própria ação das massas organizadas.

A Educação Escolar é o meio mais adequado para a apropriação, pelos trabalhadores, das conquistas históricas da humanidade que lhes aguçarão a consciência da necessidade de intervir praticamente para dar continuidade ao processo histórico conduzindo-o a um novo patamar. E para isso a Formação dos Professores, em cujo âmbito o curso de Pedagogia se destaca, desempenha papel fundamental. Daí a prioridade da luta em defesa de uma escola pública com elevado padrão de qualidade acessível a toda a população.

Mas essa formação histórica deve ser articulada com as ações coletivas sistematicamente organizadas como, aliás, preconiza a Pedagogia histórico-crítica ao considerar a Educação como mediação no interior da prática social tendo, pois, a própria prática social, ao mesmo tempo como ponto de partida e ponto de chegada.

Concluindo, a mensagem que deixo para os estudantes de Pedagogia se inspira nos seguintes lemas gramscianos (GRAMSCI *apud* GRISONI; MAGGIORI, 1973, p. 47).

> Instruí-vos,
> porque teremos necessidade de toda a nossa inteligência.
> Agitai-vos,
> porque teremos necessidade de todo o nosso entusiasmo.
> Organizai-vos,
> porque teremos necessidade de toda a nossa força.

Sim. Precisamos instruir nossa inteligência para tornar mais consistente nosso entusiasmo e potencializar a força de nossa organização na ingente luta contra os retrocessos nos vários setores da sociedade brasileira que atingem a Educação de modo geral com o avanço da privatização e da modalidade a distância e, especificamente, o curso de Pedagogia, mais fortemente afetado por ser o curso com a maior oferta de vagas entre as Licenciaturas e também com a maior expansão da modalidade a distância. É preciso, pois, uma decidida mobilização contra essa tendência. Com efeito, sem reverter essa onda de privatização e disseminação da modalidade a distância, irá acelerar-se a desqualificação da formação consumando-se a advertência que fiz no item 4 deste texto: os alunos passarão pelos cursos, adquirirão um diploma universitário, mas não ultrapassarão o nível da *doxa*, isto é, do conhecimento opinativo, reduzindo-se a formação de nível superior a uma mera formalidade, um ato cartorial. Então, não podemos esmorecer. Vamos à luta, estudantes e professores de Pedagogia de todo o Brasil!

Referências

AGOSTINHO, Santo. *De Magistro*. Porto Alegre: UFRGS, 1956. (Edição bilíngue latim-português).

AQUINO, Santo Tomás de. De Magistro. *In*: MARGER, Martin Marger; FITZPATRICK, James A. *Filosofia da Educação de Santo Tomás de Aquino*. São Paulo: Odeom, [s.d.] (O prefácio está datado de 1935).

BRASIL. CONSELHO NACIONAL DE EDUCAÇÃO. CONSELHO PLENO. Resolução CNE/CP n. 1, de 15 de maio de 2006. *Diário Oficial da União*, Brasília, DF, 16 maio 2006, Seção 1, p. 11. Disponível em: http://portal.mec.gov.br/cne/arquivos/pdf/rcp01_06.pdf. Acesso em: jan. 2021.

BRASIL. MINISTÉRIO DA EDUCAÇÃO. CONSELHO NACIONAL DE EDUCAÇÃO. Parecer CNE-CP n. 5/2005, de 13 de dezembro de 2005. *Diário Oficial da União*, Brasília, DF, 15 maio de 2006a. Disponível em: http://portal.mec.gov.br/cne/arquivos/pdf/pcp05_05.pdf. Acesso em: jan. 2021.

BRASIL. MINISTÉRIO DA EDUCAÇÃO. CONSELHO NACIONAL DE EDUCAÇÃO. Parecer CNE-CP n. 3/2006, de 21 de fevereiro de 2006. *Diário Oficial da União*, Brasília, DF, abr. 2006b. Disponível em: http://portal.mec.gov.br/cne/arquivos/pdf/pcp003_06.pdf. Acesso em: jan. 2021.

COUTEL, Charles. Didactique et pédagogie. *In*: CONDORCET, Marquis de (Marie Jean Antoine Nicolas de Caritat). *Cinq mémoires sur l'instruction publique*. Paris: Edilig, 1989. p. 245-248.

DURKHEIM, Émile. *Educação e sociologia*. São Paulo: Melhoramentos, 1965.

JAEGER, Werner. *Paideia:* los ideales de la cultura griega. 2. ed. 1. reimpr. México: Fondo de Cultura Econômica, 1967.

GRISONI, Dominique; MAGGIORI, Robert. *Lire Gramsci*. Paris: Éditions Universitaires, 1973.

ROBERT, Paul, *Petit Robert 1:* dictionnaire alphabétique & analogique de la langue française. Paris: Société du Nouveau Littré, 1978.

SAVIANI, Dermeval. *A Lei da Educação (LDB):* trajetória, limites e perspectivas. 13. ed. rev., atual. e ampl. Campinas: Autores Associados, 2016.

SAVIANI, Dermeval. *A pedagogia no Brasil:* história e teoria. 2. ed. Campinas: Autores Associados, 2012.

SAVIANI, Dermeval. *Pedagogia histórico-crítica:* primeiras aproximações. 8. ed. rev. e ampl. Campinas: Autores Associados, 2003.

SCHIMIED-KOWARZIK, Wolfdietrich. *Pedagogia dialética:* de Aristóteles a Paulo Freire. São Paulo: Brasiliense, 1983.

Capítulo VIII

A Didática como campo epistêmico e formativo da Pedagogia

Cristina d'Ávila

"Todos aqueles que estão no mundo não só como espectadores, mas como atores, devem aprender a conhecer os fundamentos, as razões, os fins de todas as coisas mais importantes que existem ou existirão. E é preciso cuidar (aliás, garantir) para que ninguém no mundo jamais depare com alguma coisa que lhe seja tão desconhecida que não consiga sobre ela emitir um juízo ou dela fazer um uso adequado, sem erros nocivos"

(John Amos Comenius)[14]

14 COMENIUS, John Amos. *Didática Magna.* São Paulo: Martins Fontes. 1997, p. 95.

1. Introdução

Há décadas, discute-se a Didática, seja como matéria de ensino, seja como campo epistêmico de onde emergem estudos científicos sobre seu objeto – o processo de ensino e aprendizagem – compreendido à luz de uma conjugação dialética, de síntese e, portanto, de múltiplas determinações.

Etimologicamente, a didática provém do radical grego *didaktiké* (ou a 'arte de ensinar'). Encontramos, também, do grego *didaktikos*, 'apto para ensinar', ou o verbo *didaskein*, 'ensinar'[15]. O uso pedagógico do termo foi sistematizado por John Amos Comenius, no século XVII, na obra cunhada por ele como *Didática Magna*. O autor pretendia que esta fosse "a arte de ensinar tudo a todos". Bastante eloquente, o pastor protestante, filósofo, foi o primeiro estudioso da questão.

Sem pretender um recuo histórico muito acentuado nos contentaremos, neste capítulo, em situar a Didática como campo epistêmico da ciência pedagógica e matéria de ensino, apresentando, inicialmente, um breve histórico e debate entre autores sobre seu objeto de estudo, principalmente a partir dos anos de 1970, suas potencialidades formativas e dilemas teórico-metodológicos. Isso porque, também sem contar novidade, a Didática vem sendo refutada por muitos teóricos das Ciências da Educação como área desimportante ou, no máximo, como conhecimento eminentemente técnico, metodológico, para a formação de pedagogos e de professores.

O ir e vir dos estudos e pesquisas dessa área da Pedagogia é razoavelmente recente no Brasil. No início do século XX a Didática nomeava uma seção de estudos nas Faculdades de Filosofia; Isso mostra que desde essa época se tinha noção sobre um conteúdo substancial da Didática, embora não constituído a partir de atividade investigativa. Data do final do século

15 *In:* Origem da palavra: *site* de etimologia. Disponível em: https://origemdapalavra.com.br/. Acesso em: 18 abr. 2020.

XX (anos de 1980), quando se intensificaram os debates sobre a Didática em questão (CANDAU, 2004).

Contudo, o que nos surpreende, ainda, é que, embora haja um número expressivo de publicações sobre a temática (CANDAU, 2004; CUNHA, 1998; PIMENTA, 2019; MARIN, 2019; LIBÂNEO, 2013; 2019, VEIGA, 2012; FRANCO, 2019; entre outros), este conhecimento parece não estar chegando aos sujeitos mais interessados: professores e estudantes das Licenciaturas, com pouca incidência no delineamento dos currículos para formação docente.

Pesquisa recente realizada por Marin (2019), por exemplo, dá-nos conta de que ainda vigoram ementas muito restritivas da Didática como componente curricular. A autora realizou pesquisa contando com 64 programas do componente Didática (e congêneres, pois há muitas nomenclaturas) em três universidades públicas no Estado de São Paulo, a partir de indicadores selecionados, como ano letivo do programa, denominação da disciplina, conteúdos focalizados e procedimentos indicados nas aulas, a fim de caracterizar a visão de docentes da área nos últimos dez anos. O estudo não é conclusivo, mas já oferece uma amostra que reflete outras realidades no Brasil. Verificou conteúdos majoritariamente técnicos ou muito pulverizados. Isto é, em Didática, podem-se discutir muitos conteúdos acadêmicos, assumindo-os como nucleares as temáticas: conceituação da área, planejamento de ensino e avaliação. Mas será que a Didática se resume basicamente ao ensinamento desses conteúdos?

Segundo a autora, foram verificadas muitas divergências de conteúdos, basicamente um volume aproximado de 440 temas divergentes nos programas, concluindo "que cada vez mais, essa nossa área precisa, ainda, se sedimentar como área científica pelas pesquisas realizadas" (MARIN, 2019, p. 27). As nomenclaturas são diversas: foram catalogadas 22 denominações para um só componente, Didática. E o que mais nos chamou a atenção, além do que já sublinhamos, foi o número elevado de procedimentos metodológicos adotados nas aulas, referenciados na figura do professor e reiterados no modelo conteudista-transmissional: aulas basicamente teóricas e expositivas, em larga maioria (MARIN, 2019).

Ou seja, embora a Didática seja considerada a disciplina que fornece a estrutura Didática para a docência, os programas pesquisados nos indicam que estamos longe de oferecer uma formação lastreada em pesquisas e na vivência prática dos conteúdos que preparam o profissional para o ensino, visto em uma perspectiva crítica e contextualizada.

Outro problema que observamos na área é que os programas de pós-graduação em Educação, em grande parte, não oferecem o componente Didática do Ensino Superior (que pode ganhar diferentes codinomes, afinal). Além disso, muitas das pesquisas ditas na área da Didática pouco têm investigado seu objeto de estudo: o processo do ensino e da aprendizagem. Libâneo, em recente publicação (2019), aponta que grande parte dos estudos em Didática tem se ocupado de temáticas variadas e que pouco tocam o cerne da questão.

Segundo pesquisa realizada por Longarezi e Puentes, "menos da metade dos projetos de pesquisa supostamente vinculados à didática referem-se a temas propriamente da didática" (*apud* LIBÂNEO, 2019, p. 151). Refere que a maioria das pesquisas adota a temática da formação de professores em termos de seu histórico, políticas de formação, currículo, tecnologias educacionais, entre outros. Há uma ausência, pois, e reiteramos isso na nossa prática em programas de pós-graduação, de estudos sobre "o corpo teórico da Didática – fundamentos, objeto, discussão epistemológica, metodologias de ensino". A seguir, continua o autor:

> [...] há um número pequeno de projetos voltados à prática pedagógica docente em sala de aula e modesto impacto das pesquisas... nos problemas de natureza pedagógico-didática nas escolas.

Enfim, há um "não reconhecimento da didática como campo de formação e investigação" (LIBÂNEO, 2019, p. 151).

Isso expressa, de algum modo, que não há um uníssono em torno do objeto dessa matéria ou campo de conhecimento. Denota, ainda, que as questões que os estudiosos dos anos de 1980 se perguntavam ainda são muito atuais: quais os temas candentes da Didática na atualidade? Quais fenômenos extra e intraclasse estão acometendo as relações pedagógicas?

Como o ensino de Didática afeta a construção identitária de futuros professores em cursos de Licenciatura? Como a Didática afeta as relações com a profissionalidade docente? Na escola básica, o que interfere e implica no ensino e nas aprendizagens dos estudantes? Como questões sociopolíticas e econômicas impactam nesse processo? Estas são apenas algumas das questões latentes que denotam a ausência de respostas e encaminhamentos plausíveis para a resolução dos problemas.

Além disso, para evidenciar ainda mais as problemáticas nesta área de pesquisa e ensino, há que se ter em conta que a maioria dos estudos, pesquisas e publicações decorrentes não chega a professores e profissionais de outras áreas que dela necessitam. Há uma "falta de agregação de resultados da pesquisa acadêmica à prática docente vigente nas escolas e no trabalho dos professores", confere Libâneo (2019, p. 150). Ou seja, não raramente pesquisamos e publicamos para nós mesmos. Em enquete que realizamos no bojo do projeto de formação continuada "Ateliê Didático", com professores de cursos de graduação na Universidade Federal da Bahia, por exemplo, a maioria dos professores, quando perguntados sobre o que já leram na área educacional e pedagógico-didática em particular, deixa a resposta em branco ou, no máximo e raramente, refere-se à obra de Freire e autores da ciência cognitiva, não propriamente pedagógica (a exemplo de Gardner, Ausubel e Piaget). Temos de repensar ações que levem nossas produções a professores que atuam em cursos de Licenciatura em outras áreas de conhecimento para além do curso de Pedagogia. Ações concretas de assessoria pedagógica podem ser um bom expediente para fazer escoar a produção científica da Pedagogia e da didática, em específico.

Em razão do exposto, apresentaremos, neste capítulo, um breve histórico dos caminhos e descaminhos da Didática como campo teórico e formativo da Pedagogia. Abordaremos sobre a Didática geral como ponto de conexão inexorável da formação de pedagogos e professores das demais áreas de conhecimento (em cursos de Licenciatura), ressignificações e concepções atuais e, finalmente, as tensões sentidas com o advento das recentes reformas educacionais – a partir da Base Nacional Comum Curricular (BNCC) e Diretrizes Curriculares Nacionais e Base Nacional Comum de Formação de Professores da Escola Básica – DCNBNC. (BRASIL, 2017; 2018; 2019).

2. Caminhos e descaminhos da Didática como campo teórico e formativo da Pedagogia

Como sublinhado anteriormente, a Didática surge, no plano pedagógico e de modo sistematizado, a partir de Comenius em sua obra – a *Didática Magna*. John Amos Comenius, nascido em 1592, na Morávia, pertencia à família dos Irmãos Morávios. Até 1652, ele tenta divulgar suas ideias, mas enfrenta inúmeras dificuldades, como perseguições, morte de seus familiares (mulher e filho) e exílio na Suécia. Após a guerra de trinta anos entre a Áustria e a Morávia, Comenius publicou *O mundo sensível ilustrado*, escrito em 1654, seu primeiro livro de imagens. Suas publicações pedagógicas fizeram muito sucesso na Europa, até o final do século XIX, principalmente a publicação da *Didática Magna*, em 1632.

Na *Didática Magna*, quando se abre o primeiro capítulo, lê-se a magnitude conferida a este campo de conhecimento: a arte de ensinar tudo a todos. Nessa obra, Comenius propunha que a base da reforma do ensino estivesse sustentada sobre a ordem, solidez, segurança e prazer. Seu método partia de uma analogia com o método natural; com o caráter gradual e cíclico do ensino e vínculo entre as palavras e as coisas. A *Didática Magna* está voltada à teoria geral do ensino aplicada a todas as matérias (LIBÂNEO, 2010), a uma arte universal, a arte de ensinar para obter bons resultados, em um compêndio em que evoca os princípios de uma Didática Geral (COMENIUS, 1997).

No Brasil, há quase dois séculos, a Didática tornou-se conhecida como matéria primordial na formação de futuros mestres. No seu bojo, os conteúdos tinham caráter eminentemente normativo e técnico. Os primeiros cursos de formação de professores no Brasil surgiram no século XIX, com a chegada da família real ao Brasil e a necessidade de expansão da Educação à população, como cursos de nível médio, sem ainda uma pretensão científica. A primeira escola normal nasceu em Niterói, em 1835, e, a partir desta, várias outras foram sendo criadas nas demais províncias do Império.

Segundo Schafratt (2017), o currículo pouco diferia das escolas primárias, acrescentadas apenas noções de Didática e leitura. A inclusão das mulheres nos cursos normais não se deu desde sua criação. O curso normal de Niterói era frequentado por homens livres. Nem mulheres, nem negros escravizados poderiam aceder às matrículas. Apenas na segunda metade do século XIX é que as mulheres puderam se matricular nos cursos normais, em um contexto de destinação social do magistério à condição feminina. Desde então, as Escolas Normais atravessaram a República e até início dos anos de 1960 eram as principais instituições formadoras dos quadros docentes no Brasil.

A formação de professores, no Brasil, é um fato recente. Só se tornou parte da oferta do Ensino Superior no século XX quando se instituiu o curso de Pedagogia na Universidade de São Paulo em 1939. A partir de um conglomerado de faculdades isoladas criava-se a então Faculdade de Filosofia, Ciências e Letras. O objetivo era formar professores para a Escola Normal e Institutos de Educação (que formavam professores em dois anos, antecedendo o curso como Licenciatura plena). Logo em seguida, e pelo ideário de Anísio Teixeira, era criada a Universidade do Distrito Federal (UDF), que congregava em si os cursos de formação de professores. Em três anos, formava-se o bacharel e com mais um ano o professor para atuar em áreas específicas no nível secundário (o modelo 3 + 1). A Didática acedeu aos cursos de Licenciatura, então, em 1935. Seu caráter prescritivo institui a matéria direcionada à formação de professores.

Com o golpe civil-militar e a instituição da ditadura civil-militar no Brasil (1964), viveu-se uma reforma educacional contundente em 1971, levando à substituição das Escolas Normais pela habilitação específica do Magistério no ensino de segundo grau. A promulgação da Lei n. 5.692/1971 institui os cursos profissionalizantes no que atualmente se configura como Ensino Médio e a formação de professores para a Escola Básica se enrijece em termos do caráter tecnicista da reforma. O curso Normal de Ensino Médio passa a ser denominado de curso de Magistério, e recebe orientação tecnicista nos moldes dos demais cursos técnico-profissionalizantes implantados. Nesses cursos, a Didática torna-se ainda mais prescritiva. E isso reverbera também nos cursos de Pedagogia e demais Licenciaturas.

A proposta tecnicista ganhou corpo com a promulgação da supracitada Lei, trazendo um esvaziamento em termos de conteúdos críticos e científicos associados às práticas sociais. Com isso, o governo militar, à época, visava calar movimentos de contestação ao regime mediante uma ideologia mecanicista de reprodução das normas vigentes e fomento à formação para o mercado de trabalho. Aliás, com tal prerrogativa, a ideologia instaurada no poder, naquela ocasião – a formação de técnicos profissionais desde o Ensino Médio –, objetivava ganhar a opinião pública.

O sentido da Didática na formação de professores reifica seu rumo para uma formação técnica, com objetivos e conteúdos pretensamente neutros. E nada é tão inócuo que não nos faça desconfiar. Como ideário pretensamente neutro, a Didática serviria apenas à reprodução do *status quo* e à formação técnica de professores. A falta de sentido político e científico na área trouxe à tona levas de pedagogos malformados e licenciados com precaríssima formação. Tudo isso carregou em si e de modo velado uma absoluta falta de interesse na área por estudiosos críticos.

As reflexões que se seguem ao tecnicismo nos anos de 1970 trazem à tona um cenário que incluiu um movimento crítico nos anos de 1980 por parte de educadores brasileiros que originou dois encontros seminais: o 1º Encontro Nacional de Prática de Ensino (realizado em 1979, na PUC-SP) e o seminário "A didática em questão" (realizado em 1982, na PUC-Rio). Os frutos desse seminário nos conduziram à ideia da Didática como conhecimento de mediação. A Educação, como prática social compreendida em uma perspectiva contextualizada e histórica, rompia, pois, com o paradigma tecnicista.

Vera Maria Candau (2004), nesse contexto, tece críticas às pedagogias de cunho liberal – Tradicional, Nova e Tecnicista – no que tange ao papel da Didática nessas tendências – e configura um novo paradigma: o da Didática Fundamental. A autora parte do pressuposto de que o objeto de estudo da Didática é a prática pedagógica em uma perspectiva multidimensional, na qual se articulam as dimensões humana, técnica e política. Portanto, a Didática só conquista um estatuto crítico na formação de professores a partir dos anos de 1980. No sentido de tempo histórico, tudo isso é muito recente.

Segundo a autora (2004, p. 107), no âmbito dessa Didática crítica e multidimensional, a competência técnica e a competência política do educador não são vistas isoladamente:

> Nessa linha, a competência técnica e a competência política do educador se exigem mutuamente e se interpenetram. Não é possível dissociar uma da outra. A dimensão técnica da prática pedagógica tem de ser pensada à luz do projeto político-social que a orienta.

A Didática Fundamental parte, assim, de alguns pressupostos, dentre os quais cabe destacar: a análise da prática pedagógica a partir da visão de seus determinantes político-sociais, a contextualização dessa prática e o repensar sobre as três dimensões mencionadas (técnica, humana e política), a análise de diferentes metodologias, considerando-se o contexto em que foram geradas, a visão de ser humano e de mundo que passam, e a não dicotomia entre teoria e prática.

A Didática Fundamental cumpre um papel muito importante na reviravolta da área nos anos de 1980, mas as críticas não passam incólumes e, em um movimento dialético, a crítica à Didática Crítica também tem espaço. Libâneo (2014) sustenta a crítica ao interpretar que a ênfase sobre as críticas da Didática Fundamental talvez tenha produzido, de forma paradoxal, um esvaziamento da disciplina Didática nos processos formativos de professores. Um esvaziamento bastante agravado pela transformação do curso de Pedagogia, a partir das Diretrizes Curriculares Nacionais de 2006, em uma Licenciatura reduzida às metodologias de ensino de várias áreas de conhecimento para atuação dos pedagogos na Educação Infantil e os Anos Iniciais do Ensino Fundamental. Isso ajudou a desconstruir o campo investigativo da Pedagogia nos cursos e da Didática, em particular.

Como o movimento histórico é dialético na esteira das contradições, avançam as discussões no campo da Didática Crítica nas duas últimas décadas, a partir dos anos 2000. Para Pimenta (2019), entendia-se nesse processo que os professores deveriam ter uma base teórica sólida, para analisar os fundamentos e interpretar a Educação na escola. A Pedagogia, e pactuamos desta visão, é vista como ciência que investiga o fenômeno educativo e a Didática, como campo disciplinar e epistêmico da ciência pedagógica. Uma ciência humana, por definição interdisciplinar, tomando como objeto o fenômeno educativo compreendido como prática social, situada historicamente em diferentes contextos.

À Pedagogia, como ciência humana teórico-prática, uma ciência aplicada, cabe estudar as práticas educativas à luz de teorias pedagógicas que se estruturam a partir de enfoques de matrizes filosóficas e epistemológicas diversas. A Didática é uma área da Pedagogia. À Didática, cabe investigar e atuar sobre o fenômeno do ensino e da aprendizagem, mas eminentemente estudar o ensino, suas manifestações plurívocas, intra e extramuros escolares, em uma perspectiva situada historicamente, contextualizada, e multirreferencializada; o fenômeno do ensino visto como uma síntese de múltiplas determinações (econômicas, sociais, políticas, culturais, estéticas).

A Didática Crítica é de matriz histórico-dialética. Busca "criar coletivamente os caminhos para a emancipação humana", afirma Pimenta (2019, p. 39). Vários foram os autores que colaboraram nesse processo de ressignificação da Pedagogia, como Dermeval Saviani, e da Didática Crítica, mesmo que a partir de fundamentos diversos, como Selma Pimenta, José Carlos Libâneo, Alda Marin, Amélia Santoro Franco, Ilma Passos Veiga, para citar os expoentes.

Não obstante, a Didática e também a ciência pedagógica floresceram como campos disciplinares críticos e com grande potencial emancipatório nas duas últimas décadas do século XX até o advento do golpe parlamentar que, em 2016, institui, de forma deliberada e avassaladora, o neoliberalismo no País. Na esteira do neoliberalismo, vigora, também, o neotecnicismo pedagógico.

A partir de 2016, o cenário educacional brasileiro, então, sofre uma reviravolta com reformas curriculares calcadas sobre um ideário neotecnicista. As principais reformas a que nos referimos no momento são a instituição de uma Base Nacional Comum Curricular - que atinge toda a Educação Básica, da Educação Infantil ao Ensino Médio - e, desde o final de 2019, a resolução que altera as Diretrizes curriculares que orientam os cursos de Licenciatura a partir de uma Base Nacional Comum (DCNBNC) (BRASIL, 2019). Como um retrocesso político sem precedentes na história, vive, atualmente, a Educação brasileira e seus sujeitos, uma ameaça angustiante.

Segundo Pimenta (2019, p. 20), o projeto é muito claro e sustentado por grupos de empresários na área educacional que, atualmente, ocupam postos importantes no Ministério da Educação e outros organismos educacionais no governo central. Para esses conglomerados financistas

> o professor é um simples técnico prático, com identidade frágil, executores de *scripts* e currículos produzidos por agentes externos empresários/financistas do ensino, que elaboram o material, [...] as estratégias a serem executadas pelos professores.

Isso tudo é muito sério e tendo-se, assim, a Educação como mercadoria e negócio rentável, a Didática se reinaugura sob a vertente instrumental tecnicista de outrora. "A didática instrumental tecnicista dos anos de 1970 que, como sabemos, respaldou a compreensão da prática sem teoria, parece estar sendo invocada pelos empresários da Educação", assevera Pimenta (2019, p. 21).

3. "E agora, José? A festa acabou, e agora, José?"

Com a obrigatoriedade de novas reformas curriculares a partir do Parecer do CNE (7 de novembro de 2019), que altera a Resolução n. 2/2015, redefinindo as Diretrizes Curriculares Nacionais para a Formação Inicial em Nível Superior de Professores para a Educação Básica e institui a Base Nacional Comum para a Formação Inicial de Professores da Educação Básica (DCNBNC), muitos cursos de Licenciatura estão revendo o lugar da Didática nos currículos.

Ora deslocam-na para uma carga horária bastante reduzida, ora incorporam-na a outros componentes ou suprimem-na de vez. Ressurge, então, a velha dicotomia que nos parece absolutamente insensata entre Didática geral e as específicas.

As Diretrizes e a BNC-Formação têm como referência a implantação da Base Nacional Comum Curricular da Educação Básica (BNCC), referendada nas Resoluções CNE-CP n. 2/2017 e CNE-CP n. 4/2018, e estruturada a partir de uma lista de competências a serem conquistadas pelos docentes formadores. As competências gerais da BNCC determinam também as Competências Gerais Docentes, bem como as específicas, presentes nas DCN-BNC (art. 4º) a partir de três dimensões: Conhecimento profissional, Prática profissional e Engajamento profissional.

O princípio curricular das competências gerais enfatiza o "conhecimento profissional dos conteúdos", fundamentado no conceito de "conhecimento pedagógico do conteúdo" (CPC), conceito defendido pelo teórico norte-americano Shulman (2005 *apud* LOPES; PONTUSCHKA, 2015). As competências específicas enfatizam o praticismo, a formação do profissional prático, não havendo reconhecimento do fenômeno educativo como prática social.

Em artigo recente, D'Ávila (2019) analisa o presente documento revelando que o parecer traz uma orientação político-pedagógica tecnicista e, portanto, pretensamente neutra. Expressa uma concepção praticista de professor e reduz a docência a uma ação acrítica visando resultados objetivos a partir de competências previamente estipuladas. Um retorno claro ao tecnicismo pedagógico ou ao que Pimenta (2019) cunhou como neotecnicismo neoliberal.

4. O que ficou da Didática Crítica ou Pós-Crítica no cenário atual?

A Didática Crítica dos anos de 1980 ressignificou-se e continua a vicejar em novas concepções presentes no cenário global atual da Educação brasileira. Malgradas as terríveis condições de existência da população e do trabalho docente nos vários segmentos de ensino, particularmente na Universidade, estudiosos e professores críticos ou adeptos de um ideário emancipatório continuam suas trilhas à frente da disciplina Didática e suas ramificações em didáticas específicas e estágios supervisionados. Mas são maioria? Não se sabe. Não temos notícia de estudos mais fecundos sobre o tema. Mas tememos muito pelas reformulações curriculares que incluem a Didática, didáticas específicas e estágios supervisionados diante das estratégias neotecnicistas montadas nas entrelinhas das novas DCNBNC.

Outras didáticas críticas e pós-críticas resistem ao atual contexto de derrocada da democracia. Pode-se citar, para compreensão do argumento aqui evocado, a Didática Intercultural, de Candau (2019; 2020) e outros signatários. Uma Didática que provém de uma matriz filosófica que incorpora a crítica pós-moderna e inclui na sua concepção uma atenção destacada às subjetividades, às diferenças, à diversidade cultural, às questões étnicas, de gênero e sexualidade, entre outras questões, ou como afirma a autora (2020, p. 28): "entre as questões que interpelam a Didática e a formação de professores hoje, considero de especial relevância as relacionadas às diferenças culturais no cotidiano escolar".

A autora cita como primeira característica da Educação intercultural o diálogo intercultural resultante da inter-relação entre determinados grupos na sociedade. Concebe a cultura como contínuo processo de elaboração de sentidos e práticas coletivas, rompendo, pois, com a visão essencialista de cultura. A terceira característica é a construção de identidades abertas e em construção permanente, resultante da dinâmica hibridização cultural. A quarta característica é a consciência dos mecanismos de poder que permeiam as relações culturais. A quinta característica reside em "não desvincular as questões da diferença e da desigualdade presentes hoje tanto no plano mundial quanto na nossa sociedade. A perspectiva intercultural crítica afirma que essa relação é complexa e admite diferentes configurações em cada realidade, sem reduzir um polo ao outro", desfecha Candau (2020, p. 32).

A Pedagogia Histórico-Crítica (PHC), elaborada por Dermeval Saviani (2011) e seus pares nos anos de 1980, também se reinventa. Gasparin (2005) escreveu um livro emblemático sobre o assunto e atualizou a Didática nessa perspectiva. A pesquisadora e educadora Ilma Passos Veiga é também expoente da Didática na perspectiva da PHC (2017). Há também um novo livro, prestes no prelo, em que escrevi um capítulo sobre a coreografia didática nesta pedagogia. Brevemente, podemos resumir a coreografia didática em seis passos essenciais:

a) diagnóstico dos conhecimentos prévios dos alunos, o que significa situar os alunos quanto à sua inserção na prática social mais ampla e estimular a conscientização de seu ser como sujeito histórico e ser da práxis;

b) problematização do conhecimento: para além da problematização do conteúdo em si, fazê-lo levando-se em conta a explicitação dos principais problemas da prática social;
c) potencialização da participação do coletivo nas atividades didáticas;
d) potencializar o interesse e a participação de todos na e durante a atividade, valorando esta participação, trazendo à luz a ideia da instrumentalização na Didática da PHC;
e) instrumentalização: é a mediação didática docente em si, no momento em que o profissional lança mão de técnicas ou procedimentos que objetivem a assimilação do conhecimento à estrutura cognitiva dos alunos;
f) construção de sínteses: faz parte da etapa da catarse no método da PHC.

Em um primeiro momento se abstraem, se analisam, se isolam os elementos de uma teoria ou conceito para que, em um segundo momento (que pode ser concomitante), o sujeito aluno possa proceder à ação da síntese. Representa, finalmente, o ponto de chegada, o teórico reconstruído e manifestação do novo conceito desenvolvido.

Ressalta-se a Didática Multidimensional, de Pimenta e Franco (2019). Nessa didática, as autoras assumem cinco princípios. O primeiro consiste no ensino com pesquisa, ou seja, atividades didáticas que agreguem estratégias investigativas, levando os alunos a problematizarem, refletirem e ampliarem o olhar sobre o real concreto. O princípio dialógico, de inspiração freireana, como segundo princípio, conducente da criticidade e superação do empírico pelo concreto, em uma transitiva crítica que conduz à ação. O terceiro princípio, da construção de processos da práxis, requer o exercício da conscientização dos sujeitos envolvidos na ação – professores e alunos – "no" e "sobre" o mundo, capaz de produzir mudanças na vida dos alunos. Menciona-se, como quarto princípio, a construção de processos de mediação didática, por meio do qual o ensino de conteúdos deve provocar aprendizagens significativas e reconhecimento, pelo professor, de sua capacidade mediadora. O quinto princípio seria considerar a existência de uma rede de saberes da ciência pedagógica entrecruzados com saberes das demais Ciências da Educação na criação das atividades.

Destaca-se, também, a Didática Desenvolvimental, de Libâneo. Para o autor (2019, p. 159), "a didática é a ciência profissional dos professores. Ela é o meio mais importante para um profissional aprender a ensinar, visando o desenvolvimento das capacidades intelectuais dos alunos e o desenvolvimento da personalidade". Libâneo assevera que a Didática Desenvolvimental considera a atividade de ensino "como meio de promover e ampliar o desenvolvimento mental dos alunos, provendo os modos e as condições que asseguram a atividade de aprendizagem do aluno" (2013, p. 71). A Didática Desenvolvimental pressupõe que: o aluno deve interiorizar os conteúdos, formando processos mentais próprios de cada ciência e, assim, desenvolver o pensamento teórico-científico; que a Didática deve ter por centralidade a atividade de aprendizagem, visando desenvolver ações e operações mentais a partir dos conhecimentos apreendidos; que a aprendizagem envolve trabalhar com conceitos nucleares e seus nexos constitutivos. A Didática concretiza-se em planos de ensino que devem trazer no bojo:

a) identificação do núcleo central da matéria de ensino;
b) a construção de uma rede de conceitos básicos nucleares e ramificações a serem apreendidos;
c) identificação das ações mentais, habilidades cognitivas a partir dos processos investigativos inerentes aos conteúdos da matéria;
d) formulação de situações problematizadoras;
e) avaliação capaz de diagnosticar os níveis de aprendizagem dos alunos.

A Didática Sensível, de D'Ávila (2016; 2018), de matriz pós-moderna, assenta-se sobre a teoria raciovitalista de Michel Maffesoli (2005), teoria da complexidade de Edgar Morin (2016) e estudos sobre Arte-Educação de Duarte Junior (2004). A premissa que sustenta a tese é de que não há razão sem sensibilidade e de que não há sensibilidade desacompanhada da razão. O inteligível está associado inexoravelmente ao aspecto sensível da existência, vale dizer, à intuição, à corporeidade, à imaginação que conduzem a processos críticos e criativos do pensamento. Uma educação sensível é aquela que pode fornecer aos sujeitos a compreensão do mundo sem perda de visão de globalidade.

As formas de intervenção didática aguçam a estética, o lúdico e a inteligibilidade nas formas de apreensão e produção do conhecimento, em uma lógica que rompe com o paradigma racionalista-instrumental. Outra lógica que, afinal, supera a visão do pensar unicamente pela razão e coordena uma ação que parte do sentir-pensar. Portanto, o ensino ganha outra dimensão, sensível, uma dimensão afinada às múltiplas capacidades humanas, o que envolve os hemisférios direito e esquerdo do cérebro humano, os aspectos intelectuais, emocionais, intuitivos e corporais.

A Didática Sensível adota como princípios:

a) o ***sentir***, que possibilita a escuta sensível, o ver, tocar, intuir;
b) a ***metaforização***, que envolve modos de intervenção didática a partir de múltiplas linguagens artísticas e lúdicas;
c) a ***imaginação***, estimulando toda uma visualização criativa dos conhecimentos e dos saberes;
d) o ***criar***, que deve provocar o emergir de novas compreensões, construção do novo conhecimento e atitudes.

Enfim, essas são concepções didáticas que emergem no atual contexto e, de certa forma, cada uma a sua maneira, buscam respostas aos enormes desafios que a nova ordem neoliberal nos impõe neste momento histórico.

5. Considerações finais

Com este texto, quisemos trazer à baila uma reflexão sobre a Didática como campo formativo e epistêmico, e a grave crise que atravessamos na atualidade. Traçamos, para isso, um breve histórico, trazendo à luz as tensões e discussões que assediaram, historicamente, a área, sem nenhuma pretensão de esgotar o assunto, mas sob o objetivo de traçar um panorama global para se entender o presente. Além disso, discutimos brevemente sobre o Parecer do CNE/2019 que atualiza a Resolução n. 2/2015 e modifica as diretrizes Curriculares Nacionais para os cursos de formação de professores em um viés tecnicista, denotando mais um retrocesso brasileiro na política educacional. Os efeitos ainda não se fizeram sentir.

Vive-se, atualmente, além do autoritarismo político e de uma agenda econômica que privilegia a classe hegemônica, uma pandemia mundial avassaladora. O Brasil não passou incólume. A pandemia, que paralisou a todos, individual e coletivamente, paralisou também a economia de todos os países, desafiando o modo de produção capitalista e o individualismo, a seletividade social, a alta competitividade que o caracterizam em suas relações sociais.

De modo paradoxal, vive-se, de um lado, o temor pelas mortes de milhões de pessoas *versus* um fio de esperança que nos leva a crer que a vitória diante da pandemia fará inaugurar um novo *modus vivendi* mais solidário. Haveremos de assistir à derrocada do estado mínimo, típico da política econômica neoliberal, para o estado de bem-estar social, muito mais presente. Quem sabe, quando tudo isso passar, não inauguremos nas práticas educacionais do País as concepções críticas, libertárias, emancipatórias aqui enunciadas?

Docentes em vários segmentos de ensino atuam a distância – as tecnologias da informação e comunicação (TIC) que poderiam se constituir em fortes aliadas, no momento, são adotadas pelo governo de modo tosco, mal planejado e sem que se considerem as diferenças, as péssimas condições de vida da população pobre que, em maioria, está na escola pública. Enquanto as crianças de classes médias e altas têm apoio dos pais, mães e responsáveis e acesso fácil às tecnologias de alta qualidade e internet adequada à execução de tarefas, as crianças da classe dominada mal podem se acomodar em casa. Há uma diferença abissal no que tange ao acesso às TIC para fins de aprendizagem nos lares brasileiros, de norte a sul do País.

Com a problemática da pandemia e suas consequências sobre a política e a economia brasileiras, ainda em curso; com as reformas educacionais mal implantadas e ainda sem tempo de avaliação, o momento é de incertezas. Mas, seguimos confiantes no tempo histórico, suas contradições, suas inevitáveis transformações e o potencial da Didática para interpretar e atuar criticamente na configuração da escola e das relações educativas que a reconstrução do futuro demanda.

Referências

BRASIL. CONSELHO NACIONAL DE EDUCAÇÃO. *Base Nacional Comum Curricular*: Educação Infantil e Ensino Fundamental. Brasília, DF: MEC/Secretaria de Educação Básica, 2017.

BRASIL. CONSELHO NACIONAL DE EDUCAÇÃO. *Base Nacional Comum Curricular*: Ensino Médio. Brasília, DF: MEC/Secretaria de Educação Básica, 2018.

BRASIL. *Resolução n. 2, de 20 de dezembro de 2019*. Define as Diretrizes Curriculares Nacionais para a Formação Inicial de Professores para a Educação Básica e institui a Base Nacional Comum para a Formação Inicial de Professores da Educação Básica (BNC-Formação). Brasília, DF: Ministério da Educação; Conselho Nacional de Educação; Conselho Pleno, [2019]. Disponível em: http://portal.mec.gov.br/docman/dezembro-2019-pdf/135951-rcp002-19/file. Acesso em: 1 jun. 2020.

CANDAU, Vera Maria (org.). *A didática em questão.* 23. ed. Petrópolis: Vozes, 2004.

CANDAU, Vera Maria. Didática, interculturalidade e formação de professores: desafios atuais. *Revista Cocar*, Belém, n. 8, p. 28-44, jan./abr. 2020. Disponível em: https://paginas.uepa.br/seer/index.php/cocar/index. Acesso em: fev. 2021.

CANDAU, Vera Maria. Educação intercultural e práticas pedagógicas. *In*: SILVA, Marco; NASCIMENTO, Cláudio Orlando Costa do; ZEN, Giovana Cristina (orgs.). Didática: abordagens teóricas contemporâneas. XIX ENDIPE, Salvador: EDUFBA, 2019. p. 275-288.

COMENIUS, John Amos. *Didática Magna.* São Paulo: Martins Fontes, 1997.

CUNHA, Maria Isabel. *O professor universitário na transição de paradigmas.* Araraquara: JM Editora, 1998.

D'ÁVILA, Cristina. A didática nas Diretrizes Curriculares Nacionais e Base Nacional Comum para a formação de professores da educação básica: impasses, desafios e resistências. *Revista Cocar*, Belém, n. 8, p. 86-101, jan./abr. 2020. Disponível em: https://periodicos.uepa.br/index.php/cocar/issue/view/V.14.N.29%20%282020%29. Acesso em: jan. 2021.

D'ÁVILA, Cristina. Razão e sensibilidade na docência universitária. *Revista em Aberto*, Brasília, DF, v. 29, n. 97, p. 103-118. set./dez., 2016.

D'ÁVILA, Cristina; MADEIRA, Ana Verena Magalhães (org.). *Ateliê didático:* uma abordagem criativa na formação continuada de docentes universitários. Salvador: EDUFBA, 2018.

DUARTE JR., João Francisco. *O sentido dos sentidos:* a educação do sensível. 3. ed. Curitiba: Criar Edições, 2004.

FRANCO, Maria Amélia Santoro. Renovar a didática crítica: uma forma de resistência às práticas pedagógicas instituídas pelas políticas neoliberais. *In*: SILVA, Marco; NASCIMENTO, Cláudio Orlando Costa do; ZEN, Giovana Cristina (org.). *Didática*: abordagens teóricas contemporâneas. XIX ENDIPE, Salvador: EDUFBA, 2019. p. 65-88.

GASPARIN, João Luiz. *Uma didática para a pedagogia histórico-crítica.* 3. ed. São Paulo: Autores Associados, 2005.

LIBÂNEO, José Carlos. Docência universitária: formação do pensamento teórico-científico e atuação nos motivos dos alunos. *In*: D'ÁVILA, Cristina Maria (org.). *Ser professor na contemporaneidade*: desafios, ludicidade e protagonismo. 2. ed. Curitiba: Ed. CRV, 2013. p. 149-160.

LIBÂNEO, José Carlos. Presente e futuro do campo disciplinar e investigativo da didática. *In*: D'ÁVILA, Cristina; MARIN, Alda Junqueira; FRANCO, Maria Amélia; FERREIRA, Lúcia Gracia (orgs.). *Didática:* saberes estruturantes e formação de professores. XIX ENDIPE, Salvador: EDUFBA, 2019. p. 275-288.

LOPES, Claudivan S.; PONTUSCHKA, Nídia N. O conhecimento pedagógico do conteúdo na prática profissional de professores de geografia. *Geousp: Espaço e Tempo*, São Paulo, v. 19, n. 1, p.76-92, 2015. Disponível em: http://www.revistas.usp.br/geousp/article/view/79809. Acesso em: jan. 2021.

MAFFESOLI, Michel. *Éloge de la raison sensible.* Paris: Editora La Table Ronde, 2005.

MARIN, Alda Junqueira. A disciplina didática na formação de professores. Conhecimentos, saberes e mediação didática. *In*: D'ÁVILA, Cristina; MARIN, Alda Junqueira; FRANCO, Maria Amélia; FERREIRA, Lúcia Gracia (orgs.). *Didática*: saberes estruturantes e formação de professores, 19., Salvador. ENDIPE, Salvador: EDUFBA, 2019. p. 65-88.

MORIN, Edgar. *Sur l'esthétique.* Paris: Éditions Robert Laffont, 2016.

PIMENTA, Selma Garrido. As ondas críticas da didática em movimento. Resistência ao tecnicismo/neotecnicismo neoliberal. *In*: SILVA, Marco; NASCIMENTO, Cláudio Orlando Costa do; ZEN, Giovana Cristina. *Didática*: abordagens teóricas contemporâneas. XIX ENDIPE, Salvador: EDUFBA, 2019, p. 19-64.

SAVIANI, Dermeval. *Pedagogia histórico-crítica*: primeiras aproximações. 11. ed. Campinas: Autores Associados, 2011.

SCHAFFRATH, Marlete A. S. Escola normal: o projeto das elites brasileiras para a formação de professores, Curitiba. *In*: ENCONTRO DO GRUPO INTERDISCIPLINAR DE PESQUISA EM ARTES DA FAP, 25 e 26 de setembro de 2008. *Anais*... Curitiba: Faculdade de Artes do Paraná, 2008. p. 142-152. Disponível em:

http://www.fap.pr.gov.br/arquivos/File/Arquivos2009/Extensao/I_encontro_inter_artes/20_Marlete_Schaffrath.pdf. Acesso em: 18 abr. 2020.

VEIGA, Ilma Passos Alencastro (org.). *Metodologias participativas e técnicas de ensino-aprendizagem.* Curitiba: Ed. CRV, 2017.

VEIGA, Ilma Passos Alencastro; SILVA, Edileusa Fernandes da; XAVIER, Odiva Silva; FERNANDES, Rosana César de Arruda. Pós-graduação: espaço de formação pedagógica de docentes para a educação superior. *In*: D'AVILA, Cristina Maria; VEIGA, Ilma Passos Alencastro (orgs.). *Didática e docência na educação superior*: implicações para a formação de professores. Campinas: Papirus, 2012. p. 85-108.

Capítulo IX

Formação e trabalho do(a) pedagogo(a) docente: contribuições da Pedagogia e da Didática

Lenilda Rêgo Albuquerque de Faria

"Quanto mais sólida for a teoria que orienta a prática, tanto mais consistente e eficaz é a atividade prática"

(Dermeval Saviani)[16]

16 SAVIANI, Dermeval. *A pedagogia no Brasil*: história e teoria. Campinas: Autores Associados, 2008a. p. 109. (Memória da Educação).

1. Introdução

A intencionalidade deste estudo se materializa no objetivo de compreendermos a dialética presente nas relações entre Pedagogia e Didática e suas contribuições à formação e ao trabalho do(a) pedagogo(a)/docente. Os esforços em pensar a Didática, o seu objeto – o processo ensino-aprendizagem – como uma totalidade concreta, sempre aberto, em movimento e inexaurível, levará em conta as questões próprias de seu campo no sentido de compreender o trabalho do(a) pedagogo(a) docente na Educação Básica, seu sentido e significado, sua condição e circunstâncias nas quais se realiza. Considerará, também, os conhecimentos necessários ao(a) pedagogo(a) docente para o desenvolvimento da atividade de ensinar no contexto da Educação Básica, especificamente nos Anos Iniciais do Ensino Fundamental.

Pensamos ser epistemologicamente coerente nos perguntarmos: em que consistem as atividades de ensinar e de aprender? Qual é a formação, os conhecimentos medulares da atividade do(a) pedagogo(a) docente? Para que serve a escola? O exercício do magistério nos Anos Iniciais necessita de uma visão científica quanto a sua profissionalidade. Não raro ouvimos que esse(a) professor(a) não necessita fazer mestrado ou doutorado, pois ensinar Matemática e Português, ou trabalhar com crianças, não precisa de estudos de pós-graduação. Essa visão estreita comporta as políticas de formação de professores no Brasil de orientação neoliberal e mercantil.

Importantes estudos têm sido desenvolvidos com o objetivo de pensar e apontar caminhos para a formação de professores(as) dos Anos Iniciais, mormente o(a) pedagogo(a) docente. Apresentando o resultado de suas pesquisas, Libâneo (2017) tem chamado atenção para o fato de que vivemos um paradoxo na formação de professores(as), pois enquanto os cursos de Pedagogia não contemplam nos currículos disciplinas voltadas para os conteúdos das áreas que estes(as) irão ensinar, as demais Licenciaturas asseguram quatro anos de estudos centrados nos conteúdos específicos do ensino. Além de reafirmar esse problema, constata também a fragilidade. O mesmo autor da formação do(a) pedagogo(a) docente no que se refere à ausência da articulação da Didática com as epistemologias das disciplinas. Para ele, a dissociação entre o conhecimento disciplinar e o conhecimento pedagógico-didático é considerada como um dos problemas mais persistentes na organização nos currículos dos cursos para a formação inicial de professores(as).

Historicamente, o curso de Pedagogia é caracterizado por tensões, divergências e aproximações em torno do currículo, da concepção de formação e do perfil profissiográfico de seus estudantes.

A década de 1980, do século XX, foi bastante emblemática nesse sentido. Em geral, os(as) educadores(as) e pesquisadores(as) do campo da Educação faziam a crítica ao papel do(a) professor(a) considerado(a) como mero(a) executor(a) e tarefeiro(a) no âmbito das políticas educacionais, hegemonicamente tecnicista dos anos de 1970, período da ditadura civil-militar. Defendiam uma formação na qual pudessem exercer de modo pleno uma das atividades que é essencial no processo educativo: a capacidade reflexiva e a unidade teoria-prática.

Especialmente sobre a formação do(a) pedagogo(a), a crítica recai sobre as chamadas habilitações contidas na normativa que regulamentava o Parecer n. 252/1969. Além de formar professores(as) para o Ensino Normal, formava profissionais para as atividades de orientação, administração, supervisão e inspeção no âmbito das escolas e sistemas escolares (LIBÂNEO; PIMENTA, 2002). As críticas a esta formação se fundamentavam em torno da divisão técnica do trabalho na escola, da dicotomia entre teoria e prática e da separação entre o(a) pedagogo(a) especialista e o(a) pedagogo(a) docente. Essa regulamentação permaneceu vigente até a promulgação da Lei de Diretrizes e Bases da Educação Nacional, Lei n. 9.394/1996 (BRASIL, 1996).

Um marco importante quando se pensa no currículo do curso de Pedagogia é o trabalho realizado pela Comissão de Especialistas de Ensino de Pedagogia, que se debruçou em apresentar diretrizes curriculares para esse curso. As proposições dessa Comissão tinham fortes afinidades com a base comum nacional comum para formação de professores(as) da Associação Nacional pela Formação de Profissionais da Educação (Anfope) e acabaram por influenciar, também, as Diretrizes Curriculares para o Curso de Pedagogia (DCNP, 2006), aprovadas em maio de 2006, pelo Conselho Nacional de Educação. As DCNP (BRASIL, 2006) fixaram que o curso de Pedagogia prepara para o exercício da docência na Educação Infantil e para os Anos Iniciais do Ensino Fundamental, nas disciplinas pedagógicas dos cursos de Ensino Médio na modalidade normal, em cursos de Educação Profissional na área de serviços e apoio escolar e em outras em que disciplinas pedagógicas estejam previstas no planejamento, na execução e na avaliação de programas e de projetos pedagógicos em sistemas e unidades de ensino, e ambientes não escolares. A docência é a base da formação, sobre a qual se organizam as relações entre ensino, pesquisa e gestão.

As tensões e as discussões ocorreram em torno do estatuto epistemológico da Pedagogia e suas configurações no desenho curricular do curso. A Pedagogia, como ciência da e para a práxis educativa, foi reduzida ou confundida com um curso. Outra questão se relaciona ao formato do curso: se Licenciatura plena e bacharelado são considerados como um único percurso formativo de professores(as) pesquisadores(as), ou ainda, o formato de Licenciatura destinado à docência para a Educação Básica, e o bacharelado mais voltado para a pesquisa no campo da Educação, para a coordenação pedagógica e para a gestão escolar.

Depreende-se que a Resolução CNE n. 1/2006 que instituiu as DCNP é, no dizer de Saviani (2007), restrita no que é essencial, abundante e extensa no que é acessório. Restringindo a formação de pedagogos(as) à docência. E, ainda, Franco, Libâneo e Pimenta (2006, p. 94) consideram que as Diretrizes Curriculares do Curso de Pedagogia resultam em uma

> concepção simplista, reducionista, da Pedagogia e do exercício profissional do pedagogo, decorrente de precária fundamentação teórica, de

imprecisões conceituais, de desconsideração dos vários âmbitos de atuação científica e profissional do campo educacional.

As DCNP seguem em vigor. Todavia, as discussões atinentes à formação de professores(as) tiveram, na segunda metade da década de 20 do século XXI, dois marcos importantes para o nosso estudo: as Resoluções CNE n. 2/2015 (BRASIL, 2015) e n. 2/2019 (BRASIL, 2019). A primeira, ainda no governo da presidente Dilma Rousseff, define as Diretrizes Curriculares Nacionais para a formação inicial em nível superior: Cursos de Licenciatura, Cursos de Formação Pedagógica para Graduados e Cursos de Segunda Licenciatura, como também para a formação continuada. Foi considerada uma resolução avançada por incorporar boa parte do debate e das proposições das entidades representativas do pensamento educacional brasileiro.

Revogando a anterior, a segunda definiu as Diretrizes Curriculares Nacionais para a Formação Inicial em Nível Superior de Professores para a Educação Básica e institui a Base Nacional Comum para a Formação Inicial de Professores(as) da Educação Básica (BNC-Formação) em referência à implantação da Base Nacional Comum Curricular da Educação Básica (BNCC).

Observamos, logo de início, uma concepção pragmatista de Educação e, portanto, o desprezo pela dimensão teórica da formação docente, visto que as competências a serem desenvolvidas nos Cursos de Licenciatura deverão subordinar-se às competências e habilidades das BNCC, manifestando, de modo claro, uma concepção reducionista que põe em destaque a avaliação de resultados, assim como tem ocorrido no âmbito da Educação Básica.

Além do nítido neotecnicismo, bem à moda da formação do(a) trabalhador(a) exigida pelo modelo ultraneoliberal das relações de produção da ordem social capitalista, transforma o(a) professor(a) em um(a) executor(a) das tarefas. Como se trata de diretrizes para a formação de professores(as) para a Educação Básica, chama atenção seu art. 22, no qual há fortes indícios de alterações das diretrizes para o curso de Pedagogia (BRASIL, 2006), separando a Educação Infantil dos Anos Iniciais do Ensino Fundamental.

Em face desse cenário, pensamos ser importante nos voltarmos para o que dizem as pesquisas. Resultados importantes sobre a formação do(a) pedagogo(a) docente estão em uma recente pesquisa desenvolvida pelo Grupo de Estudos e Pesquisas sobre a Formação do Educador (GEPEFE-FE-USP), sobre os currículos dos Cursos de Pedagogia no Estado de São Paulo (PIMENTA *et al.*, 2019). Os(as) autores(as) constataram que o tratamento destinado aos conhecimentos vinculados diretamente à formação do(a) professor(a) para atuar na Educação Infantil (EI) e nos Anos Iniciais do Ensino Fundamental (AIEF) deixa claro que "a formação dos pedagogos no Estado de São Paulo mostra-se majoritariamente frágil, superficial, generalizante, sem foco na formação de professores, fragmentada e dispersiva" (PIMENTA *et al.*, 2019, p. 25).

Na mesma pesquisa, Belletati e Domingues (2019, p. 136) observam a necessidade de uma densa formação em conteúdos específicos e em suas respectivas didáticas, tanto para os(as) professores(as) da Educação Infantil quanto para os(as) que se dedicam aos Anos Iniciais. As autoras afirmam que "ter domínio dos conhecimentos a ensinar não se limita a saber de um rol de fatos e/ou regras das disciplinas, ainda que tenham sua importância para apreensão do mundo, esses aspectos são de fácil acesso na atualidade", uma vez que estão amplamente difundidos na internet, "destituídos de crítica, desconsiderando que as escolhas estão imbuídas de atitudes e valores" (BELLETATI; DOMINGUES, 2019, p. 136).

As autoras estão atentas, também, à formação de professores(as) no contexto das políticas educacionais neoliberais, que reduzem os conhecimentos pedagógico-didáticos a um conjunto de técnicas e tarefas a serem executadas pelos(as) professores(as).

> Na mesma direção, os conhecimentos didáticos dos conteúdos não se circunscrevem a métodos e técnicas de ensinar, como já dissemos, pois desenvolvem conhecimento de Didática, multirreferenciada nos diversos campos da Pedagogia e possibilitam conhecer como os alunos(as) constroem os conhecimentos de cada área, as concepções prévias que possuem e como ajuda-los a superar as concepções do senso comum, aproximando-os do conhecimento científico (BELLETATI; DOMINGUES, 2019, p. 137).

A Didática, como área da Pedagogia, incorpora a síntese realizada por esta como Ciência da Educação na relação com as demais Ciências Humanas e Sociais que se debruçam sobre o fenômeno educativo, possibilitando ao(à) pedagogo(a) docente o conhecimento teórico das condições objetivas nas quais se realiza o processo ensino-aprendizagem, apreendendo e captando as mediações presente entre a escola e a sociedade, a relação entre o(a) professor(a), conhecimento e estudantes.

Por conhecimento teórico, estamos entendendo como a reprodução ideal (no pensamento e pelo pensamento) do movimento real do objeto. Trata-se do esforço cognitivo operado pelas funções psíquicas superiores de realizar as abstrações e, pela mediação da análise, chegar à síntese, ao conceito. Este sendo síntese das múltiplas determinações. Todavia, para que o docente/pedagogo(a) consiga elaborar a superação de uma visão sincrética do processo ensino-aprendizagem, para uma compreensão de síntese, é necessário se apropriar do modo histórico e cultural da forma de ser da escola. É para essa discussão que voltaremos nossa atenção no próximo tópico.

2. A formação do(a) pedagogo(a) docente a partir de uma perspectiva orgânica e articulada da práxis educativa

Ser professor(a) dos Anos Iniciais é uma experiência rica, complexa e desafiadora. Como indicam as pesquisas, a formação do(a) pedagogo(a) historicamente acontece entre dilemas e polêmicas no que se refere tanto a seu campo de atuação, quanto de sua formação. No caso da formação, relacionam-se às oscilações que fazem que haja uma predominância ora de aspectos teóricos, ora de aspectos práticos no currículo. No caso da atuação, o curso de Pedagogia forma para a docência dos Anos Iniciais ou para a gestão dos processos educativos escolares e não escolares? Há lugar para uma formação teórica sólida, na qual o(a) docente pedagogo(a) desenvolva suas atividades a partir da constante reflexão com o coletivo da escola, sobre a definição, o desenvolvimento, o acompanhamento e avaliação do currículo escolar?

De acordo com Saviani (2007, p. 105), a tendência tradicional põe em relevo "a teoria, reforça o papel do professor, entendido como aquele que, detendo os conhecimentos elaborados, portanto, o saber teoricamente fundamentado, tem a responsabilidade de ensiná-los aos alunos mediante procedimentos adequados", atribuindo, dessa forma, configuração aos métodos de ensino. A segunda tendência, a renovadora, ao contrário, põe a ênfase na prática e "reforça o papel do aluno, entendido como aquele que só pode aprender na atividade prática, tendo a iniciativa da ação expressa seu interesse quanto àquilo que é valioso aprender". Ao(à) professor(a) cabe o papel de auxiliar "os passos de sua educação que configuram o método de aprendizagem pelo qual ele, aluno, constrói os próprios conhecimentos" (SAVIANI, 2007, p. 105).

A materialização dessas tendências na formação acaba por colocar em polos opostos a teoria e a prática, o(a) professor(a) e o(a) aluno(a). Este é um problema característico da lógica formal, uma vez que estes elementos são considerados mutuamente excludentes. Mas, então, como resolver esta questão? Em seu percurso reflexivo e de síntese, Saviani (2007, p. 105) entende que a lógica formal "incide sobre o momento analítico, portanto abstrato, quando o pensamento busca se apropriar da realidade concreta que, sendo síntese de múltiplas determinações, é unidade da diversidade, portanto, algo complexo que articula elementos opostos".

Na concepção dialética de Educação, a relação teoria e prática se coloca de modo vital, contudo é preciso que se supere o formalismo tanto da

Pedagogia Tradicional, que acentua a teoria, quanto também o da Pedagogia Nova com a determinação da prática. Para esse modo de pensar, teoria e prática se opõem, são excludentes.

Saviani (2008) indaga-se se existiria outro caminho, outra tendência pedagógica que permita a superação do dilema no qual estão enredadas as Pedagogias contemporâneas para, então, ele mesmo responder afirmando que o encaminhamento da resposta a essa questão implica considerar que a validade da lógica formal se limita às formas. Ela se constrói a partir da linguagem e, portanto, regula os modos de expressão do pensamento e não propriamente o modo como pensamos. A lógica formal, como tal, incide sobre o momento analítico, portanto abstrato. O referido autor expõe sua posição sobre como ocorre a produção do conhecimento e a explicita dizendo-nos que, quando o pensamento busca se apropriar da realidade concreta, sendo síntese de múltiplas determinações, cria uma unidade da diversidade, portanto, algo complexo que articula elementos opostos.

De acordo com Saviani (2005, p. 261), para apreendermos o concreto "precisamos identificar os seus elementos e, para isso, nós os destacamos, os isolamos, separamos uns dos outros pelo processo de abstração, procedimento este que é denominado de análise". Com efeito, esse procedimento ainda não é suficiente para acessarmos a essência do objeto, sua concretude.

Para o pensamento ascender ao concreto, necessitamos "fazer o caminho inverso, isto é, recompor os elementos identificados rearticulando-os no todo de que fazem parte de modo a perceber suas relações", passando de acordo com o autor "de uma visão confusa, caótica, sincrética do fenômeno estudado chegando, pela mediação da análise, da abstração, a uma visão sintética, articulada, concreta" (SAVIANI, 2005, p. 261). Esse caminho só é possível com o recurso da lógica dialética, uma vez que permite captar a realidade como um todo articulado composto de elementos que se contrapõem entre si, agindo e reagindo uns sobre os outros, em um processo dinâmico; é o que, na história do pensamento humano, foi explicitado pelo nome de lógica dialética formulada a partir de Hegel, no início do século XIX.

Gomes e Pimenta (2019) ajudam-nos a compreender a dialética marxiana ao afirmarem que o materialismo histórico-dialético requer dos indivíduos uma forma de compreender a sociedade e de posicionar-se em face desta para transformá-la. E têm no trabalho historicamente situado como eixo central. Para as autoras (2019, p. 74-75), a lógica dialética é constituída de algumas categorias centrais: a totalidade concreta, o movimento, a contradição, a alienação:

> a perspectiva dialética funda-se nas categorias da totalidade concreta (conhecer a realidade para compreender e transformá-la com vistas à emergência de uma realidade transformada); examinando os movimentos (a lógica que impera e que se supera [superação], ultrapassando os limites da lógica formal) e verificam-se as contradições (unidade e luta dos contrários) inerentes a esses movimentos, além de considerar a categoria da alienação (condição de "assujeitamento", de não controle sobre o próprio trabalho, de ocupação profissional para aferir salário, sem satisfação pessoal e profissional).

A realidade é compreendida a partir do movimento real, concreto, encetado pelas relações sociais em suas expressões políticas, econômicas e culturais. Nesse sentido, segundo as autoras (2019, p. 73), o conhecimento produzido sobre o real

> tem uma finalidade na atividade humana vinculada às necessidades práticas do homem social (por isso, é preciso conhecer para transformar), tendo como critério de verdade a prática social.

Para Saviani (2005), o problema da relação entre teoria e prática é posto, portanto, tendo presente esse entendimento dialético. Compreendida a partir da lógica dialética, a relação teoria e prática, na Pedagogia histórico-crítica, é de autonomia e dependência recíproca, nas quais essas dimensões da atividade humana rompem com a cisão idealista e pragmatista e se colocam em outro patamar, no qual o pensar, o sentir e o agir humano são indivisíveis e analisados concretamente.

Em se tratando da formação do(a) pedagogo(a) e de sua atuação, Saviani (2007, p. 130) aponta como saída, para superar o histórico desafio dos cursos de Pedagogia, uma organização curricular centrada na história da escola elementar e, por sua vez, na história da Pedagogia. O referido autor (2007, p. 130) afirma:

> essa ideia é a de que a História seria exatamente essa matéria que ocuparia o lugar central no novo princípio educativo da escola do nosso tempo: uma escola unitária porque guiada pelo mesmo princípio, o da radical historicidade do homem e organizada em torno do mesmo conteúdo, a própria história dos homens, identificado como o caminho comum para formar indivíduos plenamente desenvolvidos.

Saviani (2007) segue com uma indagação que, ao nosso entendimento, em termos da PHC, é a tese de que os homens e as mulheres não nascem humanizados(as) mas tornam-se homens e mulheres pela apropriação da cultura acumulada, desenvolvida pelas gerações que nos precederam e herdada pelas gerações mais novas. Os homens e as mulheres conquistam sua humanidade na medida em que se apropriam da herança cultural das gerações que os(as) precederam. Com efeito, o autor põe em relevo a necessidade de que os(as) estudantes entrem em contato com a cultura clássica, naquilo que é culturalmente mais significativo, explicitando-se como instrumentos de explicação e transformação da realidade humano-social. Nessa direção entendemos que, para contribuirmos com o processo de hominização dos indivíduos, o caminho a ser trilhado não será outro senão fazermos que os estudantes mergulhem na própria história, a partir do critério do clássico, oportunizando-lhes experienciar os momentos mais significativos dessa verdadeira aventura temporal humana (SAVIANI, 2007, p. 129-130).

Para evitar os mal-entendidos, vale observar que a história a qual o pensador se refere não é a história como disciplina, mas é a história humana em seu conjunto. É o desenvolvimento histórico-social em seu movimento, nas tensões, contradições e mediações, produzido coletivamente por homens e mulheres na relação com a natureza e em comunidade, pelo trabalho, na satisfação de suas necessidades não somente físicas, mas espirituais também, notadamente, a Ciência, a Educação, a Cultura, as Artes e a Filosofia.

Saviani (2007) propõe que o eixo da organização curricular do curso de Pedagogia se ancore na história da escola elementar. Assim, segundo o autor (2007, p. 130), muitas questões que na contemporaneidade são necessárias

> à formação do educador serão contempladas no seu nascimento e desenvolvimento, explicitando-se as condições e as razões que conduziram ao entendimento de sua necessidade para a formação do educador.

Isso ocorre a partir de uma organização curricular que conceba a escola a partir de seu movimento real e concreto. Desse ponto de vista as disciplinas do curso de Pedagogia não seriam estudadas mais de forma isolada, "como algo estático e esquemático tornando-se algo vivo, em íntima articulação com a história da escola, isto é, do próprio objeto de que se ocupam" (SAVIANI, 2007, p. 129).

Por essa via, a formação do(a) pedagogo(a) docente asseguraria o conhecimento da emergência, desenvolvimento e contemporaneidade da forma escolar e, ao mesmo tempo, a compreensão da história da Pedagogia e da necessidade da formação do(a) educador(a), compreendendo as relações sociais, as circunstâncias, as necessidades e finalidades que engendraram a escola, assim como sua função em diferentes tempos históricos.

> Assim procedendo, penso que seria possível efetivar o resgate da longa e rica trajetória histórica da Pedagogia. Esta emergirá como um corpo consistente de conhecimentos que, constituindo-se historicamente, se revela capaz de articular em um conjunto coerente as várias abordagens sobre a educação, tomando como ponto de partida e ponto de chegada a própria prática educativa.
>
> De um curso assim estruturado, espera-se que irá formar pedagogos com uma aguda consciência da realidade na qual vão atuar, com uma adequada fundamentação teórica que lhes permitirá uma ação coerente e com uma satisfatória instrumentação técnica que lhes possibilitará uma ação eficaz (SAVIANI, 2007, p. 130).

Por esse caminho, ao tomarmos a história da escola como medular na organização curricular, com acesso e estudos dos clássicos em diálogo com referenciais contemporâneos, tendo a prática educativa como ponto de partida e ponto de chegada, poder-se-á oportunizar aos(às) estudantes de Pedagogia uma formação culturalmente rica, constituída pelos instrumentos teórico-práticos essenciais ao processo de ascensão do pensamento abstrato e fragmentando dos licenciandos(as), ao pensamento teórico e concreto, pois está constituído por um conhecimento que é síntese das múltiplas determinações.

Acompanhando Saviani (2007, p. 131), entendemos que, ao tomarmos a história da escola elementar como eixo curricular, poderemos alcançar os objetivos da formação do(a) pedagogo(a), uma vez que apreendida a história desse objeto formaríamos as habilidades e os conhecimentos centrais e necessários para que o(a) pedagogo(a) atue na escola de modo a desempenhar suas funções de modo eficaz, crítico e criativo. Desse modo, poderá contribuir com a construção de uma escola voltada para os interesses dos(as) filhos(as) da classe trabalhadora, portanto, uma escola que assegure, a todos e todas, a apropriação do que tem de mais elevado na Ciência, nas Artes e na Filosofia.

Explicitando melhor sua proposta, Saviani (2007, p. 131) desenvolve e sistematiza como seria a formação do pedagogo(a):

> ao centrar o foco do processo formativo na unidade escolar, aquilo de que se trata é capacitar o futuro pedagogo para o pleno domínio do funcionamento da escola. Assim, uma escola viva, funcionando em plenitude, implica um processo de gestão que garanta a presença de professores exercendo a docência de disciplinas articuladas numa estrutura curricular, em ação coordenada, supervisionada e avaliada à luz dos objetivos que se busca atingir.

É nessa escola pulsante, viva, consciente de suas finalidades educativas que o(a) pedagogo(a) docente, no desenvolvimento de seu trabalho – o processo ensino-aprendizagem –, apreenderá, pela práxis, os conflitos, as tensões e contradições dos processos de ensinar e de aprender, constituídos e constituintes das relações sociais e materiais de produção, visando identificar *o novo* gerado pelas rupturas e continuidades (PIMENTA *et al.*, 2019). Esse novo é materializado não apenas pelo conhecimento do modo de *ser* do processo ensino-aprendizagem na contemporaneidade, mas, sobretudo, como pode deixar de "ser o que é", desencadeando na escola a reflexão, o trabalho coletivo e solidário entre os(as) docentes e equipes de coordenação pedagógica e gestão escolar democrática. Com este trabalho teórico-prático, o currículo escolar ganha a direção de sentido no desenvolvimento das atividades de planejar, acompanhar e avaliar.

Colocando em relevo a perspectiva transformadora da atividade humana, Gomes e Pimenta (2019, p. 73) ressaltam "a importância da formação do professor como profissional crítico-reflexivo, emancipado intelectualmente e pesquisador de sua práxis docente e da práxis que ocorre nas escolas". Para esse professor, o curso de Pedagogia necessita formar um profissional que, de acordo com as autoras, na referida obra,

> abrace a perspectiva transformadora da realidade e da justiça social, tendo nos estudos e nas atividades curriculares dos cursos (como as de estágios, por exemplo) possibilidades privilegiadas de análise, compreensão, crítica, de conhecimentos que permitam desvelar as teorias que subjazem à práxis escolar. Nesse sentido, entendemos que o ensino "com" e "como" pesquisa se constitui em uma alternativa que colabora nessa perspectiva.

A ação prática como práxis. O professor agindo intencionalmente, a partir de sua concepção de mundo, de homem, de Educação e de escola, identifica os problemas concretos da prática educativa e intervém pedagogicamente, de modo a contribuir, simultaneamente, com a transformação da escola e da sociedade. Para tanto, Gomes e Pimenta (2019) apontam para a necessidade do ensino com e como[17] pesquisa.

Explicitando o entendimento sobre a relação teoria e prática na formação de professores(as), as autoras supracitadas observam que "a atividade teórica não transforma a realidade, ela permite sentidos e significados para essa transformação que só ocorre na práxis, ou seja, na ação dos sujeitos historicamente situados" (GOMES; PIMENTA, 2019, p. 73). Na sequência, as autoras dão ênfase à perspectiva de que os cursos de

17 Importante registrar que as divergências no interior do materialismo histórico-dialético não é o nosso foco aqui, todavia considero necessário registrar que nos estudos dos autores marxistas Selma Garrido Pimenta e Dermeval Saviani, há indicações de modos diferentes de operar analiticamente quanto à categoria práxis docente no que se refere à temática "ensino" e "pesquisa".

formação de professores(as) necessitam "se constituir como atividade teórica que possibilita aos estudantes desses cursos, em suas futuras práxis docentes, transformar a realidade do ensino nos contextos em que se situarem, contribuindo assim para a emancipação".

Na esteira de Saviani (2007), entendemos ser importante que os estudantes de Pedagogia vivenciem intensamente o ambiente universitário estudando os clássicos da Pedagogia e os fundamentos filosóficos e científicos da Educação de modo a ficarem em condições de compreender o funcionamento da escola, não mais a partir de informações descritivas e estáticas, na sua forma de claro-escuro, precária e imediata, mas conhecê-la em concreto a partir de um conhecimento teórico e científico. De posse desse instrumental teórico, os(as) pedagogos(as) estarão em melhores condições para voltar à escola, para observá-la "porém, com outros olhos. Poderão, então, analisar a prática educativa guiados pela teoria pedagógica ultrapassando, assim, o nível da doxa (o saber opinativo) e atingindo o nível da episteme (o saber metodicamente organizado e teoricamente fundamentado)" (SAVIANI, 2007, p. 132).

3. Pedagogia e Didática: contribuições à formação do pensamento teórico do(a) pedagogo(a)/docente

Começamos essa seção com um posicionamento bastante promissor em termos da intencionalidade que acompanha os estudos que realizamos sobre o trabalho do(a) professor(a), seja ele(a) da Educação Básica ou Superior. Libâneo (2017, p. 8) apresenta uma saída para realizarmos a resistência em face da avalanche neoliberal, por meio das políticas internacionais. A saída, de acordo com o autor, está em um "posicionamento de resistência diante da avalanche neoliberal na Educação implica", que "duas saídas: a formação política e a formação pedagógica". Explicitando seu entendimento, observa que "não se trata de coisas paralelas, mas sim de conceber o trabalho pedagógico-didático como concretização da formação política" (LIBÂNEO, 2017, p. 8).

Libâneo (2017) expressa com veemência sua preocupação sobre o tratamento recebido pela Pedagogia, no interior do próprio campo educacional, e estranha o fato de que os conhecimentos pedagógico-didáticos não sejam levados em conta por boa parte dos(as) pesquisadores(as) do campo da Educação. Nas palavras de Libâneo (2017, p. 8) "não há mudanças políticas, culturais ou epistemológicas que justifiquem a ojeriza de certos setores do campo educacional à Pedagogia". Uma vez que o modo pedagógico de pensar e de agir é um dos caminhos de viabilização de ideários políticos, implicando mobilizar internamente os sujeitos para o desenvolvimento de seus processos psíquicos superiores visando à formação de uma personalidade *omnilateral* para sua ação prática transformadora na sociedade (LIBÂNEO, 2017, p. 8).

Pela atividade pedagógico-didática, o(a) docente, agindo de modo intencional e organizado, pode contribuir com o desenvolvimento cognitivo, afetivo, moral, ético, político e estético dos(as) estudantes, pela mobilização das funções psíquicas superiores, colocando-os(as) em contato com o conhecimento mais avançado da cultura, umas das importantes condições para o alcance de seu desenvolvimento pleno, materializando uma formação que contribua com a emancipação humana.

A teoria pedagógica, a ciência "da" e "para" a práxis educativa, parte da prática e a ela retorna, sinalizando, indicando, afirmando, negando e redirecionando o pensar, sentir e agir dos(as) educadores(as). A Pedagogia define, indica os rumos, os caminhos, as finalidades da prática educativa. Na condição de ciência da Educação, a Pedagogia investiga, compreende os problemas educativos no grande movimento histórico-social, que materializa o intrincado e complexo processo das mediações entre o particular e o universal e o singular. A Pedagogia apreende os fenômenos educativos no seu movimento contraditório e mediado pelos sujeitos historicamente situados e ativos, e extrai daí sua especificidade e suas propriedades, indicando não apenas as questões da forma de ser da prática educativa (nas dimensões políticas, econômicas, sociais, ideoculturais), como também os elementos potencializadores da mudança.

Nesse sentido, entendemos que algumas indagações são quase inevitáveis: O que é ser pedagogo(a) professor(a) nos Anos Iniciais? E ainda de várias disciplinas? Para que serve a escola e em essência qual é o papel da escola? Que conhecimentos são exigidos do(a) professor(a)?

A escola é uma instituição secular que tem como função social assegurar a apropriação, pelos(as) alunos(as), de formas crítica e ativa, dos conhecimentos sistematizados, acumulados e desenvolvidos histórica e coletivamente pelo conjunto dos homens e das mulheres, visando seu desenvolvimento pleno, sua formação *omnilateral* e não mais uma formação fragmentada na qual não se levam em conta as dimensões cognitivas, afetivas, físicas, psicológicas, individuais, regionais e culturais. Não mais um homem e uma mulher estranhados que não se reconhecem como sujeitos histórico e agente da transformação social.

Para essa tarefa a Pedagogia e a Didática são convocadas para não apenas identificar os problemas, os desafios da formação do(a) pedagogo(a) docente, de sua atuação e da escola, mas apresentarem as vias da construção de uma formação docente consistente e com atuação eficaz, contribuindo com a construção da escola democrática em termos reais.

A base desse entendimento se ancora na tese de Marx (1983), no diálogo com Feuerbach, no qual o pensador manifesta-se sobre sentido práxico do trabalho intelectual. Diz ele: "os filósofos apenas interpretaram o mundo de diferentes maneiras; o que importa é transformá-lo" (p. 539). É com este entendimento que necessitamos agir no interior da universidade pública brasileira, notadamente, no modo de se pensar o curso de Pedagogia e a formação de professores(as), no sentido de operarmos as mudanças que coloquem a Licenciatura em Pedagogia em outro patamar, superando as dicotomias, a fragmentação e assegurando a formação do pensamento teórico e científico dos(as) pedagogos(as) docentes. O que queremos destacar é uma tese muito conhecida daqueles que vivenciaram, estudaram e estudam o pensamento pedagógico crítico dos anos de 1980, no qual se sobressaía o compromisso político do(a) pedagogo(a) com o pensar e o fazer pedagógico.

Com efeito, se temos por objetivo zelar pela formação do(a) pedagogo(a) docente, não podemos descuidar das condições que contribuem com a efetivação da unidade relação teoria e prática no trabalho dos(as) professores(as) nas Instituições de ensino superior (IES), pois, para além da compreensão crítica de sua atividade no interior das Universidades, os(as) docentes necessitam das condições essenciais para a construção dos projetos pedagógico-curriculares de curso.

Pimenta *et al.* (2019, p. 54), ao se posicionarem sobre um programa de formação de professores(as), com qualidade emancipadora, pois referenciado socialmente, e comprometido com a transformação da realidade social e educativa, afirmam:

> para tanto, é fundamental o tempo de dedicação dos docentes das IES no planejamento de todas as ações voltadas para a formação do futuro professor polivalente, inclusive para construírem juntos uma base comum de entendimento do que é substancial, do ponto de vista profissional. Assim, destacamos a importância que assumem as equipes diretivas dos cursos ao garantirem, por meio de gestão democrática, a construção coletiva dos PPCs.

Se tivermos como tarefa resgatar a importância da escola e reorganizar o trabalho educativo, e se entendemos que essa atividade não acontecerá de modo espontâneo, mas caracterizar-se-á por ser intencional, organizada e sistemática, é preciso insistir que o estudo e a pesquisa tanto da Pedagogia como Ciência da Educação, quanto da Didática como teoria do ensino, não serão possíveis se o fizermos pelos recursos da lógica formal, como também se tentarmos recorrer aos mesmos parâmetros científicos das Ciências Naturais. É condição recorrermos ao método dialético, assim como pensado por Marx.

Em função dessa especificidade científica da Educação, a Pedagogia só pode ser a ciência da e para a práxis educativa. A problemática concreta da Educação, portanto, da formação humana, de sujeitos, é o ponto de partida e de chegada, como diz Saviani (2008a), é o centro das preocupações. Como afirma esse pensador, portanto, as contribuições das Ciências da Educação não serão analisadas a partir dos critérios de seus campos de conhecimentos, mas, sim, avaliadas pelos problemas postos pela práxis educativa. À Pedagogia caberá o papel de síntese, tomando o fenômeno educativo enquanto uma totalidade concreta. Por esse caminho, a Pedagogia faz-se autônoma e unificada.

A Pedagogia como ciência autônoma e unificadora avalia, analisa e sintetiza as contribuições das outras ciências sobre seu objeto – o fenômeno educativo –, investigando a natureza, os conteúdos, os métodos e procedimentos educativos. Estes sempre devem ser direcionados para a sistematização de ideias, conceitos e valores cuja finalidade é a formação humana, de suas qualidades, faculdades e sentidos.

Desse modo, segundo Pimenta, Franco e Libâneo (2010, p. 836), entendemos que a Pedagogia é:

> um campo de estudos sobre o fenômeno educativo, portadora de especificidade epistemológica que, ao possibilitar o estudo do fenômeno educativo, busca a contribuição de outras ciências que tem a educação como um de seus temas. [...] a Pedagogia é a ciência que têm por objeto a educação humana nas várias modalidades em que se manifesta na prática social. Trata-se, pois, da ciência da educação que investiga a natureza do fenômeno educativo, os conteúdos e os métodos da educação, os procedimentos investigativos.

Como elaboração científica da prática educativa, à Pedagogia caberá a tarefa de transformar "o senso comum pedagógico, a arte intuitiva presente na práxis, em atos científicos, sob a luz de valores educacionais, garantidos como relevantes socialmente, em uma comunidade social" (PIMENTA; FRANCO; LIBÂNEO, 2010, p. 836) – notadamente relevante ao processo de construção de uma sociedade em que todos(as) possam ter a oportunidade de desfrutar os bens materiais e culturais produzidos.

A finalidade da Educação é a formação humana, portanto seu processo de humanização. E, se esta se faz pela apropriação crítica da cultura, sua especificidade reside, dessa forma, nos conhecimentos, ideias, conceitos, valores, atitudes, hábitos e símbolos que deverão ser incorporados pelos indivíduos como necessidade à conquista de sua humanidade; e se como vimos o processo de apropriação crítica não acontece de modo espontâneo, na base do agir na urgência e decidir na incerteza, a Didática como campo de conhecimento, como disciplina pedagógica, tem muito a dizer sobre a formação de professores(as).

A especificidade da Didática como teoria do ensino consistirá em garantir que a experiência cultural seja transmitida às novas gerações de modo intencional, organizado e sistemático, pela mediação do trabalho do(a) pedagogo(a) docente. Essa é tarefa que exige formação consistente.

> A Didática precisa dotá-los da compreensão, primeira, de que ser professor e ensinar é uma tarefa educativa. Portanto, o que é Educação? E, portanto, qual é a ciência que estuda a Educação, e que eles têm de mobilizar? A Pedagogia. E quais são os saberes pedagógicos a dominar, que vai envolver sala de aula, e nos círculos que a envolvem – o espaço escolar, a comunidade, o sistema de ensino, essa escola na sociedade – enfim, todos esses círculos não podem ser perdidos de vista (PIMENTA, 2011).

Daí entendermos a Pedagogia como Ciência que parte da prática e a ela se volta, como atividade teórico-prática, e a Didática como campo da Pedagogia direcionada para o tratamento também teórico-prático do ensino. Esse entendimento é materializado na concepção de Educação caracterizada "como processo de formação das qualidades humanas, enquanto que o ensino é o processo de organização e viabilização da atividade de aprendizagem em contextos específicos para esse fim". Nesse sentido "a Pedagogia é a teoria e a prática da Educação, e a Didática, o campo da Pedagogia que trata do ensino" (PIMENTA; FRANCO; LIBÂNEO, 2010, p. 836).

Assim, a contribuição da Didática à formação de professores(as) está em tomar a prática social dos(as) estudantes, como seres historicamente situados(as), como ponto de partida e de chegada, organizando e viabilizando a apropriação da cultura a partir dos passos organicamente articulados da Pedagogia histórico-crítica: problematização, instrumentalização, catarse e prática social (SAVIANI, 2008b). Por esse caminho os(as) professores(as) e os(as) estudantes elevam sua compreensão sobre a realidade social, alterando qualitativamente o seu modo de pensar e agir no mundo em que vivem.

Todavia entendemos que, para o(a) professor(a) desempenhar o seu trabalho de modo efetivo e crítico, necessita das condições e dos conhecimentos essenciais ao desenvolvimento do processo ensino-aprendizagem. E é, para essas questões, que voltaremos a nossa atenção no tópico seguinte.

4. Didática: contribuições ao desenvolvimento profissional docente

Começamos essa seção acompanhando a indicação de Libâneo (2017, p. 6), ao afirmar que necessitamos realizar um diagnóstico o mais fidedigno possível da realidade das escolas, das condições de trabalho do(a) professor(a) de modo a, pela análise, extrairmos indicações teórico-práticas para que possamos vislumbrar as possibilidades de transformação das condições nas quais o professor realiza a sua atividade.

O autor, referindo-se aos resultados de suas pesquisas no Estado de Goiás, denuncia que os(as) gestores(as) do sistema de ensino, em nome do protagonismo dos(as) professores(as) e de uma suposta qualidade de ensino, buscam "convencê-los de que a simplificação e rotinização do seu trabalho docente lhes são benéficas, justificando inclusive a formação meramente instrumental" (LIBÂNEO, 2017, p. 6). Diante desse contexto, Libâneo realiza algumas indagações importantes, que também assumimos: como ajudar os professores a lutar pela sua autonomia? Como ajudá-los a resistir, política e profissionalmente, a modelos curriculares e formas de ação impostos e que contribuições podem receber para traduzir essas formas de resistência e ação profissional? (LIBÂNEO, 2017, p. 6).

Aqui se colocam de modo central as questões do processo ensino-aprendizagem, portanto, as questões da Didática como teoria do ensino. E é para estas que nos voltamos agora. As políticas educacionais das três últimas décadas têm atacado frontalmente a autonomia e a autoria dos(as) professores(as). E buscar as formas de resistência ativa na formação e no trabalho do(a) professor(a) é tarefa que os(as) formadores(as) e os(as) pesquisadores(as) estão convocados(as) a realizar com os(as) estudantes do curso de Pedagogia e com os(as) professores(as) da Educação Infantil e dos Anos Iniciais do Ensino Fundamental.

A Didática de inspiração materialista-dialética é campo teórico-científico de estudos sistemáticos da problemática concreta que envolve o processo ensino-aprendizagem; portanto, a Didática é teoria do ensino e tem como objeto o processo de ensino na sua totalidade e no seu movimento, portanto, diz diretamente ao trabalho do(a) professor(a).

Faria (2011) afirma que a Didática como teoria reconstitui idealmente, capta as mediações constituintes do modo de ser do ensino, mas não nos referimos ao seu modo de ser na sua aparência, no seu imediato e, sim, na sua essência, tal como ele é objetivamente; por isso, a Didática é campo teórico-científico, que mobiliza, reúne e sistematiza, sempre por aproximação, as determinações que implicam o processo ensino-aprendizagem, realizado pelo(a) professor(a) e pelos(as) alunos(as) de modo a garantir a apropriação crítica pelos(as) estudantes dos conhecimentos mais elevados, produzidos pelos homens e mulheres em seu processo de objetivação no mundo físico e social, notadamente os científico-tecnológicos, artísticos e filosóficos.

Nessas determinações, destacamos o papel de adulto(a) do(a) professor(a). Um(a) profissional que, pela relação interpessoal com o(a) aluno(a) – ambos(as) mediados(as) pelo conhecimento e pela prática social –, age intencionalmente, coloca-se em atividade teórico-prática, com a tarefa de conduzir, organizar e sistematizar as condições didáticas que promovam a elevação cultural dos(as) estudantes. O pedagogo docente é um(a) profissional da Educação Infantil e dos Anos iniciais do Ensino. Esse(a) lida com a fase mais importante da formação humana, pela contribuição medular ao desenvolvimento pleno da personalidade das crianças.

Daí a necessidade de uma formação que lhe oportunize a apropriação dos conhecimentos científicos e culturais, essenciais ao exercício crítico e criativo de sua profissão. A ascensão do pensamento empírico ao conhecimento teórico pelo(a) aluno(a) far-se-á cada vez melhor, quanto mais o(a) professor(a) avançar de uma visão sincrética a uma visão de síntese do processo de ensino em seu conjunto.

Pimenta e Lima (2017, p. 88), ao argumentarem sobre a condição e o desenvolvimento do(a) profissional docente, entendem que "a democratização do ensino passa pelos professores, sua formação, sua valorização profissional, suas condições de trabalho". As autoras ressaltam o fato de que as pesquisas têm destacado a importância do investimento no desenvolvimento profissional dos(as) professores(as), envolvendo "formações inicial e contínua articuladas a um processo de valorização identitária e profissional dos professores".

Salientamos que o desenvolvimento profissional do(a) docente passa pelo compromisso ético-político com defesa intransigente, coletiva e organizada, pela definição de políticas educacionais e institucionais que viabilizem o que temos dito: sólida formação teórica, em curso de duração apropriada em universidades públicas, articulando a formação inicial com a formação contínua em termos da pós-graduação *stricto sensu*, plano de carreira, cargos e salários com remuneração digna. Essa concepção se distingue e confronta a perspectiva da responsabilização e individualização da profissionalidade do(a) professor(a), presente nas políticas do estado ultraneoliberal.

A identidade profissional dos(as) docentes de acordo com Pimenta e Lima (2017, p. 88-89) é epistemológica, uma vez que compreende a "docência como um campo de conhecimento específico", que se materializa em um conjunto de conhecimentos que se articulam em uma perspectiva relacional expressando as mediações, as contradições e especificidades da formação de professores. São eles:

1. conteúdos das diversas áreas do saber e do ensino, isto é, das ciências humanas e naturais, da cultura e das artes;
2. conteúdos didático-pedagógicos (diretamente relacionados ao campo da prática profissional);
3. conteúdos relacionados a saberes pedagógicos mais amplos (do campo teórico da prática educacional);
4. conteúdos ligados à explicitação do sentido da existência humana (individual, sensibilidade pessoal e social).

Essa concepção se distancia de uma formação de professores(as) fundamentada no conhecimento tácito, típica do pragmatismo e do neopragmatismo, e coloca como condição para a autonomia intelectual do(a) professor(a) a necessidade da sólida formação teórica e de uma consciência pedagógica avançada (SAVIANI, 2010).

A consciência avançada e aguda sobre a realidade, assim como o preparo teórico-científico do(a) professor(a), por sua vez, implica outra política de formação, bem diferente daquela defendida hoje – traduzida nos cursos de curta duração e fora das universidades públicas.

> Isso significa, portanto, que os cursos de preparação de professores devem visar à formação de seres humanos plenamente cultos, profundos conhecedores da história concreta dos homens, em lugar da formação de indivíduos "curtos", preconizada pela atual política de formação de professores que vem incentivando os cursos de curta duração dos institutos superiores de Educação e suas escolas normais superiores (SAVIANI *apud* DUARTE, 2004a, p. 49).

Assim, decerto "a docência constitui um campo específico de intervenção profissional na prática social – não é qualquer um que pode ser professor". (PIMENTA; LIMA, 2017, p. 89). A concepção de desenvolvimento profissional aqui está vinculada à compreensão de uma sólida formação teórica do(a) professor(a), distanciando-o do papel de meros(as) executores(as) das políticas curriculares, e oferece referências pedagógicas que potencializam "sua capacidade de decidir e de, confrontando suas ações cotidianas com as produções teóricas, rever suas práticas e as teorias que as informam, pesquisando a prática e produzindo novos conhecimentos para a teoria e a prática de ensinar" (PIMENTA; LIMA, 2017, p. 89). Todavia entendemos que as transformações no pensar e fazer docente somente acontecem quando o(a) professor(a) possui uma consciência ampliada da sala de aula e da escola em sua totalidade, necessitando, para tal, dos conhecimentos teóricos sobre a sociedade da qual o(a) docente e os(as) estudantes são constituintes (PIMENTA; LIMA, 2017, p. 89).

Enfatizando a importância da autonomia intelectual do(a) pedagogo(a) docente, acompanhamos as proposições de Silva Junior (2019) sobre o trabalho do(a) professor(a), salientando seu caráter autoral, concebido a partir de seus valores, experiências e compromissos profissionais, notadamente, com o trabalho coletivo na construção, execução e avaliação do projeto político-pedagógico, evidenciando, dessa forma, a relação dialética entre a atividade teórica e o sentido político, no qual se trabalha, fundamenta-se e se desenvolve.

5. Considerações finais

Os desafios, os problemas, as inquietações e indagações sobre a atividade do(a) pedagogo(a) docente estão implícita e explicitamente relacionado às categorias e temáticas clássicas do campo da Pedagogia e da Didática, como: a formação de professores(as), os conhecimentos e os saberes da docência, os objetivos e conteúdos de ensino, a relação professor(a)-aluno(a), as finalidades da prática docente, as necessidades essenciais dos(as) estudantes, as habilidades, hábitos e valores dos sujeitos da prática pedagógica, o conhecimento sistematizado, o espaço escolar, a avaliação do ensino e da aprendizagem, o planejamento de ensino, os métodos, as teorias, as finalidades educativas contra-hegemônicas. Por estas indicações, entendemos que a reflexão pedagógico-didática é convocada para estudar, pesquisar as questões de seu objeto no âmbito da academia, em particular a formação do(a) pedagogo(a) docente.

Com efeito, não é qualquer modo de pensar que revela o que é o ensino na sua concretude real. Para compreendê-lo assim é necessário recorrermos às ferramentas heurísticas do modo próprio de conhecer da dialética marxiana, que no campo da Educação se mostram vigorosas às proposições da Pedagogia histórico-crítica. Assim, salientamos que necessitamos nos comprometer com uma política de formação de professores(as) no Brasil voltada para as concretas necessidades do(a) professor(a) comprometido(a) com a aprendizagem dos(as) filhos(as) dos(as) trabalhadores(as). Para tal é central que o(a) professor(a) domine de modo articulado o conhecimento disciplinar e o conhecimento pedagógico-didático, conquistando uma sólida formação, realizada principalmente em cursos de longa duração e em Universidades Públicas, além das condições de desenvolvimento profissional, como plano de carreira de cargos e salários dignos, dedicação exclusiva, como também a formação em nível de pós-graduação *stricto sensu.*

A Pedagogia, por esses fundamentos gnosiológicos, só pode ser entendida como ciência "da" e "para" a práxis educativa. No âmbito dos estudos e pesquisas, manifesta-se como uma reflexão sistemática sobre o que se pensa e sobre o que se faz, esclarecendo, reorientando e reorganizando a prática educativa. Nesse sentido, um primeiro movimento precisa ser realizado: o questionamento da prática social, de modo a identificarmos as contradições, o novo que daí se sobressai, de modo a nos posicionarmos de forma mais avançada do ponto de vista pedagógico, político, cultural e social.

Para tanto, afirma-se a necessidade de referenciais teóricos que ajudem o(a) professor(a) a desenvolver sua atividade de modo cientificamente elevado e pedagogicamente emancipado. Por vivermos na ordem social capitalista, não vemos outro caminho senão realizarmos estudos de inspiração no materialismo histórico-dialético de Marx e Engels.

Referências

BELLETATI, Valéria C. Fernandes; DOMINGUES, Isaneide. O ensino de didática e metodologias específicas: caminhos inovadores na formação de professores polivalentes em cursos de pedagogia no Estado de São Paulo. *In*: PEDROSO, Cristina Cinto Araújo; DOMINGUES, Isaneide; FUSARI, José Cerchi; GOMES, Marineide de Oliveira; PIMENTA, Selma Garrido; PINTO, Umberto de Andrade; BELLETATI, Valéria Cordeiro Fernandes. *Cursos de pedagogia no Brasil*: inovações na formação de professores polivalentes. São Paulo: Cortez Editora, 2019. p. 62-112.

BRASIL. MINISTÉRIO DA EDUCAÇÃO. CONSELHO NACIONAL DE EDUCAÇÃO. *Resolução CNE/CP n. 2/2015*. Define as Diretrizes Curriculares Nacionais para a formação inicial em nível superior (cursos de Licenciatura, cursos de formação pedagógica para graduados e cursos de segunda Licenciatura) e para a formação continuada. Brasília, DF: 2015. Disponível em: http://portal.mec.gov.br/docman/agosto-2017-pdf/70431-res-cne-cp-002-03072015-pdf/file. Acesso em: 7 out. 2020.

BRASIL. MINISTÉRIO DA EDUCAÇÃO. *Lei de Diretrizes e Bases da Educação Nacional n. 9394/96, de 20 de dezembro de 1996.* Brasília, DF: MEC, 1996. Disponível em: http://www.planalto.gov.br/ccivil_03/Leis/L9394.htm. Acesso em: 7 out. 2020.

BRASIL. MINISTÉRIO DA EDUCAÇÃO. *Resolução CNE/CP n. 2/2019*. Define as Diretrizes Curriculares Nacionais para a Formação Inicial de Professores para a Educação Básica e institui a Base Nacional Comum para a Formação Inicial de Professores da Educação Básica (BNC-Formação). Brasília, DF: 2019. Disponível em: http://portal.mec.gov.br. Acesso em: 7 out. 2020.

BRASIL. Resolução n. 1, de 15 de maio de 2006. Institui Diretrizes Curriculares Nacionais para o Curso de Graduação em Pedagogia, Licenciatura. *Diário Oficial da União*, Brasília, DF, n. 92, p. 11-12, 16 maio 2006.

FARIA, Lenilda Rego Albuquerque de. *As orientações educativas contra-hegemônicas das décadas de 1980 a 1990 e os rebatimentos pós-modernos na didática a partir da visão de estudiosos.* 2011. f 342. Tese (Doutorado em Educação) – Faculdade de Educação da Universidade de São Paulo, São Paulo, 2011.

FRANCO, Maria Amélia S.; LIBÂNEO, José Carlos; PIMENTA, Selma Garrido. Elementos para a formulação de diretrizes curriculares cursos de pedagogia. *Cadernos de Pesquisa*, São Paulo, v. 37, n. 130, jan./abr. 2007.

GOMES, Marineide de Oliveira; PIMENTA, Selma Garrido; PEDROSO, Cristina Cinto Araújo; DOMINGUES, Isaneide; FUSARI, José Cerchi; PINTO, Umberto de Andrade; BELLETATI, Valéria Cordeiro Fernandes. Unidade, teoria e Prática e estágios supervisionados na formação de professores polivalente: indícios de inovação em cursos de pedagogia no Estado de São Paulo. *In*: PEDROSO, Cristina Cinto Araújo; DOMINGUES, Isaneide; FUSARI, José Cerchi; GOMES, Marineide de Oliveira; PIMENTA, Selma Garrido; PINTO, Umberto de Andrade; BELLETATI, Valéria Cordeiro Fernandes. *Cursos de pedagogia no Brasil*: inovações na formação de professores polivalentes. São Paulo: Cortez Editora, 2019. p. 61-111.

LIBÂNEO, José Carlos. Educação: Pedagogia e didática: o campo investigativo da pedagogia e da didática no Brasil: esboço histórico e buscas de identidade epistemológica e profissional. *In*: PIMENTA, Selma Garrido (org.). *Didática e formação de professores*: percursos e perspectivas no Brasil e em Portugal. 3. ed. São Paulo: Cortez Editora, 2000. p. 77-130.

LIBÂNEO, José Carlos. Formação de Professores e Didática para Desenvolvimento Humano. *Educação e Realidade*, Porto Alegre, v. 40, n. 2, p. 629-650, abr./jun. 2015.

LIBÂNEO, José Carlos. Prefácio. *In*: EVANGELISTA, Olinda; SEKI, Allan Kenji (orgs). *Formação de professores no Brasil*: leituras a contrapelo. Araraquara: Junqueira&Marin, 2017.

MARX, Karl. *Manuscritos econômicos*: filosóficos e outros textos escolhidos. Seleção de José Arthur Giannotti. Tradução de José Carlos Bruni [*et al.*]. 2. ed. São Paulo: Abril, 1978. (Os Pensadores).

LIBÂNEO, José Carlos; PIMENTA, Selma Garrido. Formação dos Profissionais da Educação: visão crítica e perspectivas de mudança. *In*: LIBÂNEO, José Carlos; PIMENTA, Selma Garrido (orgs.). *Pedagogia e pedagogos*: caminhos e perspectivas. São Paulo: Cortez Editora, 2002.

LIMA, Maria Socorro Lucena; PIMENTA, Selma Garrido. *Estágio e docência*. 8. ed. rev. atual. e ampl. São Paulo: Cortez Editora, 2017.

PIMENTA, Selma Garrido. Entrevista concedida a Lenilda R. A. Faria. *Revista Eletrônica Pesquiseduca*, Santos, v. 3, n. 5, 2011. Disponível em: http://pesquiseduca.unisantos.br. Acesso em: jan. 2021.

PIMENTA, Selma Garrido. Panorama atual da didática no quadro das ciências da educação: educação, Pedagogia e didática. *In*: PIMENTA, Selma Garrido (org.). *Pedagogia, ciência da educação?* 3. ed. São Paulo: Cortez Editora, 2001. p. 39-70.

PIMENTA, Selma Garrido; FRANCO, Maria Amélia Santoro; LIBÂNEO, J. C. Pedagogia, formação de professores: e agora? Problemas decorrentes das Diretrizes Curriculares Nacionais. *In*: DALBEN, Ângela Imaculada Loureiro de Freitas; PEREIRA, Júlio Emílio Diniz; LEAL, Leiva de Figueiredo Viana; SANTOS, Lucíola Licínio de Castro (orgs.). *Convergências e tensões no campo da formação e do trabalho docente*. Belo Horizonte: Autêntica, 2010. p. 831-852. (Didática e Prática de Ensino).

SAVIANI, Dermeval. *A pedagogia no Brasil*: história e teoria. Campinas: Autores Associados, 2008a. (Memória da Educação).

SAVIANI, Dermeval. *Escola e democracia*. Campinas: Autores Associados, 2008b. (Educação contemporânea).

SAVIANI, Dermeval. *Interlocuções pedagógicas*: conversa com Paulo Freire e Adriano Nogueira e 30 entrevistas sobre educação. Campinas: Autores Associados, 2010. (Memória da Educação).

SAVIANI, Dermeval. Pedagogia: o espaço da educação na universidade. *Cadernos de Pesquisa*, São Paulo, v. 37, n. 130, p. 99-134, jan./abr. 2007.

SAVIANI, Dermeval. *Pedagogia histórico-crítica*: primeiras aproximações. 9. ed. São Paulo: Autores Associados, 2005.

SILVA JUNIOR, Celestino Alves da. Prefácio. *In*: PEDROSO, Cristina Cinto Araújo; DOMINGUES, Isaneide; FUSARI, José Cerchi; GOMES, Marineide de Oliveira; PIMENTA, Selma Garrido; PINTO, Umberto de Andrade; BELLETATI, Valéria Cordeiro Fernandes. *Cursos de pedagogia no Brasil*: inovações na formação de professores polivalentes. São Paulo: Cortez Editora, 2019. p. 61-111.

Capítulo X

Cenários de direção de escola e de coordenação pedagógica: elementos para o trabalho de pedagogos(as)

Isaneide Domingues

Valéria Cordeiro Fernandes Belletati

> *"Uma gerência que domina ou manipula*
> *não é uma gerência educacional, assim*
> *como também não é educacional uma*
> *racionalidade afastada dos elementos*
> *substantivos de sua ação"*
>
> (Celestino Alves da Silva Junior)[10]

18 SILVA JUNIOR, Celestino Alves da. Organização do trabalho na escola: a prática existente e a teoria necessária. *Cad. Pesq*, São Paulo, n. 69, p. 73-76, nov. 1986. Disponível em: http://publicacoes.fcc.org.br/index.php/cp/article/view/1308/1311. Acesso em: 30 mar. 2021.

1. Introdução

Nas políticas atuais de formação inicial de professores, das quais destacamos a BNC-Formação (BRASIL, 2019), é possível identificar um grande esforço na construção de um ideário de professor generalista, seguidor de manuais, cumpridor de metas desligadas de seus contextos, desconsiderando, assim, as condições de formação dos professores, a vida dos alunos e alunas, as circunstâncias da escola e do seu entorno. Também se ignora o contexto político, econômico e social brasileiro, com suas profundas desigualdades nos mais diversos âmbitos e, em especial, o lugar de pouco relevo da Educação dentre as prioridades do País que se expressa, notadamente, no baixo investimento financeiro na concretização desse direito.

Nesse cenário escolar colonizador, no qual se pretende que todos os envolvidos no processo sejam assujeitados, os gestores[19] escolares são apenas o braço do Estado na cobrança pelo alcance das metas definidas externamente, apartadas da realidade concreta.

No processo de colonização, desconsideram-se as práticas, crenças e conhecimentos construídos na escola, impondo-se outras práticas a despeito das pessoas, de como pensam e agem. Tais práticas, assim impostas, podem se constituir como meios de colonialidade que, conforme Quijano (2005, p. 121), se manifesta em "formas de controle da subjetividade, da cultura, e em especial do conhecimento, da produção do conhecimento". Porém, tais prescrições podem ser lidas, na escola, de forma crítica, identificando-se

19 O termo "gestão", fortemente atrelado a concepções mercadológicas, é assumido, neste texto, como formas de organização e coordenação da escola para a viabilização da educação como direito (N.A.).

as concepções que subjazem a elas e ressignificando-as no coletivo, considerando-se a cultura escolar própria, valorizando a autonomia e a humanização. Essa é a principal função que atribuímos aos pedagogos escolares, àqueles que exercem a direção e a coordenação escolar.

Assim, os cenários que propomos neste capítulo divergem fortemente das políticas educacionais atuais, especialmente expressas na Base Nacional Curricular Comum (BRASIL, 2017) – que trata do currículo da Educação Básica brasileira – e na Resolução CNE/CP n. 2 (BRASIL, 2019) – que define as diretrizes para a formação inicial de professores. Uma vez que essas políticas se fundamentam na Pedagogia das Competências (MACHADO, 2002) referenciada no neotecnicismo e no neopragmatismo (ARAUJO, 2004), a partir de duas tendências da Pedagogia Liberal, a Tecnicista e Renovada Progressivista, a escola torna-se um terreno colonizado (DOMINGUES; BELLETATI, 2016).

Ou seja, temos nessas legislações o tecnicismo no parcelamento do trabalho pedagógico e na busca do controle do comportamento. Ao ser acrescido de maior monitoramento das escolas, por meio da política de avaliações externas, constitui-se em neotecnicismo. O neopragmatismo se expressa no utilitarismo segundo demandas específicas das empresas.

Em contraste, entende-se que a escola, como comunidade educativa situada em contextos sociais concretos, não traduz uma expectativa do sistema, genérica e globalizante, mas, antes de tudo, as expectativas desse grupo de pessoas, assim como as concepções pedagógicas e projetos de sociedade que orientam as práticas dos professores, da direção e da coordenação.

Cabe esclarecer que priorizamos a discussão com vistas aos profissionais da escola pública, que abarca 91% das matrículas de Educação Básica no País (INEP, 2020) e, ainda, por considerarmos que nas escolas privadas, em sua maioria, há que se seguir a orientação de um gestor, no sentido empresarial, com vistas à competitividade e ao lucro na venda de serviços educacionais. Mas, ressaltamos firmemente que, mesmo para quem trabalhe em escola privada, há que se ter consciência dos objetivos e consequências de seu trabalho para a sociedade, que se efetiva por meio da Educação escolar.

Temos como premissa que os conhecimentos do campo da Pedagogia se fazem necessários para o exercício dessas funções, no intuito de viabilizar investimentos na construção da autonomia crítica da escola, tendo como horizonte suas finalidades sociais e considerando as condições de trabalho, a legislação como instrumento de democratização e o projeto pedagógico como espaço de autoria coletiva, de trabalho integrado, de movimento de formação contínua, na contramão dos processos colonizadores.

Assumimos que é tarefa do diretor de escola e do coordenador pedagógico, designações usadas na escola pública paulista, favorecer a construção e o exercício da autonomia da escola, promovendo o diálogo e os consensos democráticos, construídos na relação dialética entre teoria e prática, tendo o desenvolvimento institucional como objetivo. Consideramos o projeto político-pedagógico (PPP) da escola como meio privilegiado para expressar e orientar o alcance de tais objetivos.

Iniciamos com algumas considerações sobre a instituição escola nas quais se assentam as atribuições gerais que imputamos ao diretor de escola e ao coordenador pedagógico. Destacamos aspectos da gestão que entendemos como essenciais: conhecer a legislação em seus pressupostos e intencionalidades; entender e mobilizar a comunidade para a (re)construção permanente do PPP da escola e criar cenários para formação contínua de professores. Na conclusão, destacamos a importância do trabalho de diretores e de coordenadores na gestão democrática, participativa, como condição de descolonização da escola.

2. A escola como instância descolonizadora

A instituição escolar tem atravessado séculos e culturas, interpretada por alguns apenas como um local onde educandos se encontram com professores para aprender. Grosso modo, qualquer espaço onde se reúnem professores e alunos como grupo de aprendizagem tem sido considerado, ao longo do tempo, como escola.

Como conceito, a escola não se limita à ideia de espaço físico. Saviani (1991) a entende como mobilizadora da democracia. Canário (1997) e Nóvoa (2002) destacam-na como local privilegiado do desenvolvimento profissional docente, Alarcão (2001) a descreve como espaço coletivo de reflexão. O que coincide nessas ideias é a escola como espaço/tempo de vida vivida, de práticas sociais, ou seja, a escola configura-se como espaço de cultura, de poder, de escolhas políticas críticas e não críticas. Nessa perspectiva, ela é mais que uma organização, é um organismo vivo impulsionado pelas ideias e concepções dos que nela circulam com seus projetos pedagógicos e de vida.

Assim, não é possível concordar com uma noção, fortemente veiculada, de que a escola não mudou nos últimos cem anos. É próprio do ser humano produzir e ser produzido pela cultura que é viva. Não pensamos, nem agimos, nem sentimos da mesma forma que no início do século XX; nós nos transformamos porque somos seres históricos. Portanto, com livros e cadernos ou com *laptops*, a escola mudou muito, pois não é um prédio que a caracteriza. Essa ideia se contrapõe a uma concepção tecnicista, de neutralidade, conforme aponta Giroux (1997, p. 162):

> Um ponto de partida para interrogar-se a função social dos professores enquanto intelectuais é ver a escola como locais econômicos, culturais e sociais que estão inextrincavelmente atrelados às questões de poder

> e controle. Isto significa que as escolas fazem mais do que repassar de maneira objetiva um conjunto comum de valores e conhecimentos. Pelo contrário, as escolas são lugares que representam formas de conhecimento, práticas de linguagem, relações e valores sociais que são seleções e exclusões particulares da cultura mais ampla. Como tal, as escolas servem para introduzir e legitimar formas *particulares* de vida social (grifo do autor).

O autor traz-nos o entendimento de escola em uma perspectiva da Pedagogia crítica na qual se incluem a Pedagogia Progressista e suas diversas tendências (LIBÂNEO, 1994). Neste referencial teórico, a escola é percebida como determinada e determinante da/pela sociedade. A história da sociedade sofre forte intervenção dos grupos privilegiados, cujos interesses conflitam com os dos grupos mais fragilizados. Saviani (2013) defende a necessidade de a escola estar a serviço destes últimos. Entende-se, também, que há uma condição humana que permite às pessoas produzirem-se ao longo da vida a partir de seu contexto histórico-social. Assim, o objetivo da escola é emancipar para transformar a sociedade no interesse dos menos favorecidos.

O tecnicismo citado por Giroux (1997), que se apresenta na ideia de repassar conhecimentos e valores, ignorando que a Educação ocorre entre sujeitos, funda-se na Pedagogia Não Crítica, representada pela Pedagogia Liberal e suas tendências, conforme Libâneo (*apud* Luckesi, 1994). A sociedade, no âmbito desta Pedagogia, segue um curso que pouco depende da interferência humana, vem evoluindo naturalmente e chegamos a uma estrutura justa e boa, fundada nos ideais liberais professados pelo capitalismo e, portanto, educa-se para adaptar as pessoas a essa sociedade. Assume-se, via de regra, que as pessoas são dotadas de uma essência universal e abstrata e seu desenvolvimento decorre do esforço individual, independentemente das desigualdades sociais, econômicas e culturais. Desta forma, marcada por discursos de neutralidade, desconsidera os determinantes sociais, a relação de interdependência entre escola e sociedade e o ser humano como ser histórico, ser de transformação.

Nos diferentes modos de compreender e atuar na escola, seja em uma perspectiva progressista, seja em uma perspectiva liberal, os papéis de diretores de escola e coordenadores pedagógicos ganham forma. No entanto, no âmbito da Pedagogia Progressista, esses papéis são significativos para desvelar a cultura escolar e promover mudanças na direção de um trabalho pedagógico crítico e humanizado, fomentando um clima cooperativo e coletivo na escola.

Cultura escolar é um conceito no mínimo dualista, pode se referir ao geral, o abstrato, e ao particular, o concreto. No primeiro, temos a ideia social de escola construída de forma intencional no decorrer da história, a legislação de um sistema de ensino, as interações sociais reificadas, a arquitetura, as salas de aula, as carteiras escolares, os livros didáticos, a lousa, o sinal para troca de aula, os pátios internos, as avaliações, entre outros que parecem caracterizar toda escola da atualidade. No segundo, a cultura escolar é aquela que identifica uma escola específica, sua concepção pedagógica, as formas de relações entre os educadores e destes com a comunidade, sua arquitetura particular, entre outras.

Os dois sentidos se interpenetram, como nos diz Pérez-Gómes (2001, p. 195):

> A escola é uma instituição social e, por isso mesmo, inevitavelmente impregnada pelos valores circunstanciais que imperam nos intercâmbios de cada época e comunidade. Para cumprir sua função pedagógica com relativa autonomia, o docente deve estar atento e enfrentar e superar em si mesmo e na cultura da escola os influxos meramente reprodutores da dinâmica social.

As teorias crítico-reprodutivistas (SAVIANI, 2007; TADEU, 2011) da escola apresentam grandes contribuições teóricas sobre como a escola reproduz desigualdades para buscarmos evitá-las. Apontam-nos os riscos de, por meio do currículo oculto, estreitamente ligado às formas de organização da escola, reproduzirmos valores definidos pelas classes dominantes. De o próprio conteúdo das disciplinas contribuir para formarmos pessoas para assumirem posições de subalternidade, promovendo a manutençao do *status quo.*

As teorias pós-críticas (LIBÂNEO, 2005), por sua vez, avaliam o conhecimento escolar e nos ajudam a pensar em currículos descolonizadores. Destacamos que há necessidade e é possível o ensino da cultura dominante na escola em uma perspectiva crítica decolonial, favorecendo o fim de preconceitos e subjugações, promovendo a igualdade e o respeito às diferenças, superando mecanismos reprodutores, como nos aponta Pérez-Gómes (2001) nessa citação.

A cultura da escola é dinâmica e vai sendo reelaborada intencionalmente pela comunidade escolar na medida em que é questionada, em um processo crítico reflexivo. Cabe aos diretores e coordenadores organizar e impulsionar esse diálogo em reuniões pedagógicas, em encontros, na formação contínua, na análise coletiva do desenvolvimento dos alunos, refletindo sobre a escola, a comunidade, as políticas públicas, as legislações e o significado do trabalho docente, gerando uma identidade particular, ainda que mutante, promovendo seu desenvolvimento institucional.

Na segunda década do século XXI, temos vivido, em virtude da pandemia mundial decorrente da disseminação do vírus SARS-CoV-2, que provoca a doença Covid-19, uma experiência de escola diferenciada, com ensino remoto; não mais um estabelecimento oficial no qual alunos e professores aprendem, hoje a escola é uma unidade na diversidade de locais. O projeto de escola nesta dinâmica vai sendo alterado pelo exercício de outra ideia de sociedade, em que a saúde afeta a Educação, uma nova forma de ser e viver a escola.

Desse modo, é preciso considerar que a escola possui autonomia relativa. Para a efetivação da qualidade social, entendida como esforço para a emancipação de sujeitos no intento de transformação da sociedade, tornando-a mais igualitária, Almeida (2004, p. 167) faz uma leitura de condições, nos âmbitos sociais e políticos, que se fazem necessárias, a qual partilhamos:

> Para se redefinir o sentido da escola e assegurar que ela tenha a qualidade que os alunos, os pais e a sociedade desejam, há que se levar a sério a ideia, muito presente nos debates, mas não na ação, de que é preciso investir na melhora da formação dos professores e das condições em que eles exercem sua profissão. Ou seja, é preciso colocar o professor e o seu trabalho no centro das atenções. Também é necessário se ter claro que isso só será prioridade se toda a sociedade acreditar que esse é o caminho para melhorar a qualidade de vida e para construir formas mais solidárias de relacionamento social.

Ainda que sejam necessárias mudanças nas políticas educacionais, construir uma escola crítica, voltada para o desenvolvimento integral dos educandos, requer, também, transformações no âmbito da escola. Referimo-nos particularmente à cultura escolar, que tem o desenvolvimento profissional dos professores como núcleo. A formação contínua na escola, um dos aspectos do desenvolvimento profissional, pode contribuir para enfrentar os fatores que criam preocupação e dificuldades na vivência de um projeto de escola crítico, cooperativo e autônomo, que expresse a luta pela descolonização de um padrão de escola que não acolhe nem trabalha em favor de uma Educação para todos.

3. Diretor de escola e coordenador pedagógico: atribuições em cenários descolonizadores

Nessa condição de escola contraditória, ambígua, cambiante e polissêmica, atuam, entre outros educadores, o diretor de escola e o coordenador pedagógico. Os primeiros surgiram no Brasil com a criação dos Grupos Escolares em 1894 (HILSDORF, 2003), quando a fiscalização das escolas "passa a ocorrer em dois níveis: mantém-se a fiscalização do Estado, por intermédio dos [então] inspetores distritais e surge a fiscalização interna, ou, de primeiro nível" (BELLETATI, 2005, p. 64) a ser exercida pelo diretor de escola. Quanto aos coordenadores pedagógicos, Garcia (1995) situa a origem da função na história da supervisão escolar. Contudo, foi a partir do final dos anos 70 do século XX, com o início do processo de redemocratização da nação, que ganha destaque a ação supervisora na unidade escolar[20], constituindo-se, assim, de modo mais consoante nos Estados e nos municípios brasileiros, com diferentes denominações, a figura do coordenador pedagógico.

As antinomias sobre o conceito de escola dão sentido às expressões: *gestão democrática*, aquela que prioriza a participação e o envolvimento dos profissionais na tomada de decisão, contribuindo para a descolonização da escola e, *gestão autoritária*, da não participação, regida pela inflexibilidade das decisões tomadas por quem tem o poder, a palavra não circula, não há diálogo, fortalecendo o território como colonizado.

Assumindo-se que a gestão deve ser democrática, em consonância com a nossa Constituição (BRASIL, 1988), ao menos no que se refere às escolas públicas, e com nossas convicções, tem-se que as atribuições de diretor de escola e de coordenador pedagógico assumem características e funções diferentes que, imbricadas, coordenam e organizam as ações educativas na escola.

Na perspectiva participativa, o diretor tem papel fundamental na construção das condições para o exercício da autonomia, ainda que relativa, dos projetos escolares e sua vinculação à comunidade escolar, sendo o PPP um documento orientador da ação política e pedagógica do trabalho desenvolvido na instituição escolar. Cabe-lhe viabilizar sua execução, assumindo o projeto como de todos. Pinto (2011, p. 172) afirma:

> [...] cabe ao diretor, como liderança pedagógica, alimentar o grupo com o maior detalhamento possível sobre os diferentes aspectos de cada situação analisada para a tomada de decisão coletiva.

---

20 Uma prática de supervisão/coordenação pedagógica na escola foi vivenciada nos anos 60 do século XX, quando foram criadas, no Estado de São Paulo, as escolas experimentais, autorizadas pela Lei n. 4.024/1961, que apresentavam uma proposta inovadora em relação aos currículos e aos métodos, além de períodos escolares próprios, cf. art. 104 da referida lei. Essas escolas, para desenvolverem seus projetos pedagógicos, contavam, nas suas equipes escolares, com um profissional ou com grupo de profissionais cuja função era de orientação pedagógica (PLACCO; SOUZA; ALMEIDA, 2012).

Porém, ainda convivemos com as ideias de diretor de escola quando do seu surgimento: um fiscalizador do cumprimento das exigências dos órgãos superiores, em desacordo com o disposto no inciso VI, do art. 206 de nossa Constituição (BRASIL, 1988): "gestão democrática do ensino público, na forma da lei", fortalecendo o entendimento de escola como terreno colonizado. Contrariamente, a concretização da gestão democrática passa pela construção de cenários descolonizadores, na qual se quebra o isolamento do diretor na administração e organização da escola ao partilhar decisões com a comunidade escolar. Entendemos que a coordenação dos esforços coletivos demanda a promoção de diálogos e construções coletivas sobre as finalidades da escola e as resoluções de ação, considerando ainda que, com base em Belletati (2004, p. 137):

> [...] não cabe aqui o instituto da representatividade: o diretor não fala pela escola, um professor não fala pelo outro, [...] A resolução destas relações é de responsabilidade de todos os envolvidos. Sempre será necessário definir as prioridades e esta definição precisa ser partilhada.

As decisões do diretor devem considerar, segundo Paro (2010), que os recursos objetivos e os subjetivos são interdependentes. O autor ressalta a complexidade de coordenação dos esforços subjetivos "porque o recurso de que cuida – o esforço humano coletivo – é atributo de sujeitos, ou seja, de seres providos de vontade, cuja ação não admite a mesma previsibilidade possível no caso dos recursos objetivos" (PARO, 2010, p. 767-768). A partilha de decisões assume, assim, um caráter marcadamente político.

Entre as incumbências do diretor de escola, destacamos, inicialmente, a organização, normalmente anual, que se faz das turmas e dos alunos de cada uma delas, definindo períodos e atribuindo aulas aos professores. Buscar todos os interferentes nessa organização, visando favorecer o trabalho dos professores e a permanência dos alunos, possibilita a criação de um clima de respeito propício à participação na busca do objetivo maior de favorecer o direito à Educação. Consideram-se, assim, as estruturas físicas do prédio, das salas, os horários que melhor atendem às necessidades de alunos e professores, entre outros aspectos. Para conhecer tais premências, pode-se elaborar, com o coordenador e os professores, documentos para coletar informações de toda a comunidade, porque as necessidades de cada um importam.

Em uma gestão participativa, as decisões que se referem também aos serviços de escrituração, nas secretarias de escola, e os de manutenção do patrimônio escolar, devem ser partilhadas, tendo clareza dos limites impostos pela legislação e pela informatização em muitas de nossas redes. As discussões pertinentes devem ocorrer no âmbito do PPP da escola, contando com as contribuições de todos.

Não pretendemos aqui apontar todas as atribuições de diretor de escola que podem ser consultadas nas legislações de cada sistema, mas cabe-nos enfatizar que nenhuma atividade administrativa vale por si, mas no que favorecer a construção coletiva de caminhos para a consecução das finalidades da escola. Promover e valorizar a participação da comunidade escolar nas decisões que afetam a escola nos diversos aspectos visam o alcance de sua autonomia, incluindo por meio de conselhos, agremiações, entre outros, no exercício de uma gestão participativa. Por trás dessas atitudes, expressa-se a busca pelo desenvolvimento institucional da escola e pela efetivação da escolarização como direito, finalidade maior dessa instituição, inscrita na Constituição de 1988 (BRASIL, 1988) e na LDBEN de 1996 (BRASIL, 1996). Desta feita, conhecer a legislação educacional se constitui como uma das atribuições fundamentais para o exercício da função do diretor de escola, que abordaremos em tópico específico adiante.

O papel articulador do diretor na construção, avaliação e reformulação do PPP da escola, envolvendo os vários segmentos da comunidade escolar, precisa ser compartilhado com o coordenador pedagógico, pois a ação de ambos converge para que o trabalho coletivo redunde na consecução dos objetivos da escola, construídos coletivamente.

A função do coordenador está diretamente conectada à viabilização, à integração e à articulação do trabalho vinculado aos professores. O coordenador pedagógico possui duas grandes atribuições, das quais outras são decorrentes:

a) discutir e avaliar o projeto político-pedagógico na comunidade escolar, elaborando-o e revendo-o coletivamente;
b) analisar com a equipe docente as necessidades formativas, considerando a aprendizagem dos alunos, organizando e coordenando ações de formação contínua em prol do desenvolvimento profissional docente e, consequentemente, do desenvolvimento institucional.

Tendo sua atuação diretamente ligada à assistência didático-pedagógica, o coordenador torna-se profissional de referência no acompanhamento da prática docente, exercendo o papel de formador do professor e mobilizador do trabalho docente. No entanto, esse trabalho mais atrelado ao desenvolvimento dos alunos, à aprendizagem, não pode deixar-se seduzir por forças ideológicas que se empenham na proletarização do trabalho docente. O coordenador, neste prisma, torna-se um implementador e fiscalizador de fazeres prescritos externamente à escola, sem a participação da equipe escolar, expressando-se a compreensão de formação na escola como treinamento, que reduz a docência à reprodução.

Giroux (1997, p. 161) propõe o oposto ao afirmar:

> Encarar os professores como intelectuais também fornece uma vigorosa crítica teórica das ideologias tecnocráticas e instrumentais subjacentes à teoria educacional que separa a conceitualização, planejamento e organização curricular dos processos de implementação e execução. É importante enfatizar que os professores devem assumir responsabilidade ativa pelo levantamento das questões sérias acerca do que ensinam, como devem ensinar, e quais são as metas mais amplas pelas quais estão lutando.

O trabalho do coordenador, também como intelectual crítico, deve considerar tal perspectiva nas suas diversas atribuições, ou seja, levantar questões ao acompanhar as atividades de sala de aula, articular a elaboração do PPP, ser referência na discussão sobre o currículo da escola, coordenar reuniões pedagógicas, organizar coletivamente os processos de formação contínua do docente, planejar com a equipe escolar programas e atividades com a comunidade e, ainda, acompanhar as avaliações internas e externas dos alunos, organizando as análises para superação dos problemas de aprendizagem, com o diretor da escola.

Isto posto, relevamos a necessidade de sinergia de esforços do diretor e do coordenador para alcance das finalidades da escola que são pedagógicas, exigindo de ambos fortes conhecimentos teóricos e práticos do campo da Pedagogia.

4. Conhecer a legislação educacional pertinente

Referimo-nos, anteriormente, à necessidade de conhecimento da legislação educacional brasileira por diretores e coordenadores escolares, assim como por aqueles que ocupam outros cargos e funções da administração escolar. Conhecer a legislação vai além de saber citar artigos e incisos da legislação. Significa interpretar e construir significados no contexto da escola real que se dirige e se coordena sem se desviar do espírito da lei.

Não se trata de tarefa fácil, conforme ressaltamos a seguir, pois, se o fosse, não haveria divergências entre legistas na interpretação do discurso legal diante de situações concretas. Além disso, "idealmente, os textos legais ou oficiais exprimem o consenso possível, emergente do conflito entre as várias vozes que produzem as legislações" (MINTO, 1996, p. 129).

Na Educação brasileira, os maiores conflitos relacionam-se às suas finalidades, interferindo diretamente nas escolas, meio prioritário de formação educativa escolar na sociedade atual. A escola configura-se, assim, como campo de disputa entre vários grupos: religiosos, empresários da Educação, donos dos meios de produção, entre outros, que defendem interesses diversos. Entre esses dissensos sobre as finalidades da escola, destacamos com Libâneo (1994), duas posições:

a) formação de pessoas para se adaptarem ao sistema econômico e social vigente visando sua manutenção;
b) formação de pessoas críticas que busquem a transformação da sociedade.

Essas contendas se imiscuem em toda nossa legislação educacional e se faz necessário identificá-las.

A legislação brasileira fundamental que orienta e determina princípios e parâmetros para a Educação nacional precisa ser de conhecimento daqueles que trabalham na administração escolar e inclui, ao menos, os seguintes documentos normativos:

1) Constituição da República Federativa do Brasil de 1988 (BRASIL, 1988).
2) Lei n. 9.394, de 20 de dezembro de 1996 (BRASIL, 1996).
3) Diretrizes Curriculares Nacionais Gerais da Educação Básica (BRASIL, 2013) e específicas às etapas da Educação Básica.
4) Base Nacional Comum Curricular (BRASIL, 2017).

As regulações dos sistemas escolares subordinam-se às citadas, assim como umas se subordinam às outras, na ordem em que as apresentamos.

Da Constituição (BRASIL, 1988), lei maior do País, destacamos alguns de seus artigos que expressam princípios e valores suprapartidários, quais sejam: os três primeiros artigos, o 5º, que traz os direitos e garantias individuais fundamentais de todos os que vivem no Brasil, e o 6º, que versa sobre os direitos sociais, entre os quais a educação figura em primeiro lugar.

O Capítulo III da Constituição de 1988 refere-se à Educação, Cultura e Desporto, e configura-se como de interesse fundamental a educadores, mormente aos dirigentes e coordenadores escolares. O primeiro artigo desse capítulo, de número 205, dispõe que:

> A *educação, direito de todos* e dever do Estado e da família, será promovida e incentivada com a colaboração da sociedade, visando *ao pleno desenvolvimento da pessoa*, seu preparo para o exercício da *cidadania* e sua qualificação para o trabalho (BRASIL, 1988, grifos nossos).

Sobre o direito à Educação, Cury (2002, p. 487) afirma:

> [...] como se trata de um direito reconhecido, é preciso que ele seja garantido e, para isto, a primeira garantia é que ele esteja inscrito no coração de nossas escolas, cercado de todas as condições. Nesse sentido, o papel do gestor é o de assumir e liderar a efetivação desse direito no âmbito de suas atribuições.

Para tanto, a interpretação e construção de significados na realidade da escola que se dirige e/ou coordena demanda discutir com a comunidade escolar ou no mínimo com os trabalhadores da escola – professores, pessoal da secretaria, pessoal de apoio, de serviços gerais e outros –, pois todos exercem atividades com finalidades pedagógicas, sobre o que se entende por Educação como direito de todos, pleno desenvolvimento e cidadania.

Esse entendimento afetará o dia a dia da escola, por exemplo, nos modos de organização da escola, nos deveres da comunidade escolar, entre outros. Nessa perspectiva, o diretor e o coordenador necessitam de conhecimentos pedagógicos para organizar a construção de significados do que se expressa nas leis e para promover as necessárias reflexões às questões propostas pela comunidade escolar.

A atual Lei n. 9.394/1996 (BRASIL, 1996) estabelece as Diretrizes e Bases da Educação Nacional e se refere à Educação escolar. Estas precisam ser respeitadas, mas também exigem interpretação e significação no contexto específico da escola. Destacamos que, em seu art. 3º, é possível verificar que há princípios diversos para a escola pública e a escola privada.

Para abordar as diferenças entre a escola pública e escola privada, recorremos a Silva Junior (2016, p. 25), que nos esclarece:

> A escola pública pauta-se (ou deveria se pautar) pela lógica do direito à educação; a escola privada pauta-se pela lógica do mercado educacional. Propugnar pela materialização de um direito é certamente mais difícil que realizar uma operação de compra e venda no mercado. Também por isso o universo da escola pública é diferente do universo da escola privada. Na escola pública o princípio educativo por excelência é o da solidariedade; na escola privada, por preferência, o princípio educativo é o da competitividade.

No bojo das diferenças entre os dois tipos de escolas, apontadas pelo autor, entende-se que o princípio da gestão democrática se aplica apenas para as escolas públicas. Em consequência, as atribuições de diretores e coordenadores de escolas públicas e privadas apresentam grandes diferenças. Consideramos como dissemelhança mais significativa a construção do PPP da escola, que conforme o art. 14 da mesma lei deve contar, na escola pública, com a participação dos profissionais da Educação.

Abordaremos a seguir sobre a construção do PPP da escola, que entendemos ser de crucial importância para que a formação escolar seja, conforme as Diretrizes Curriculares Nacionais da Educação Básica (DCNEB), "o alicerce indispensável e condição primeira para o exercício pleno da cidadania e o acesso aos direitos sociais, econômicos, civis e políticos" (BRASIL, 2013, p. 4).

Esse documento, DCNEB (BRASIL, 2013), cujo conhecimento e entendimento são indispensáveis àqueles que dirigem e coordenam a escola e também aos professores, é um documento normativo que orienta a construção e avaliação das propostas pedagógicas de todas as redes de ensino brasileiras, apresentando caminhos possíveis, para uma escola de qualidade social assim explicitada: "a qualidade é vista com um caráter dinâmico, porque cada escola tem autonomia para refletir, propor e agir na busca da qualidade do seu trabalho, de acordo com os contextos socioculturais locais" (BRASIL, 2013, p. 22). Destacando a singularidade das escolas, as diretrizes enfatizam a necessidade de construção dos PPPs, respeitando os contextos e os sujeitos da escola.

A Base Nacional Comum Curricular (BNCC), documento normativo do currículo, no qual se imiscui o que e como ensinar, deve atender a esses preceitos das leis maiores citadas anteriormente. Mas na BNCC (BRASIL, 2017), identificamos concepções da Pedagogia Não Crítica, com forte caráter prescritivo, desconsiderando a singularidade de cada escola. Porém, como nos diz Sacristán (2013), os currículos são prescritos pelo(s) sistema(s), mas interpretados pelos professores e pelos materiais didáticos, modificando-se, também, em sua concretização em contextos específicos – o currículo em ação –, visto que o processo de ensino-aprendizagem é complexo por se dar entre pessoas.

Segundo Macedo, "para a BNCC, a complementaridade entre currículo prescrito e currículo em ação é da ordem da aplicação, a Base será implementada como currículo em ação" (MACEDO, 2018, p. 30), no que se caracteriza seu caráter normativo, apartando, como diz a autora, a formulação da implementação curricular quando se pretende prescrever o que o outro deve ser. Neste sentido, a escola se apresenta como território colonizado.

Essa ideia se expressa também na organização dos conteúdos por competências e habilidades que abordam comportamentos, e as habilidades, ainda segundo Macedo (2018, p. 32), são "descritas em termos comportamentais como aquilo que se espera do aluno, não uma base de onde se parte, mas uma descrição de onde chegar".

No mesmo sentido, afirmam Dourado e Oliveira (2018, p. 41):

> A lógica da diversidade dá lugar a uma perspectiva de uniformização e homogeneização curricular, com a prescrição de currículo mínimo centrado em habilidades e competências, permitindo maior atrelamento da BNCC às avaliações externas. Além disso, observa-se subtração da autonomia, da diversidade e da localidade em detrimento da centralização curricular, cujos planejadores da política federal assumem as definições e os mecanismos de sua implementação por meio do financiamento, da gestão centralizada, da avaliação, da formação de professores, entre outros.

Do exposto, na BNCC ignora-se que alunos e alunas sejam sujeitos ao obstar a construção da autonomia e, ainda, sustenta a ideia de que o todo é a soma das partes, a formação integral do indivíduo ocorrerá com a soma das habilidades. Em oposição a essas ideias que nos remetem ao behaviorismo, à Pedagogia Liberal, entendemos o ser humano como histórico, como sujeito determinado e determinante da realidade.

Também é preciso considerar a flexibilidade do currículo em ação que decorre em contextos locais e mais amplos. Com a pandemia da Covid-19, a que já nos referimos, outros conhecimentos atitudinais, procedimentais e conceituais passam a ser evidenciados.

Todos esses aspectos – compreensão do ser humano como ser histórico, flexibilidade do currículo, interpretação do currículo, relação dialética entre indivíduo e sociedade – parecem desconsiderados e em desacordo ao que se afirma na BNCC: "Com a Base, vamos garantir o conjunto de aprendizagens essenciais aos estudantes brasileiros, seu desenvolvimento integral por meio das dez competências gerais para a Educação Básica" (BRASIL, 2017, p. 5).

O exercício de compreensão das legislações aqui empreendido, a título de exemplos, buscou apontar que um cenário descolonizador exige conhecimentos pedagógicos da equipe que dirige e coordena a escola, especialmente para perceber as concepções que a elas subjazem, e, ainda, que suas contradições expressam conflitos da sociedade brasileira. Da mesma forma, esses conhecimentos são necessários para a construção do PPP da escola.

5. O projeto político-pedagógico em cenário descolonizador

Segundo o art. 44 das *Diretrizes Curriculares Nacionais Gerais para a Educação Básica*, o projeto político-pedagógico é uma "instância de construção coletiva que respeita os sujeitos das aprendizagens, entendidos como cidadãos com direitos à proteção e à participação social" (BRASIL, 2013). Essa construção coletiva é articulada por diretores de escola e coordenadores pedagógicos e deve envolver toda a comunidade escolar.

Veiga (2002, s/p) esclarece que:

> O projeto busca um rumo, uma direção. É uma ação intencional, com um sentido explícito, com um compromisso definido coletivamente. Por isso, todo projeto pedagógico da escola é, também, um projeto político por estar intimamente articulado ao compromisso sociopolítico com os

> interesses reais e coletivos da população majoritária. É político no sentido de compromisso com a formação do cidadão para um tipo de sociedade.

De forma prática, para que o PPP expresse uma ação intencional com sentido explícito, seus processos de elaboração e consecução dependem da necessária e importante criação de relações democráticas entre os profissionais da equipe escolar. Entendemos que essa construção se inicia com a partilha de concepções, chegando-se a acordos razoáveis para permitir o diálogo. A primeira questão que nos parece ser desencadeadora de consensos conceituais é sobre as finalidades da escola: Para que deve servir a nossa escola? Dessa questão derivarão várias outras: o que é Educação? O que é ser humano? Qual a relação entre as pessoas e a sociedade? O que é conhecimento escolar? Qual a finalidade desses conhecimentos para além de propedêuticos? Como se aprende? Para que se avalia?

Para construir entendimentos comuns acerca dessas questões, o diretor e o coordenador precisam ter conhecimento das várias concepções nos diversos referenciais teóricos, em especial, das que sustentam as Pedagogias Crítica e Não Crítica, as teorias crítico-reprodutivistas e as pós-críticas, que abordamos anteriormente sem o aprofundamento necessário, dado que nosso foco, neste capítulo, são a direção e a coordenação da escola.

Situamo-nos na Pedagogia Crítica por entendermos que Educação é transformação das pessoas que transformam o mundo em uma relação dialética e que a escola deve favorecer a educação de pessoas no sentido de construção de uma sociedade mais igualitária, mais justa, menos desigual na qual se respeitam as diferenças e se valorizam as diversas culturas.

Ressaltamos que a função da escola é, por meio do currículo vivido, possibilitar que se reconstruam os saberes socialmente valorizados para uma participação ativa no mundo e não apenas como espectador. Os conhecimentos escolares de todas as áreas/disciplinas devem propiciar o entendimento do mundo, o que também exige considerar que nosso currículo deve apresentar aspectos de decolonialidade, na contramão da imposição da cultura europeia sobre as culturas brasileiras, impedindo, pois, a autonomia do oprimido, do colonizado, do mais pobre.

Mas o que pensam os professores sobre essas e outras questões pertinentes? Esse é o trabalho inicial de diretores e coordenadores para a elaboração do PPP, construir diálogos que só são possíveis quando se chega a um consenso sobre o que significa educar, ser cidadão, ser autônomo, crítico, entre outros, para se definir as finalidades da escola.

A partir de um pacto conceitual pode-se construir o diagnóstico da realidade concreta. A pergunta que cabe aqui é: quem somos nós, enquanto escola? Cabe especialmente ao coordenador pensar estratégias coletivas para colher informações. Não bastam dados numéricos disponíveis na secretaria da escola. Da mesma forma, não bastam dados quantitativos, necessários e de fácil acesso para descrever os professores nem a estrutura física da instituição escolar. Tendo em conta o conceito de escola que adotamos, caberia ao coordenador, com o coletivo dos professores e dos alunos, buscar descrever também como esses ambientes e as pessoas se relacionam, se há grades, se nas paredes há trabalhos de alunos e outros aspectos que caracterizariam o clima, a cultura escolar, o currículo oculto da escola, esclarecendo quem somos nós/escola.

Os objetivos da escola, de cada uma das etapas/modalidades de ensino, também precisam ser definidos. A legislação, lida de forma crítica, pode ser o ponto de partida. Mas os professores, a direção e a coordenação conhecem os principais entraves, as maiores dificuldades e será preciso levantá-los e decidir o que se pode melhorar, ampliando os objetivos propostos nas legislações, visto que estes raramente refletirão a complexidade dos problemas da escola concreta.

Com clareza dos objetivos, em consonância com as finalidades da escola, será preciso planejar como atingi-los. Definir os meios para concretizar os fins propostos pela própria escola. O diálogo de construção aqui envolve outras questões: Como os conteúdos escolares e quais atividades cumprirão a tarefa de atingir os objetivos propostos? Quais ajudas na formação contínua de professores são imprescindíveis? Será preciso organizar o tempo e o espaço do currículo em ação e da formação de professores na escola, tomando como referência as legislações e adequando-as ao diagnóstico da escola.

É indispensável avaliar coletivamente e com frequência se os caminhos tomados estão de fato contribuindo para alcançar os objetivos e alterá-los se necessário. A efetivação da construção e avaliação do projeto político-pedagógico exige tempo, portanto só será exequível com a garantia de horas de trabalho do professor para além das horas de aulas, necessárias também para a efetivação da formação contínua de professores na escola.

6. A formação contínua de professores na escola e o papel de diretores e coordenadores

Hoje há certo consenso em afirmar que a formação contínua do docente tem na escola um dos seus braços mais significativos, principalmente, pela possibilidade da construção do trabalho coletivo. Nessa perspectiva, a formação é assumida concretamente como desenvolvimento profissional, por caracterizar-se pela superação da concepção individualista da ação pedagógica, submetida às imposições externas que reduzem os professores a executores, ressignificando o conceito de escola como espaço de construção democrática, cooperativa e participativa, onde os educadores e educandos, em colaboração, aprendem e se desenvolvem como cidadãos críticos.

O conceito de desenvolvimento profissional, aqui assumido, é entendido como crescimento, desdobramento e ampliação de possibilidades a partir das análises e reflexões da prática pedagógica do professor. Pressupõe mudança de concepções que interferem na atitude pedagógica dos professores individual e coletivamente, em uma perspectiva organizacional da escola, requerendo o compromisso com uma escola democrática e participativa. Diretor e coordenador pedagógico devem fomentar a construção deste projeto educativo, sendo a formação contínua na escola uma oportunidade de exercício das decisões coletivas sobre o ensino, a organização escolar e as mudanças necessárias na cultura da escola em favor de uma Educação com qualidade social.

De modo objetivo, o processo de formação na escola estabelece-se e estrutura-se por, principalmente, dois aspectos: possibilidade de horário alternativo à docência para a formação e a existência de um profissional específico, o coordenador pedagógico (FUSARI, 1997; LIBÂNEO, 2003; DOMINGUES, 2014). Profissional que, entre suas atribuições, tem na formação contínua e no que ela representa seu aspecto mais significativo. Deste modo, segundo Domingues (2014, p. 106), a formação contínua nas escolas pode ser caracterizada como um

> [...] trabalho voltado para o acompanhamento e assistência pedagógico-didática dos professores, que, na formação, significa criar com os professores instrumentos de reflexão e investigação sobre a prática pedagógica, para que possam conceber, organizar e desenvolver situações adequadas à aprendizagem dos alunos.

Contudo, é imprescindível assinalar que o processo de formação na escola é corroborado pela ação do diretor que busca a superação do legalismo como fim em si mesmo, favorecendo as condições objetivas de trabalho e acompanhando o processo formativo tendo em vista a mudança desejada, apontada no PPP.

Nesse sentido, o pedagogo escolar, nas funções de diretor e coordenador, trabalha no processo educativo-docente na intersecção entre teoria e prática, discutindo, pensando e planejando coletivamente tanto a formação contínua na escola, quanto avaliando o alcance dos objetivos esperados pela equipe escolar.

Quando se trata de formação contínua de professores na escola, podemos, grosso modo, sintetizá-la em duas perspectivas: uma que atribui a esta categoria formativa a condição de reprodutora de uma formação organizada externamente, em uma perspectiva colonizadora, e outra que entende a formação na escola como construção coletiva a partir das necessidades identificadas pelo grupo. É sobre esta última que trataremos, em um cenário descolonizador.

Organizar o processo de formação na perspectiva aqui anunciada requer alguns elementos estruturantes: o primeiro constitui a elaboração ***do diagnóstico das necessidades formativas dos professores***, assumindo a relativa autonomia da escola, cerceada pelas condições concretas, em especial, os limites das políticas educacionais, e valorizando a capacidade reflexiva de seus educadores com foco voltado ao processo ensino-aprendizagem, consoante com as finalidades e objetivos que se colocam para a escola.

Neste aspecto, o coordenador, como liderança do processo de construção dos projetos formativos, possui papel especial no envolvimento dos professores, promovendo um clima cooperativo. As avaliações institucionais externas podem ser uma referência, mas não se pode deixar de lado a escola concreta, as dificuldades identificadas por cada educador, o currículo a ser desenvolvido, as expectativas de pais, mães e responsáveis, as dificuldades apresentadas pelos educandos nas avaliações internas, entre outras. As planificações dessas necessidades e as discussões que subjazem a elas implicarão a determinação de um foco de formação, diante das questões educativas diversas que se impõem ao trabalho docente na escola.

O ***foco do projeto formativo***, segundo elemento estruturante do processo de formação contínua na escola, é a identificação do problema/dificuldade a ser superada pela equipe de educadores por meio da formação. Este foco pode ser diferente dependendo de cada etapa educativa, na Educação Infantil, nos primeiros anos do Ensino Fundamental, nos anos finais do Ensino Fundamental, no Ensino Médio. Ele deve ter como base o desenvolvimento das crianças, adolescentes e jovens no que concerne a sua aprendizagem sobre os conhecimentos socialmente construídos, o mundo e a realidade local e direcionará o projeto formativo a ser desenvolvido.

O terceiro elemento é a ***elaboração do próprio projeto***. Esteja seu ponto central na brincadeira, na interação, na alfabetização de todos os alunos, no desenvolvimento da leitura, na conscientização e luta pelas dificuldades da comunidade, na violência, nas questões de gênero e sexualidade, na discussão sobre o trabalho em tempo de crise, entre outros, o projeto de formação tem como principal desafio determinar coletivamente a sua base conceitual. Para tanto, caberiam algumas indagações: Que sociedade pretendemos ajudar a construir? Qual é nosso conceito de Educação? Que perspectiva pedagógica responde melhor a estas perguntas? Como ensinamos? Onde estamos e aonde queremos chegar?

Tais questões não são pauta exclusiva do projeto de formação. Ao contrário; elas já estão situadas na elaboração do PPP, mas devem ser retomadas para contextualizar o projeto formativo que se vincula ao projeto pedagógico.

Segundo Domingues (2014, p. 84):

> A formação proposta no ambiente de trabalho não pode ser determinada nem pelo coordenador pedagógico nem pelo sistema, mas caracterizar-se como produto do processo reflexivo dos atores envolvidos. Cabe, assim, ao projeto político-pedagógico organizar as atividades educativas promovidas pela escola, no qual os planos de ensino, os planos de trabalho de seus profissionais e de formação devem estar inseridos. A formação, sendo contemplada no projeto da escola, torna-se a expressão da concepção e das decisões coletivas.

Elaborar a proposta de formação na escola coletivamente e cooperativamente é chegar a consensos possíveis tendo sempre em mente que o papel do coordenador não é agradar a equipe, mas mobilizá-la para a mudança educativa a partir dela mesma, tendo no horizonte o desenvolvimento dos educandos.

Na elaboração do projeto de formação contínua, deve-se ter clara a concepção que o norteia, o que indicará a base teórica pedagógica que trará apoio à prática pretendida e regulará as análises desenvolvidas. Assim, aspectos práticos da ação docente podem ser considerados, examinados e investigados utilizando-se várias técnicas: o estudo de caso, a troca de experiência crítica, a pesquisa-ação, a organização coletiva de material pedagógico com ajustes por turma, a discussão de dificuldades do processo ensino aprendizagem e outros. Toda essa organização deve ser orquestrada pelo coordenador, organizada e estruturada por ele a partir do trabalho coletivo da equipe escolar.

No dizer de Domingues e Belletati (2016, p. 66):

> Na organização destes projetos, define-se a administração dos tempos e dos espaços de formação no contexto escolar, os conteúdos, a pesquisa e o enfrentamento de confrontos oriundos de aspectos relacionados à cultura escolar. Tal perspectiva redimensiona a formação docente marcada pela busca individual, pela organização exterior ao sujeito da formação e pelo afastamento da escola e da especificidade do espaço escolar para um contexto formativo interno, ativo, coletivo e focado nas necessidades dos professores, definidas a partir da reflexão sobre a prática docente, à luz das teorias.

O quarto elemento é o próprio ***desenvolvimento do projeto***, colocá-lo em ação com sucessivas avaliações sobre seu progresso, seus percalços. Para tanto, o coordenador acompanha a sala de aula, faz devolutiva crítica de relatórios e discute o andamento com os professores individual e coletivamente, acompanhando as mudanças no saber-fazer dos educadores. Logo, não se trata só de teoria, mas também de prática, já que a ação formativa no espaço escolar está impregnada de prática e de teoria que se inter-relacionam.

Nesse sentido, cabe também ao diretor apoiar os professores na mudança, encorajando-os e cuidando das necessidades objetivas, por exemplo, na compra de livros que apresentem elementos para discussões de constructos teóricos sobre raça e etnia, se for o caso, valorizando uma Educação descolonizadora e outros, e, especialmente, avaliando o processo com a coordenação.

O quinto elemento constitui o ***processo de registro contínuo das atividades e conclusões***, bem como da avaliação constante do projeto formativo que deve incidir sobre a prática docente e o desenvolvimento de alunos e professores. O processo de desenvolvimento profissional do educador é dinâmico e constante, mas não necessariamente rápido, daí a importância de analisar a prática em relação aos princípios e concepções expressos no projeto. O exercício do registro das reuniões e do desenvolvimento do trabalho de cada professor elaborado por eles mesmos são elementos significativos para retomadas e avaliação diagnóstica e reflexiva.

A formação contínua na escola é um processo que implica responsabilidade de todos os envolvidos. Querer participar da formação deve constituir-se em um compromisso com a mudança e com o alcance dos propósitos. Os processos de reflexão teórico-práticos desenvolvidos na formação devem redundar em transformação crítica do saber-fazer docente, articulada à aprendizagem dos educandos de maneira a promover o desvelamento dos condicionantes sociais e políticos, em uma interpretação que foge de processos educativos pautados pela neutralidade das intenções, rumo à descolonização dos princípios e da prática educativa.

7. Considerações finais

Caminhar no sentido da descolonização da escola, um organismo vivo como a percebemos, buscando seu desenvolvimento institucional, é tarefa complexa cujos resultados não são imediatos. Também não depende apenas de boa vontade, sendo fulcral que diretores e coordenadores pedagógicos tenham claras as intenções e promovam ações para efetivá-las, o que exige conhecimento pedagógico teórico e prático.

O intuito do desenvolvimento da escola, como instituição de Educação formal, é contribuir para promover uma sociedade mais justa, formando pessoas críticas, autônomas, solidárias e com espírito de justiça, ou seja, é a busca pela melhoria da qualidade social do trabalho nela realizado. Nessa formação, a que deve se propor a instituição escolar, interferem todos os tipos de relações: entre as pessoas, destas com o ambiente, o contexto e com o conhecimento.

As configurações de gestão escolar influenciam vigorosamente nas formas de relações que se estabelecem na instituição, na sua cultura. Em cenários de gestão democrática, mobiliza-se a participação efetiva da comunidade escolar, com ações de respeito na escuta das diversas posições assim como na partilha de argumentos fundamentados para poder promover o diálogo. Esses são os caminhos necessários para intentarmos lutar contra aspectos da colonização que se adere à cultura da escola, na direção de uma Educação, entendida como prática social, que busca a humanização dos sujeitos para a transformação tanto da instituição escolar, quanto da sociedade.

Também é em uma gestão participativa que se possibilita à escola ressignificar-se, desconstruindo a ideia de "modelo único". Neste sentido, a administração, organização e coordenação objetivam o seu desenvolvimento institucional, que se expressa preponderantemente em seus projetos político-pedagógicos ao traduzirem as necessidades, as intencionalidades, os contextos e os recursos necessários, com sentido explícito, assim como pelas ações de formação contínua desenvolvidas nesse lócus.

Considerando o aspecto ideológico que subjaz às práticas da direção e da coordenação pedagógica, aqui tomadas em uma perspectiva de transformação social e cultural, é que entendemos todos os pontos aqui destacados: a escola, as atribuições de diretores e coordenadores pedagógicos, o PPP, a legislação e a formação contínua dos educadores na escola, entre outros que poderiam ser citados, como aspectos que se inter-relacionam e identificam um fazer pedagógico democrático, cooperativo e autônomo.

Deste modo, assegura-se o desenvolvimento profissional dos professores, pela possibilidade de uma formação contínua que amplia o discernimento dos educadores e lhes permite exercer a prática docente de forma mais autônoma e crítica, atuando de maneira mais criativa e eficiente, fomentando o desenvolvimento integral dos educandos na direção da consciência dos direitos e das conquistas sociais hoje tão solapadas pelas investidas do ideário não crítico que sustentam as práticas capitalistas de desconstrução dos direitos dos trabalhadores.

Referências

ALARCÃO, Isabel (org.). *Escola reflexiva e nova racionalidade*. Porto Alegre: Artmed, 2001.

ALMEIDA, Maria Isabel de. Docentes para uma educação de qualidade: uma questão de desenvolvimento profissional. *Educar*, Curitiba, n. 24, p. 165-176, 2004.

ARAUJO, Ronaldo Marcos de Lima. As referências da pedagogia das competências. *Perspectiva*, Florianópolis, v. 22, n. 2, p. 497-524, jul./dez. 2004. Disponível em: https://periodicos.ufsc.br/index.php/perspectiva/article/viewFile/9664/8885. Acesso em: 31 jul. 2020.

BELLETATI, Valéria Cordeiro Fernandes. *O papel da diretoria de ensino na formação contínua de educadores*: um estudo no contexto do projeto "Ensinar e aprender". 2005. Dissertação (Mestrado em Educação) – Faculdade de Educação, São Paulo, 2005.

BRASIL. *Constituição da República Federativa do Brasil*: texto constitucional promulgado em 5 de outubro de 1988, com as alterações determinadas pelas Emendas Constitucionais de Revisão nn. 1 a 6/94, pelas Emendas Constitucionais nn. 1/92 a 91/2016 e pelo Decreto Legislativo n. 186/2008. -Brasília, DF: Senado Federal; Coordenação de Edições Técnicas, 2016.

BRASIL. Lei n. 4.024, de 20 de dezembro de 1961. Fixa as Diretrizes e Bases da Educação Nacional. *Diário Oficial da União*, Brasília, DF, p. 11.429, 27 dez. 1961. Disponível em: https://presrepublica.jusbrasil.com.br/legislacao/108164/lei-de-diretrizes-e-base-de-1961-lei-4024-61. Acesso em: 14 set. 2020.

BRASIL. MINISTÉRIO DA EDUCAÇÃO CONSELHO NACIONAL DE EDUCAÇÃO. CONSELHO PLENO. *Resolução CNE/CP n. 2, de 22 de dezembro de 2017*. Institui e orienta a implantação da Base Nacional Comum Curricular, a ser respeitada obrigatoriamente ao longo das etapas e respectivas modalidades no âmbito da Educação Básica. Brasília, DF: 2017. Disponível em: http://basenacionalcomum.

mec.gov.br/images/historico/RESOLUCAOCNE_CP222DEDEZEMBRODE2017.pdf. Acesso em: jan. 2021.

BRASIL. MINISTÉRIO DA EDUCAÇÃO. *Lei de Diretrizes e Bases da Educação Nacional n. 9394/96, de 20 de dezembro de 1996*. Brasília, DF: MEC, 1996. Disponível em: http://www.planalto.gov.br/ccivil_03/leis/l9394.htm. Acesso em: 7 out. 2020.

BRASIL. MINISTÉRIO DA EDUCAÇÃO. *Resolução CNE/CP n. 2/2019*. Define as Diretrizes Curriculares Nacionais para a Formação Inicial de Professores para a Educação Básica e institui a Base Nacional Comum para a Formação Inicial de Professores da Educação Básica (BNC-Formação). Brasília, DF: 2019. Disponível em: http://portal.mec.gov.br. Acesso em: 14 set. 2020.

BRASIL. MINISTÉRIO DA EDUCAÇÃO. SECRETARIA DE EDUCAÇÃO BÁSICA. SECRETARIA DE EDUCAÇÃO CONTINUADA, ALFABETIZAÇÃO, DIVERSIDADE E INCLUSÃO. CONSELHO NACIONAL DA EDUCAÇÃO. *Diretrizes Curriculares Nacionais Gerais da Educação Básica*. Brasília, DF: MEC; SEB; DICEI, 2013.

CANÁRIO, Rui. *A escola*: o lugar onde os professores aprendem. Aveiro: Universidade de Aveiro, 1997. (Mimeo).

CURY, Carlos Roberto Jamil. Direito à educação: direito à igualdade, direito à diferença. *Cadernos de Pesquisa*, São Paulo, n. 116, p. 245-262, jul. 2002.

DOMINGUES, Isaneide. *O coordenador pedagógico e a formação contínua do docente na escola*. São Paulo: Cortez Editora, 2014.

DOMINGUES, Isaneide; BELLETATI, Valéria Cordeiro Fernandes. A formação contínua em terreno colonizado: desafio para a coordenação pedagógica. *In*: FRANCO, Maria Amélia Santoro; CAMPOS, Elisabete F. Esteves (orgs.). A coordenação do trabalho pedagógico na escola: processos e práticas. Santos: Editora Universitária Leopoldianum, 2016. p. 61-75.

DOURADO, Luiz Fernandes; OLIVEIRA, João Ferreira de. Base Nacional Comum Curricular (BNCC) e os impactos nas políticas de regulação e avaliação da educação superior. *In*: AGUIAR, Márcia Angela da S.; DOURADO, Luiz Fernandes (orgs.). *A BNCC na contramão do PNE 2014-2024*: avaliação e perspectivas. [Livro Eletrônico]. Recife: Anpae, 2018.

FUSARI, José Cerchi. *Formação contínua de educadores*: um estudo de representações de coordenadores pedagógicos da Secretaria Municipal de Educação de São Paulo (SMESP). 1997. 201 f. Tese (Doutorado) – Faculdade de Educação, Universidade de São Paulo. São Paulo, 1997.

GARCIA, Marisa. *Coordenação pedagógica*: ação, interação e transformação. 1995. 134 f. Dissertação (Mestrado em Educação) – Pontifícia Universidade Católica de São Paulo, São Paulo, 1995.

GIROUX, Henry A. *Os professores como intelectuais*: rumo a uma pedagogia crítica da aprendizagem. Tradução de Daniel Bueno. Porto Alegre: Artes Médicas, 1997.

HILSDORF, Maria Lucia Spedo. *História da educação brasileira*: leituras. São Paulo: Pioneira Thomson Learning, 2003.

INSTITUTO NACIONAL DE ESTUDOS E PESQUISAS EDUCACIONAIS ANÍSIO TEIXEIRA (Inep). Sinopse Estatística da Educação Básica 2019. Brasília, DF: Inep, 2020. Disponível em: http://portal.inep.gov.br/web/guest/sinopses-estatisticas-da-educacao-basica. Acesso em: 14 ago. 2020.

LIBÂNEO, José Carlos. As teorias pedagógicas modernas resiginificadas pelo debate contemporâneo na educação. *In*: LIBÂNEO, José Carlos. *Educação na era do conhecimento em rede e transdisciplinaridade*. São Paulo: Alínea, 2005.

LIBÂNEO, José Carlos. *Organização e gestão da escola*: teoria e prática. Goiânia: Alternativa, 2003.

LIBÂNEO, José Carlos. Tendências pedagógicas na prática escolar. *In:* LUCKESI, Cipriano Carlos. *Filosofia da educação*. São Paulo: Cortez Editora, 1994.

MACEDO, Elizabeth. "A base é a base". E o currículo, o que é? *In*: AGUIAR, Márcia Angela da S.; DOURADO, Luiz Fernandes (orgs.). *A BNCC na contramão do PNE 2014-2024*: avaliação e perspectivas. [Livro Eletrônico]. Recife: Anpae, 2018.

MACHADO, Lucília. A institucionalização da lógica das competências no Brasil. *Proposições*, Campinas, v. 13, n. 37, p. 92-110, jan./abr. 2002.

MINTO, Cesar Augusto. *Legislação educacional e cidadania virtual anos 90*. 1996. 413 f. Tese (Doutorado) – Faculdade de Educação, Universidade de São Paulo. São Paulo, 1996.

NÓVOA, António. A formação contínua entre a pessoa-professor e a organização--escola. *In*: NÓVOA, António. *Formação de professores e trabalho pedagógico*. Lisboa: Educa, 2002. p.33-48.

PARO, Vitor Henrique. A educação, a política e a administração: reflexões sobre a prática do diretor de escola. *Educaçao e Pesquisa*, Sao Paulo, v. 36, n. 3, p. 763-778, dez. 2010.

PÉREZ-GÓMES, Angel I. *A cultura escolar na sociedade neoliberal*. Porto Alegre: Artmed, 2001.

PINTO, Umberto de Andrade. *Pedagogia escolar*: coordenação pedagógica e gestão educacional. São Paulo: Cortez Editora, 2011.

PLACCO, Vera Maria Nigro de Souza; SOUZA, Vera Lúcia Trevisan; ALMEIDA, Laurinda Ramalho de. O coordenador pedagógico: aporte à proposição de políticas públicas. *Caderno de Pesquisa*, São Paulo, v 42. n 147. p 754-771, set./dez. 2012. Disponível em: https://www.scielo.br/pdf/cp/v42n147/06.pdf. Acesso em: 14 set. 2020.

QUIJANO, Anibal. Colonialidade do poder, eurocentrismo e América Latina. *In*: QUIJANO, Anibal. A *colonialidade do saber*: eurocentrismo e ciências sociais – perspectivas latino-americanas. Buenos Aires: CLACSO, 2005.

SACRISTÁN, José Gimeno. O que significa currículo? *In:* SACRISTÁN, José Gimeno (org.). Saberes e incertezas sobre o currículo. Tradução de Alexandre Salvaterra. Porto Alegre: Penso, 2013.

SAVIANI, Dermeval. Escola e democracia: para além da "teoria da curvatura da vara". Germinal: Marx. *Educação em Debate*, Salvador, v. 5, n. 2, 2013. Disponível em: https://portalseer.ufba.br/index.php/revistagerminal/article/view/9713/7100. Acesso em: 10 set. 2020.

SAVIANI, Dermeval. *Escola e democracia*: teorias da educação, curvatura da vara, onze teses sobre educação e política. São Paulo: Cortez Editora; Autores Associados, 1991.

SAVIANI, Dermeval. Epistemologia e teorias da educação no Brasil. *Pro-Posições*, Campinas, v. 18, n. 1 jan./abr. 2007. Disponível em: https://periodicos.sbu.unicamp.br/ojs/index.php/proposic/article/view/8643570/11091. Acesso em: 4 ago. 2020.

SILVA JUNIOR, Celestino Alves da. A escola pública como objeto de estudo. *Revista Pesquisa Qualitativa*, São Paulo, v. 4, n. 4, p. 17-29, abr. 2016. Disponível em: https://editora.sepq.org.br/index.php/rpq/article/view/32/28. Acesso em: 7 ago. 2020.

SILVA JUNIOR, Celestino Alves da. Organização do trabalho na escola: a prática existente e a teoria necessária. *Cadernos de Pesquisa*, São Paulo, n. 69, p. 73-76, nov. 1986. Disponível em: http://publicacoes.fcc.org.br/index.php/cp/article/view/1308/1311. Acesso em: 30 mar. 2021.

TADEU, Tomaz. *Documentos de identidade*: uma introdução às teorias do currículo. Belo Horizonte: Autêntica, 2011.

VEIGA, Ilma Passos Alencastro. Projeto político-pedagógico da escola: uma construção coletiva. *In:* VEIGA, Ilma Passos Alencastro (org.). *Projeto político-pedagógico da escola*: uma construção possível. 14. ed. Limeira: Papirus, 2002.

Capítulo XI

A atuação de pedagogos(as) na gestão do Sistema de Ensino

Rosângela Aparecida Ferini Vargas Chede

José Dujardis da Silva

*"Uma gerência que domina ou manipula não é uma gerência educacional, assim como também não é educacional uma racionalidade afastada dos elementos substantivos de sua ação. É nesse ponto que as diferenças e as divergências entre categorias de educadores precisam ser enfrentadas e reavaliadas, se efetivamente pretendemos uma escola para a transformação social. [...] É preciso, enfim, avaliar a prática existente para que possamos construir juntos a teoria da organização da escola (**e diríamos do sistema de supervisão**) de que todos necessitamos"*

(Celestino Alves da Silva Junior)[21]

21 SILVA JUNIOR, Celestino Alves da. A organização do trabalho na escola: a prática existente e a teoria necessária. *Cadernos de Pesquisa*, São Paulo, n. 59, p. 73-76, nov. 1986 (Grifos nossos).

1. Introdução

Nas últimas décadas, várias reformas no campo educacional são implementadas no Brasil, sob os ditames da agenda de internalização do capital. O curso de Pedagogia passa por redefinições que contemplam tanto a formação para a docência dos Anos Iniciais do Ensino Fundamental e Educação Infantil quanto a formação dos(as) gestores(as) que atuam na Educação Básica.

Considerando a relevância da temática que envolve a formação do(a) pedagogo(a) e a sua importância para a escola pública e para a formulação de políticas educacionais comprometidas com a emancipação social, este texto apresenta algumas reflexões sobre a atuação dos(as) gestores(as) nos Sistemas de Ensino com vistas a apresentar e ampliar espaços e possibilidades de atuação do(a) pedagogo(a), bem como apontar a legitimidade legal, técnica, teórica e prática dessa atuação mediada pela função política que desempenha, constituindo a práxis do(a) gestor(a)-pedagogo(a).

Diante do movimento que ocorre, principalmente, a partir dos anos de 1990, em que as políticas neoliberais são intensificadas, transformando paulatinamente o direito à Educação em mercadoria e impactando na organização dos Sistemas de Ensino e na formação e atuação dos(as) pedagogos(as), cabe questionar: Por que há uma crescente ocupação dos cargos/funções ligados à gestão do sistema de ensino, em nível de órgãos centrais, por profissionais de diferentes formações em detrimento do(a) gestor(a)-pedagogo(a)? Seriam os(a) administradores(as) e economistas ligados(as) ao setor empresarial os profissionais "competentes" para a gestão do sistema e da escola pública? Quais são os espaços decisórios de políticas públicas nos Sistemas de Ensino?

Para responder a essas inquietações, o presente texto pautou-se em um diálogo entre referenciais teóricos e documentos normativos, envolvendo a legislação que regulamenta o curso de Pedagogia no Brasil e a criação dos sistemas do ensino, e impressões derivadas da experiência empírica da autora e do autor em torno da organização e do funcionamento dos sistemas de ensino, em especial o de São Paulo.

O referencial teórico fundamenta-se em estudos sobre a formação de pedagogos(as) e a privatização da educação, destacando-se Adrião (2015; 2017), Triches (2016), Pimenta (2011), Libâneo (2006; 2008), Vieira (2007), entre outros.

Para exposição das análises de investigação o texto estrutura-se em quatro momentos. No primeiro, aborda-se a organização do sistema de ensino na Lei de Diretrizes e Bases da Educação Nacional (LDB) (BRASIL, 1996), explicitando os espaços possíveis de ocupação pelo(a) pedagogo(a)-gestor(a). Um breve relato sobre as mudanças no curso de Pedagogia e a formação do(a) pedagogo(a) para a gestão compõe o segundo momento.

O avanço do setor empresarial sobre a Educação Pública será exposto na sequência, no item 3. Por fim, apresentam-se algumas considerações conclusivas, ainda que preliminares, reafirmando a tese de que o(a) pedagogo(a) é o(a) profissional habilitado(a) e detentor(a) do conhecimento necessário para ocupar os cargos/funções de gestão, nos diferentes espaços da estrutura e organização do sistema de ensino, transitando no intra e no interescolar, nos órgãos centrais do sistema, de maneira articulada, orgânica e coletivamente para a concretização do direito à educação sob a perspectiva emancipatória. Nesse contexto, a docência é condição inerente ao exercício do(a) pedagogo(a)-gestor(a)[22] e extrapola o âmbito da sala de aula.

Dessa forma, pretende o texto contribuir com as discussões que envolvem a atuação do(a) pedagogo(a)-gestor(a) nos diferentes espaços.

---

22 A docência apresenta-se como condição (art. 67 da LDB 9394/1996) para o exercício dos profissionais da Educação, contemplados no art. 64 da LDB 9394/1996. Essa questão foi abordada no texto sob a perspectiva legal e com isso não ignoramos as discussões que se travam sobre a identidade profissional do pedagogo (a), uma vez que "a pedagogia inclui a docência mas não se reduz a ela" conforme discutido por diversos pesquisadores, por exemplo, Franco (2008); Libâneo e Pimenta (2002); Pimenta (2002); Pinto (2011) e Saviani (2010) e apontado por Gomes e Pimenta (2019, p. 66). *In*: *Curso de Pedagogia:* inovações na formação de professores polivalentes. São Paulo: Cortez Editora, 2019.

2. A organização do sistema de ensino: espaços possíveis de ocupação pelo(a) pedagogo(a)-gestor(a)

Para iniciar as discussões sobre a organização do sistema de ensino, há que se reconhecer a existência dele em relação ao fenômeno educativo e o seu processo de organização, a partir de normas próprias, destinadas às instituições que o integram.

A ideia de organização de um Sistema Nacional de Educação, sob princípios da descentralização e defesa da escola pública, laica, obrigatória e gratuita, não é recente e pode ser constatada no Manifesto dos Pioneiros da Educação Nova, 1932[23]. A garantia do direito à Educação, como demanda social, permanece latente ao longo das últimas décadas e, ao Estado, a obrigação para sua concretização.

A competência para instituir um sistema, do ponto de vista administrativo e sob a égide do Estado Democrático de Direito, é do próprio Estado. Saviani (1999, p. 121) esclarece que

> [...] nas sociedades modernas a instância dotada de legitimidade para legislar, isto é, para definir e estipular normas comuns que se impõem a toda a coletividade, é o Estado. Daí que, a rigor, só se pode falar em sistema, em sentido próprio, na esfera pública.

Na atualidade, a organização dos sistemas de ensino encontra amparo legal na Constituição Federal de 1988, em seu art. 211, que estabelece que "a União, os Estados, o Distrito Federal e os Municípios organizarão, em regime de colaboração, os seus sistemas de ensino" (BRASIL, 1988).

---

23 A influência do Manifesto dos Pioneiros de 1932 na organização da Educação brasileira pode ser acompanhado na obra, disponível em: http://pne.mec.gov.br/images/pdf/livro_pioneiros_final.pdf. Acesso 31: ago. 2020.

Se, por um lado, há embates legais e teóricos com relação à competência ou não do município para constituir seu sistema próprio de ensino[24] e legislar em matéria educacional na sua esfera, com base no art. 211 da Constituição Federal (BRASL, 1988), por outro, a competência da União e Estados está pacificada no texto da norma.

Contudo, essa discussão foi superada com a LDB (BRASIL, 1996), que consagrou à União, aos Estados, incluindo aos municípios, a liberdade de organização de seus sistemas de ensino (art. 8º, § 2º) e definiu as incumbências de cada ente federativo, conforme disciplinado nos arts. 9º ao 11º.

Estados, municípios e Distrito Federal são responsáveis por editar normas complementares para regulamentar a estrutura do sistema no seu âmbito de atuação e, grosso modo, esses sistemas são compostos por órgão executivo da administração (secretaria de educação), órgão normativo (conselho de educação), instituições de ensino (rede de ensino pública e privada) e o próprio conjunto de instrumentos regulamentadores que cria e organiza o sistema (Lei de criação; Plano de Educação e normas do Conselho de Educação, demais legislações pertinentes). Por sua vez, tanto o órgão executivo quanto o normativo necessitam de um organograma com especificações de cargos e funções, atribuições, competências, com relações horizontais e verticais, com vistas a concretizar o direito à Educação.

Como exemplo dessa complexa teia estrutural de uma unidade administrativa, pode-se citar o modelo referencial da Secretaria de Educação do Estado de São Paulo (Seduc/SP), pois representa uma racionalidade de organização também observada em outros Estados e municípios, apenas com variações diversas, mas que, em essência, não rompem com a lógica estrutural burocrática[25].

---

24 Ver mais sobre o Sistema Municipal de Ensino nas obras de Dermeval Saviani e em José Eustáquio Romão.

25 Ver mais Burocracia como organização em: CAMPOS, E. (Org.) *Sociologia da burocracia*. Rio de Janeiro: Zahar, 1978. PRESTES MOTTA, F. C; BRESSER-PEREIRA, L. C. *Introdução à organização burocrática*. São Paulo: Brasiliense, 1980.

De acordo com o Decreto/SP n. 64.187/2019, que reorganizou a Seduc/SP, encontra-se:

> Art. 4º - A Secretaria da Educação tem a seguinte estrutura básica:
> I - Gabinete do Secretário;
> II - Conselho Estadual de Educação - CEE;
> III - Conselho Estadual de Alimentação Escolar de São Paulo - CEAE;
> IV - Comitê de Políticas Educacionais;
> V - Subsecretaria de Acompanhamento da Grande São Paulo;
> VI - Subsecretaria de Acompanhamento do Interior;
> VII - Escola de Formação e Aperfeiçoamento dos Profissionais da Educação do Estado de São Paulo "Paulo Renato Costa Souza";
> VIII - Coordenadoria Pedagógica;
> IX - Coordenadoria de Informação, Tecnologia, Evidência e Matrícula;
> X - Coordenadoria de Infraestrutura e Serviços Escolares;
> XI - Coordenadoria de Gestão de Recursos Humanos;
> XII - Coordenadoria de Orçamento e Finanças;
> XIII - Diretorias de Ensino, identificadas nos Anexos I e II deste decreto.
> Parágrafo único - A Secretaria da Educação conta, ainda, com:
> 1. entidade vinculada: Fundação para o Desenvolvimento da Educação - FDE;
> 2. fundo especial: Fundo de Desenvolvimento da Educação em São Paulo (FUNDESP).

Cabe esclarecer que cada um desses órgãos da Seduc/SP, por sua vez, se ramifica em vários outros setores/departamentos/chefias de acordo com a previsão do dispositivo legal correspondente, com competências e atribuições, bem como especificação das relações hierárquicas[26].

---

26 Os autores reconhecem que esse modelo de estrutura burocrática retratada se inspira na concepção tecnicista de organização do trabalho, das atividades e suas finalidades. Para superar essa lógica de divisão do trabalho, fragmentada, se faz necessária uma outra. Há que se ter uma estrutura e uma organização do trabalho pautada numa visão de totalidade, situada historicamente, articulada organicamente com o fenômeno educativo e com relações construídas sob princípios democráticos e humanizadores. Se faz urgente uma nova Teoria de Supervisão para contrapor a Nova Gestão Pública.

Pode-se perceber a partir das exposições acima que, para além do intraescolar, há inúmeros espaços e funções a serem exercidas pelo(a) gestor(a)-pedagogo(a) nos sistemas de ensino. Mesmo diante de especificidades técnicas de alguns setores, por exemplo, os de criação de Tecnologias de Informação e Comunicação (TIC), de assistência jurídica, ou, ainda, contabilidade, edificações, não se pode ignorar que o funcionamento orgânico dessas estruturas burocráticas depende do(a) profissional gestor(a)-pedagogo(a) para promover processos de mediação entre o saber tecnológico e o saber pedagógico, proporcionando uma visão de conjunto e de totalidade em que se situa a educação como prática social, relacionando o intra com o interescolar, de maneira a mobilizar todos os recursos humanos, físicos e materiais, com vistas a garantir o direito à Educação.

Nesse sentido, o termo gestão, neste trabalho, designa o conjunto de atividades destinadas tanto ao processo decisório da elaboração de políticas quanto ao planejamento, administração, coordenação, direção, supervisão, avaliação, em todos os níveis do Sistema de Ensino, para concretizar o ensino e a aprendizagem nas escolas.

Como se sabe, a expressão gestão é introduzida no setor público a partir da Reforma do Estado na década de 1990, sob a ótica gerencialista do modelo empresarial de administração. Na escola pública o conceito é associado a eficiência, produtividade e competitividade.

Entretanto, Oliveira e Menezes (2018) ressaltam que o conceito de gestão escolar é uma construção histórica, produzida em um contexto político e educativo e, por essa razão, repleto de valores e significados específicos. As autoras afirmam ainda que o conceito que antes relacionava-se às funções mais administrativas hoje incorpora o pedagógico e o político diante das mudanças sócio-históricas.

Desta forma, para além de funções administrativas ou da gestão centrada no intraescolar, defende-se neste trabalho um conceito de gestão alargado, pensado para o sistema de ensino, sustentado pela Pedagogia como ciência que propicia um pensar investigativo, autônomo e autoral sobre a práxis educativa; defende-se, sobretudo, uma gestão situada politicamente na defesa da garantia do direito à Educação para todos e todas.

E, nessa esteira, outro conhecimento que credencia a atuação do(a) gestor(a)-pedagogo(a) é sua experiência docente, pré-requisito para o exercício profissional de quaisquer outras funções de magistério, conforme determinado pelo parágrafo 1º do art. 67 da LDB. Não há como se ter uma visão de totalidade desconsiderando a dinâmica da sala de aula e da própria escola. Os saberes da docência relacionam-se e são essenciais aos processos de elaboração, planejamento e decisão sobre as políticas públicas educacionais.

Com essas características, busca-se romper com a lógica de trabalho tecnicista que divide aqueles que executam daqueles que planejam; "técnicos-profissionais" de pedagogos(as) e de docentes; diferentes setores/departamentos (execução) do órgão central (poder decisório). Essas divisões impedem relações dialogais, projetos articulados, políticas educacionais voltadas para um processo educativo emancipatório. As divisões promovem, ainda, o distanciamento da realidade concreta das escolas e acabam por obscurecer as possibilidades de enfrentamento e resolução dos problemas encontrados nas redes de ensino.

Pensar em outros espaços possíveis de atuação do(a) gestor(a)-pedagogo(a) pressupõe romper com a classificação que atribuiu aos pedagogos somente as funções com as nomenclaturas de: coordenador(a), diretor(a), supervisor(a), inspetor(a) e orientador(a).

A estrutura observada nos sistemas de ensino demonstra uma gama variada de cargos e funções (que, de acordo com as nomenclaturas, destinam-se a tecnólogos(as), administradores(as) de empresas, economistas, mestres(as) e doutores(as) em gestão de empresas, entre outros) ocupadas por profissionais sem aderência com a Educação escolar e com o campo da Pedagogia.

A breve exposição anterior acerca da estrutura de um sistema busca ampliar o campo de visão e de compreensão sobre a importância da atuação do(a) pedagogo(a) como gestor(a) nesses diferentes espaços, independentemente das variações de nomenclatura que possam ter, em função da sua expertise em problematizar as relações entre finalidades e meios educacionais.

A consolidação dessa concepção encontra aporte nos saberes teóricos e práticos e também na LDB. A seguir, de maneira sucinta, destacam-se alguns apontamentos do Curso de Pedagogia que confirmam essa nossa tese de possibilidade de ocupação em espaços outros que não os tradicionalmente reconhecidos e apresentados aos(às) pedagogos(as).

3. O Curso de Pedagogia e a formação do(a) pedagogo(a) para a gestão

Os(As) profissionais que atuam na gestão escolar, historicamente reconhecidos(as) como especialistas em Educação, possuem sua formação para o exercício das funções relacionada ao Curso de Pedagogia. Esta exigência inicia-se na Resolução CFE n. 252/1969, com as antigas habilitações para a administração escolar, orientação educacional, supervisão escolar, entre outras, e permanece até os dias atuais.

A LDB (BRASIL, 1996) estabelece como exigência para a formação dos "especialistas da educação" a graduação no Curso de Pedagogia ou em curso de pós-graduação, nos seguintes termos:

> Art. 64. A formação de profissionais de educação para administração, planejamento, inspeção, supervisão e orientação educacional para a educação básica, será feita em cursos de graduação em pedagogia ou em nível de pós-graduação, a critério da instituição de ensino, garantida, nesta formação, a base comum nacional.

A elaboração da LDB ocorre em um contexto de mudanças neoliberais e, segundo Shiroma; Moraes; Evangelista (2007, p. 10), as medidas adotadas foram objeto de cuidadoso planejamento e deixam "evidente[s] as articulações entre as reformas implementadas nos anos de 1990, pelos governos brasileiros do período, e as recomendações dos organismos multilaterais".

Para Gentili e Silva (1994) o neoliberalismo trouxe uma nova forma de ver a qualidade educacional, associando-a aos princípios mercadológicos de produtividade e rentabilidade, introduzindo nas escolas a lógica da livre concorrência, pela qual os termos como "produtividade", "excelência" e "eficiência" passam a ser aplicados à Educação e à formação de professores(as). Essa lógica impacta na estrutura dos sistemas de ensino, na sua forma de organização e de conceber as funções para o seu funcionamento e desenvolvimento de políticas públicas.

Nesse cenário, cabe perguntar: "Os(as) profissionais que atuam no sistema de ensino são todos profissionais da Educação?"; "Há alguma atividade dentro do sistema de ensino que não se destina à efetivação do processo educacional que ocorre nas escolas?"; "Por que, grosso modo, a atuação dos(as) profissionais do art. 64 da LDB se restringe apenas ao intraescolar?"

O presente texto não tem a pretensão de esgotar essas questões, mas apresenta alguns elementos, a partir do ordenamento legal e revisão documental, para reflexão, a fim de contribuir para o debate que se trava entre o público e o privado na gestão do sistema de ensino, via ocupação de espaços, em diferentes níveis decisórios de políticas.

Com a aprovação da Resolução do Conselho Nacional de Educação n. 1/2006 (BRASIL, 2006), que estabeleceu as Diretrizes Curriculares Nacionais para o curso de Pedagogia (DCNP), foram extintas as antigas habilitações de supervisão, orientação, administração e inspeção escolar desse curso, definidas pelo Parecer do Conselho Federal de Educação n. 252/1969 (BRASIL, 1969). As DCNP definem a docência como base de formação do(a) pedagogo(a) e apresentam uma gama de possibilidades de atuação para o(a) Licenciado(a), dado que o Curso de Pedagogia aplica-se à formação inicial para o exercício da docência na Educação Infantil e nos Anos Iniciais do Ensino Fundamental, nos cursos de Ensino Médio de modalidade Normal, bem como em outras áreas nas quais sejam previstos conhecimentos pedagógicos.

Destaca-se no texto da norma:

> Art. 4º [...]
> *Parágrafo único.* As atividades docentes também compreendem participação na organização e *gestão de sistemas* e *instituições de ensino*, englobando:
> I – planejamento, execução, coordenação, acompanhamento e avaliação de tarefas próprias do setor da Educação;
> II – planejamento, execução, coordenação, acompanhamento e avaliação de projetos e experiências educativas não escolares;
> III – produção e difusão do conhecimento científico-tecnológico do campo educacional, em contextos escolares e não escolares. (BRASIL, 2006, grifos nossos).

Libâneo (2006, p. 845) ressalta as imprecisões conceituais do texto da norma, que acabam por gerar confusões para o exercício da atividade profissional. Questiona ainda o autor se caberia ao curso propiciar competências para participar ou assumir funções na gestão e organização da escola.

Com essas diretrizes, nota-se a mudança de concepção com relação à figura do(a) "gestor(a)" se comparado à dos(as) antigos(as) "especialistas". O(a) professor(a) passa a ser visto(a) como partícipe da gestão, nas atividades de planejamento, execução e avaliação, além da gestão administrativa, pedagógica e profissional.

Segundo Vieira (2007, p. 107),

> O conceito de gestão presente nas DCNP não significa formação do antes denominado 'especialista' de ensino, mas abarca todos os processos de gestão referidos à educação, o escolar, o familiar, o financeiro, o de conhecimento, o de alunos, entre outros. Este conceito supõe que não apenas o gestor *stricto sensu* deve se ocupar da administração da escola, mas o próprio professor é tido como gestor.

Cabe ressaltar que, apesar das mudanças e de não fazer menção expressa aos(às) especialistas, o parágrafo único do art. 4º, da Resolução CNE n. 1/2006, aponta como "atividades docentes" as referentes tanto à gestão do sistema quanto às das instituição de ensino. Relacionam-se às atividades nas instituições de ensino aquelas do intraescolar, mais conhecidas como as de coordenação, direção, orientação e supervisão escolar. Pode-se, por outro lado, relacionar à gestão do sistema todas as outras atividades que integram a estrutura do sistema de ensino de acordo com o seu organograma, ampliando, desta forma, o rol do intraescolar com ações de administração, planejamento e avaliação também para outros níveis do sistema, incluindo para os órgãos centrais, responsáveis pela proposição de políticas públicas educacionais.

O art. 67 da LDB destacava a docência quando a colocava como condição para a atuação em outras funções de magistério: "§ 1º A experiência docente é pré-requisito para o exercício profissional de quaisquer outras funções de magistério, nos termos das normas de cada sistema de ensino" (BRASIL, 1996).

Depreende-se das análises algumas contradições, pois ao mesmo tempo que se tem uma ampliação do espaço de trabalho, segundo a descrição do texto da norma legal, garantindo a organicidade e articulação para a gestão do sistema com a presença de profissionais que tenham a experiência docente como base estruturante de sua profissionalidade, por outro, encontra-se a dificuldade para o Curso de Pedagogia definir o projeto formativo sob esses preceitos.

Para Ferreira (2020), "os cursos de Pedagogia, não raramente, centram-se em aspectos práticos da profissão dos professores, em conceitos relacionados à Educação, e não enfatizam a Pedagogia, em seus aspectos científicos" (FERREIRA *et al.*, 2020).

Há de se destacar, ainda, a possibilidade de um empobrecimento teórico nos cursos, em razão da amplitude das funções tanto da docência quanto da gestão.

Conforme Triches e Evangelista (2015, p. 10-11),

> [...] as DCNP pautam-se em dois eixos principais: docência – em sentido estrito – e gestão, nessa ordem de importância, cabendo à pesquisa um papel subsidiário à gestão. Ademais, a pesquisa, a avaliação, a responsabilização pelo processo educativo e a autonomia são postas como componentes da gestão nas duas documentações, expressando a amplitude da gestão, assim como da docência.

Nota-se que as DCNP (BRASIL, 2006) não foram modificadas ou revogadas, apesar das contradições apontadas por pesquisadores da área e mesmo diante das novas publicações para as Diretrizes Nacionais de Formação de Professores para a Educação Básica (DCN): Resolução CNE n. 2/2015[27] (revogada)[28] e Resolução CNE 2/2019[29].

Vale destacar que essas DCN reafirmaram o Curso de Pedagogia como *locus* para a formação dos gestores, profissionais do art. 64 da LDB n. 9.394/1996. A Resolução CNE n. 2/2019, estabelece no art. 22:

> Art. 22. A formação para atuar em Administração, Planejamento, Inspeção, Supervisão e Orientação Educacional para a Educação Básica, nos termos do art. 64 da LDB, ou com centralidade em ambientes de aprendizagens e de coordenação e assessoramento pedagógico, pode-se dar em:
> I – cursos de graduação em Pedagogia com aprofundamento de estudos nas áreas de que trata o caput e que possuam uma carga horária mínima de 3.600 (três mil e seiscentas) horas; e
> II – cursos de especialização lato sensu ou cursos de mestrado ou doutorado, nas mesmas áreas de que trata o caput, nos termos do inciso II do art. 61 da LDB.
> § 1º O aprofundamento de estudos de que trata o inciso I será correspondente a 400 (quatrocentas) horas adicionais às 3.200 (três mil e duzentas) horas previstas para o curso de Pedagogia.
> § 2º Para o exercício profissional das funções relativas a essas áreas, a experiência docente é pré-requisito, nos termos das normas de cada sistema de ensino, conforme o disposto no § 1º do art. 67 da LDB.

---

27 Alterada pela Resolução CNE/CP n. 1, de 9 de agosto de 2017.

28 Define as Diretrizes Curriculares Nacionais para a formação inicial em nível superior (cursos de Licenciatura, cursos de formação pedagógica para graduados e cursos de segunda Licenciatura) e para a formação continuada.

29 Define as Diretrizes Curriculares Nacionais para a Formação Inicial de Professores para a Educação Básica e institui a Base Nacional Comum para a Formação Inicial de Professores da Educação Básica (BNC-Formação).

Tradicionalmente, a atuação do(a) pedagogo(a) foi relacionada ao exercício de atividades no intraescolar como as de coordenação, direção, supervisão, orientação. No entanto, percebe-se uma gama outra de possibilidades, entre as quais se destacam as que estão no nível dos órgãos centrais e no interescolar. Cada sistema de ensino organiza sua administração com um quadro de funções diferenciadas, especialmente com relação às nomenclaturas. Apesar dessas diferenças, todos os agentes que atuam nos sistemas de ensino desenvolvem suas atribuições considerando o fenômeno educativo como objeto para a concretização da política pública educacional.

Como exemplo, pode-se observar a estrutura da Secretaria de Educação/SP (SEDUC), organizada de acordo com o Decreto n. 64.187, de 17 de abril de 2019[30]. Na complexa e ramificada estrutura da SEDUC, encontra-se a Coordenadoria Pedagógica (art. 9º), composta por Departamento de Desenvolvimento Curricular e de Gestão Pedagógica; Departamento de Atendimento Especializado; Departamento de Avaliação Educacional, além de uma Assistência Técnica e um Núcleo de Apoio Administrativo. Esses departamentos se desdobram em Centros de Educação Infantil e Anos Iniciais do Ensino Fundamental; Anos Finais do Ensino Fundamental; Ensino Médio; Gestão Pedagógica; Centro de Inovação; Projetos e Articulação de Iniciativas com Pais e Alunos; Apoio Pedagógico; Inclusão Educacional; Educação de Jovens e Adultos; Planejamento e Análise de Avaliações; Aplicação de Avaliações.

O rol de atribuições detalhadas em cada um dos centros pode ser encontrado no decreto citado acima. Mas, a partir da própria nomenclatura, há indicativos dos trabalhos desenvolvidos na elaboração e na implementação das políticas públicas. Os saberes necessários para a atuação dos diferentes agentes nesses espaços dialogam, diretamente, com o objeto ou problema da Pedagogia.

A apresentação da estrutura do sistema de ensino e de alguns dos fundamentos legais que dão contorno ao curso de Pedagogia busca apontar

---

30 Texto na íntegra disponível em: https://www.al.sp.gov.br/norma/190238. Acesso em: 31 ago. 2020.

a diversidade de espaços possíveis para serem ocupados pelos(as) pedagogos(as). Esses espaços, concebidos e destinados para a garantia do direito à Educação, pertencem, legitimamente, aos(às) pedagogos(as).

4. O avanço do setor empresarial sobre a Educação Pública: o espaço do(a) pedagogo(a) em disputa

Nas últimas décadas, observamos um avanço do setor empresarial nos processos de gestão dos sistemas de ensino, principalmente, sob a forma de transferência da gestão para Fundações e Organizações Não Governamentais (ONG), que se apresentam como não produtivas, mas alinhadas com os interesses do mercado, conforme aponta Adrião (2017) em suas pesquisas.

Uma das formas de influência do setor privado no Brasil consolida-se pelas Parcerias Público-Privadas (PPP). Ressalta-se que a expressão Parceria Público-Privada representa a forma de assunção de responsabilidades do poder público, de maneira parcial ou total, pela iniciativa privada, que passa a intervir diretamente na administração (BEZERRA, 2008, p. 62-63).

Propalando discursos de ineficiência do Estado, de desqualificação do serviço público e de seus servidores e em meio à reforma gerencial, o setor empresarial amplia seus tentáculos. Na Educação esse grupo passa a atuar tanto na gestão educacional quanto na gestão pedagógica e de currículos e, assim, as PPP caracterizaram-se como forma de garantir investimentos públicos mesmo em fase de ajustes fiscais, segundo Miranda (2013).

O Movimento Todos pela Educação (TPE), o Instituto Ayrton Senna e a Fundação Lemann são alguns dos exemplos de grupos com atuação em PPP. Para Martins (2013, p. 153):

> é um tipo de privatização com fornecimento de serviços educacionais e financiamento públicos. Esse processo não ocorre apenas através da atuação do TPE, no entanto, esse grupo, por meio de suas propostas, pressupostos, princípios, e de sua capilaridade em diversas instâncias do governo, representa um ícone desse movimento de privatização.

Destaca-se que o movimento TPE anuncia-se como uma iniciativa suprapartidária e que reúne diversos especialistas e organizações na elaboração de propostas para alavancar a qualidade da Educação Básica[31]. Há de se enfatizar o caráter ideológico do TPE, atuando para propagar ideias e valores com vistas a concretizar a perspectiva gerencial na Educação, segundo Shiroma, Garcia e Campos (2011).

Esse avanço coincide com a expansão da agenda neoliberal no Brasil que, a partir dos anos de 1990, desempenha influência direta sobre reformas no campo educacional. Como expressões mais recentes dessas reformas, pode-se destacar a definição da Base Nacional Comum Curricular da Educação Infantil e Ensino Fundamental – BNCC, (2017), a Reforma do Ensino Médio (2017), BNCC para o Ensino Médio (2018) e as Diretrizes Curriculares Nacionais de Formação de Professores para a Educação Básica (2019), entre outras.

Com esse pacote de políticas, são propagadas as ideias de eficiência, relacionadas aos processos meritocráticos fundamentados nas avaliações institucionais externas para o setor educacional, exaltando a iniciativa privada como referência de alto padrão de qualidade na gestão em detrimento do setor público.

Segundo Shiroma, Garcia e Campos (2011, p. 233):

---

31 Página inicial do TPE. Disponível em: https://www.todospelaeducacao.org.br/pag/iniciativa-educacao-ja. Acesso em: 13 mar. 2020.

> O ponto central de sua estratégia é corresponsabilidade e a busca de eficiência, eficácia e efetividade. Seu enfoque é primordialmente voltado à melhoria da qualidade do ensino traduzida em indicadores mensuráveis obtidos por meio de avaliações externas.

Esse breve contexto busca mostrar como o setor empresarial adentra no público e, especialmente, nos órgãos centrais do executivo do sistema de ensino. O espaço por excelência do(a) gestor(a)-pedagogo(a) passa a ser disputado pelo(a) gestor(a) de empresas. Para justificar essa ação, está a narrativa de ineficiência do serviço público e nele incluam-se os(as) pedagogos(as) de carreira.

Por intermédio de programas próprios[32], idealizados pelos movimentos empresariais e oferecidos aos executivos educacionais, abrem-se brechas para a atuação e instalação no interior do sistema de ensino desses setores privatistas. Sob pressuposto gerencialista da Nova Gestão Pública, os postos ocupados se dão no nível central da estrutura da administração, assumindo dessa forma um espaço fulcral de elaboração e proposição de políticas públicas.

Segundo Peroni e Oliveira (2019, p. 45),

> [...] com diferentes tipos de parcerias com as redes públicas de educação, a exemplo do Instituto Ayrton Senna, Unibanco, Positivo, Victor Civita e a própria Fundação Lemann, citada neste trabalho, que vêm atuando, junto aos governos, tanto na formação de professores e gestores como na formação de técnicos das secretarias, com foco em resultados.

Nesse sentido, como uma das formas dessas parcerias, agentes são contratados pelo setor privado e disponibilizados para assessoria, por vezes, com alocação direta nos órgãos executivos do governo, em especial, aqueles responsáveis pelo diagnóstico, planejamento, avaliação e proposição das

32 Para mais detalhes, ler mais sobre o Programa de Ensino Integral (PEI) relacionado aos Parceiros da Educação e o Inova, relacionado ao Instituto Ayrton Senna, na Secretaria de Educação de São Paulo.

políticas públicas, sempre sob a justificativa da competência técnica desses profissionais. Outra forma, ainda, é a presença dos próprios empresários, ou de seus apadrinhados, em conselhos de gestão[33], estratégicos para a definição de políticas.

As transformações no curso de Pedagogia e a consequente redução da atuação do(a) pedagogo(a) à docência nos Anos Iniciais do Ensino Fundamental e na Educação Infantil acontecem paralelamente ao processo de ampliação das PPP e de sua influência no interior dos sistemas de ensino.

Conforme Peroni e Oliveira (2019, p. 54),

> As parcerias, portanto, ao determinarem o conteúdo da educação, significam um retrocesso em relação à luta pela democratização da educação que envolveu a sociedade brasileira nos anos 1980 para a abertura política, principalmente considerando o nosso histórico nacional de pouca cultura democrática. Outra questão a ressaltar é o processo de privatização como política pública. No caso da Fundação Lemann, assim como em outros casos pesquisados, em que ocorrem parcerias de instituições privadas com sistemas públicos, o ente público transfere a sua responsabilidade de formular e/ou executar política.

A presença de um(a) profissional crítico(a), investigador(a) do fenômeno educativo, nas esferas decisórias dos órgãos centrais é conflitante aos interesses desses setores privatistas tanto que, aos poucos, o(a) gestor(a)-técnico(a) (economista, administrador[a] de empresas) passou a ocupar diferentes postos da estrutura.

Como observado por Ruiz (2014, p. 16),

> a classe empresarial vem se mobilizando no sentido de ampliar seus quadros de intelectuais orgânicos em um esforço de educar o consenso, em torno de suas ideias pedagógicas, em específico para a área da gestão escolar.

---

33 Conferir, para efeitos de exemplo, o Decreto/SP n. 57.571, de dezembro de 2011, que estabelece a composição para o Conselho Consultivo do Programa Educação Compromisso de São Paulo. 2011. Inclui até dez representantes da sociedade civil, no caso, representantes do setor empresarial integram o conselho.

As reflexões apresentadas buscam demonstrar como os espaços decisórios de políticas públicas vão sendo ocupados, paulatinamente, pelo setor empresarial, em detrimento dos profissionais de carreira de Estado e dos(as) pedagogos(as). Diante desse quadro reafirma-se a necessidade de ocupação dos diversos espaços do interescolar, dos diferentes níveis e dos órgãos centrais do sistema pelos(as) pedagogos(as), incluindo-os(as) como gestores(as) para além do âmbito intraescolar, ampliando, assim, por um lado, o campo de atuação desses profissionais e, por outro, consolidando o compromisso com o processo educativo emancipatório[34].

5. Considerações finais (ainda que preliminares)

O diálogo teórico e documental desenvolvido neste texto buscou apresentar e ampliar as possibilidades de atuação do gestor(a)-pedagogo(a) nos diferentes espaços do sistema de ensino, considerando o atual ordenamento legal, a disputa pelas funções de elaboração e proposição de políticas públicas educacionais e o compromisso político que perpassa o estudo do fenômeno educativo para a garantia do direito à Educação.

Mesmo que de forma preliminar, o estudo aponta, primeiramente, para a expansão do setor empresarial na gestão educacional, com uma

34 Trabalho organizado pela pesquisadora Selma Garrido Pimenta (1998) aponta para as possibilidades da Pedagogia em um processo educativo emancipatório, o qual deve ser o sentido da atuação dos gestor(a)-pedagogo(a) defendido neste trabalho por Chede e Silva.

crescente ocupação dos cargos/funções ligados à gestão do sistema de ensino, em nível de órgãos centrais, com profissionais de diferentes formações em detrimento do(a) gestor(a)-pedagogo(a).

Essa entrada nos sistemas ocorre principalmente por intermédio das Parcerias Público-Privadas, as quais ofertam diferentes serviços e programas aos governos. Com esses "produtos" funcionando no interior das Secretarias de Educação a gestão do programa acaba por ficar sob responsabilidade da instituição parceira. Dessa forma, vários profissionais, com diferentes formações, ingressam no setor público para implementar os programas idealizados externamente. Essa estratégia cada vez mais divide os processos de planejamento e execução de políticas públicas e é responsável pela propagação ideológica dos princípios mercadológicos e privatistas nas políticas educacionais.

As equipes ligadas ao setor empresarial são apontadas pelos idealizadores dos programas, como os profissionais "competentes" para a gestão do ensino, e do próprio sistema, sob a justificativa de ineficiência do serviço público e de seus servidores.

Do ponto de vista legal, apesar da ênfase ao curso de Pedagogia para formar o(a) professor(a) da Educação Infantil e dos Anos Iniciais do Ensino Fundamental, contraditoriamente, o curso também se destina a formar o(a) pedagogo(a) para atuação na gestão do sistema para administração, planejamento, inspeção, supervisão e orientação educacional para a Educação Básica, reafirmando o contido nos arts. 64 e 67 da LDB (BRASIL, 1996). Aqui, frisa-se, para o Sistema e não apenas para o intraescolar. A prerrogativa legal, atrelada aos fundamentos da Pedagogia como Ciência da Educação que investiga o fenômeno educativo, permeado pelo exercício da docência na construção da profissionalidade do(a) gestor(a)-pedagogo(a), constitui a característica essencial do(a) profissional voltado(a) para atuar nos diferentes e diversos espaços da estrutura do sistema de ensino. Esses profissionais possuem uma visão de totalidade, orgânica e articulada para o desempenhar de atividades que extrapolam o âmbito do intraescolar.

A atuação no interescolar, nos diferentes níveis do sistema e nos órgãos centrais constitui-se em espaço de disputa para a consolidação do projeto educacional emancipador. Por essa razão, há de se superar tendências reducionistas que restringem a atuação do(a) pedagogo(a) ao intraescolar. Abrir mão de outros espaços de atuação no sistema de ensino representa renunciar às esferas decisórias de elaboração e definição de políticas públicas.

A análise exposta não pretende esgotar a temática, ao contrário, demonstra a necessidade de aprofundamento da pesquisa pelo autor e pela autora e outros(as) interessados(as), com investigações relacionadas ao currículo do curso de Pedagogia para formar o(a) gestor(a)-pedagogo(a) e para desvelar às características dos profissionais que atuam nas PPP nos sistemas de ensino e intencionalidades, entre outras.

Por fim, enfatiza-se que a ocupação dos espaços do sistema de ensino pelo(a) gestor(a)-pedagogo(a) representa o compromisso com a garantia do direito à Educação sob perspectiva emancipatória e representa um movimento de resistência à agenda empresarial, que promove o desmonte dos serviços públicos.

Referências

ADRIÃO, Theresa. A privatização dos processos pedagógicos: Grupos editoriais e os negócios na educação básica. *In*: MARINGONI, Gilberto (org.). *O negócio da educação*. São Paulo: Olho D'Água; Fepesp, 2017. p. 129-144.

ADRIÃO, Theresa. Dimensões da privatização da educaçao básica no Brasil a partir de 1990: um diálogo com a produção acadêmica. 2015. 227 f. Tese (Livre Docência) – Faculdade de Educação, Universidade Estadual de Campinas, Campinas, 2015.

BEZERRA, Egle Pessoa. *Parceria público-privada nos municípios de Brotas e Pirassununga*: estratégias para a oferta do ensino? 2008. 181 f. Dissertação (Mestrado em Educação) – Instituto de Biociências, Universidade Estadual Paulista, Rio Claro, 2008.

BRASIL. *Constituição da República Federativa do Brasil*: texto constitucional promulgado em 5 de outubro de 1988, com as alterações determinadas pelas Emendas Constitucionais de Revisão nn. 1 a 6/94, pelas Emendas Constitucionais nn. 1/92 a 91/2016 e pelo Decreto Legislativo n. 186/2008. Brasília, DF: Senado Federal; Coordenação de Edições Técnicas, 2016.

BRASIL. MINISTÉRIO DA EDUCAÇÃO. CONSELHO NACIONAL DE EDUCAÇÃO. *Resolução CNE/CP n. 2/2015*. Define as Diretrizes Curriculares Nacionais para a formação inicial em nível superior (cursos de Licenciatura, cursos de formação pedagógica para graduados e cursos de segunda Licenciatura) e para a formação continuada. Brasília, DF: 2015. Disponível em: http://portal.mec.gov.br/docman/agosto-2017-pdf/70431-res-cne-cp-002-03072015-pdf/file. Acesso em: 7 out. 2020.

BRASIL. MINISTÉRIO DA EDUCAÇÃO. *Lei de Diretrizes e Bases da Educação Nacional n. 9394/96, de 20 de dezembro de 1996*. Brasília, DF: MEC, 1996. Disponível em: http://www.planalto.gov.br/ccivil_03/leis/l9394.htm. Acesso em: 29 mar. 2021.

BRASIL. MINISTÉRIO DA EDUCAÇÃO E CULTURA. CONSELHO FEDERAL DE EDUCAÇÃO. *Parecer n. 252/1969*. Rio de Janeiro: Tupy, 1969.

BRASIL. *Resolução n. 2, de 20 de dezembro de 2019*. Define as Diretrizes Curriculares Nacionais para a Formação Inicial de Professores para a Educação Básica e institui a Base Nacional Comum para a Formação Inicial de Professores da Educação Básica (BNC-Formação). Brasília, DF: Ministério da Educação; Conselho Nacional de Educação; Conselho Pleno, [2019]. Disponível em: http://portal.mec.gov.br/docman/dezembro-2019-pdf/135951-rcp002-19/file. Acesso em: 1 jun. 2020.

BRASIL. Resolução n. 1, de 15 de maio de 2006. Institui Diretrizes Curriculares Nacionais para o Curso de Graduação em Pedagogia, Licenciatura. *Diário Oficial da União*, Brasília, DF, n. 92, p. 11-12, 16 maio 2006.

FERREIRA, Liliana Soares; ZIMMERMAN, Ana Paula Cristino; CABRERA, Vicente. Pedagogia nas produções acadêmicas da pós-graduação em educação no Rio Grande do Sul: análise dos movimentos de sentidos. *Revista Cocar*, Belém, n. 8, p. 146-164, jan./abr. 2020.

GENTILE, Pablo; SILVA, Tomaz. *Neoliberalismo, qualidade total e educação*: visões críticas. Petrópolis: Vozes, 1994.

LIBÂNEO, José Carlos. *Didática*. 28. ed. São Paulo: Cortez Editora, 2008.

LIBÂNEO, José Carlos. Diretrizes curriculares da pedagogia: imprecisões teóricas e concepção estreita da formação profissional de educadores. *Educação e Sociedade*, Campinas, v. 27, n. 96, p. 843-876, out. 2006,

MARTINS, Erika Moreira. *Movimento "Todos pela Educação"*: um projeto de nação para a educação brasileira. 2013. Dissertação (Mestrado) – Faculdade de Educação, Campinas, 2013.

MIRANDA, Aline Barbosa de. *Os impasses das ações de duas organizações do terceiro setor na educação pública mineira e paulista na primeira década de 2000*. 2013. 412f. Tese (Doutorado) – Universidade de São Paulo. São Paulo. 2013.

OLIVEIRA, Ivana Campos; MENEZES, Ione Vasques. Revisão de literatura: o conceito de gestão escolar. *Cadernos de Pesquisa*, São Paulo, v. 48, n. 169, p. 876-900, jul./set. 2018.

PERONI, Vera Maria Vidal; OLIVEIRA, Cristina Maria Bezerra de. O marco regulatório e as parcerias público-privadas no contexto educacional. *Revista Práxis Educacional*, Vitória da Conquista, v. 15, n. 31, p. 38-57, jan./mar. 2019.

PIMENTA, Selma Garrido (org.). *Curso de pedagogia*: inovações na formação de professores polivalentes. São Paulo: Cortez Editora, 2019.

PIMENTA, Selma Garrido (coord.). *Pedagogia, ciência da educação?* São Paulo: Cortez Editora, 1998.

PIMENTA, Selma Garrido (coord.). *Pedagogia e pedagogos*: caminhos e perspectiva. 3. ed. São Paulo: Cortez Editora, 2011.

RUIZ, Maria José Ferreira. Participação na gestao da escola pública: divergências e incompatibilidades de interesses. *Revista NUPEM*, Campo Mourão, v. 6, n. 11, jul./dez. 2014.

SÃO PAULO. ASSEMBLEIA LEGISLATIVA DO ESTADO DE SÃO PAULO. Decreto n. 64.187, de 17 de abril de 2019. Reorganiza a Secretaria da Educação e dá providências correlatas. São Paulo: Secretaria do Governo, 2019. Disponível em: https://www.al.sp.gov.br/repositorio/legislacao/decreto/2019/decreto-64187-17.04.2019.html. Acesso em: 31 ago. 2020.

SAVIANI, Dermeval. Sistemas de ensino e planos de educação: O âmbito dos municípios. *Educação e Sociedade*, Campinas, ano XX, n. 69, dez. 1999. Disponível em: http://www.scielo.br/pdf/es/v20n69/a06v2069.pdf. Acesso em: 10 mar. 2020.

SILVA JUNIOR, Celestino Alves da. A organização do trabalho na escola: a prática existente e a teoria necessária. *Cadernos de Pesquisa*, São Paulo, n. 59, p. 73-76, nov. 1986.

SHIROMA, Eneida Oto; CAMPOS, Roselana Fátima; GARCIA, Rosalba M. C. Conversão das "almas" pela liturgia da palavra: uma análise do discurso do movimento Todos Pela Educação. *In:* BALL, Stephen J.; MAINARDES, Jefferson (orgs.). *Políticas Educacionais*: questões e dilemas. São Paulo: Cortez Editora, 2011.

SHIROMA, Eneida Oto; MORAES, Maria Célia Marcondes de; EVANGELISTA, Olinda. *Política educacional*. 4. ed. Rio de Janeiro: Lamparina, 2007.

TRICHES, Jocemara. *A internalização da agenda do capital em cursos de pedagogia de universidade federais (2006-2015)*. 2016. 400 f. Tese (Doutorado em Educação) - Universidade Federal de Santa Catarina, Florianópolis, 2016.

TRICHES, Jocemara; EVANGELISTA, Olinda. O superprofessor e a reconversão docente nos cursos de Pedagogia. *In*: SEMINÁRIO MARX E O MARXISMO 2015: INSURREIÇÕES, PASSADO E PRESENTE, 2015, Niterói, *Anais* [...], Niterói, Universidade Federal Fluminense, 2015. p. 1-15. v. 1.

VIEIRA, Suzane da R. *Diretrizes Curriculares para o curso de Pedagogia*: pedagogo, docente ou professor? 151 f. 2007. Dissertação (Mestrado em Educação) - PPGE/CED, Universidade Federal de Santa Catarina, 2007.

Capítulo XII

Pedagogia na/para a Educação Não Escolar: pistas conceituais e apostas para o trabalho do(a) pedagogo(a)

José Leonardo Rolim de Lima Severo

Dinora Tereza Zucchetti

"Então, educamos e somos educados. Ao compartilharmos, no dia a dia do ensinar e do aprender, ideias, percepções, sentimentos, gestos, atitudes e modos de ação, sempre ressignificados e reelaborados em cada um, vamos internalizando conhecimentos, habilidades, experiências, valores, rumo a um agir crítico-reflexivo, autônomo, criativo, eficaz e solidário. Tudo em nome do direito à vida e à dignidade de todo o ser humano, do reconhecimento das subjetividades, das identidades culturais, da riqueza de uma vida em comum, da justiça e da igualdade social. Talvez possa ser esse um dos modos de fazer ***Pedagogia****"*

(José Carlos Libâneo)[35]

---

35 LIBÂNEO, José Carlos. *Pedagogia e pedagogos, para quê?* São Paulo: Cortez Editora, 2001, p. 32. (Grifo nosso).

1. Introdução

A compreensão da Educação como uma prática social que se desenvolve em diferentes contextos de interação humana nos parece um aspecto teoricamente consensuado na literatura de relevância científica para o campo educacional, também confirmada nas legislações atinentes. Porém, como a Pedagogia se relaciona com isso? Por que situar o debate sobre a Educação Não Escolar na Pedagogia e, mais especificamente, na formação inicial de pedagogos(as), quando, historicamente, é a problemática escolar que possui centralidade na produção do conhecimento pedagógico e na organização curricular dos cursos de Pedagogia?

De certo modo, tal investida representa uma transgressão na forma pela qual aprendemos a pensar e a falar da Pedagogia, convidando-nos a deslocamentos de sentidos que demarquem sua natureza como Ciência da Educação e, em consequência, que mobilizem um olhar crítico à tradição de formação de pedagogos(as) centrada na docência.

Situar a Educação Não Escolar como questão para pensar o(s) lugar(es) da Pedagogia em uma sociedade cuja dinâmica expressa a emergência de cenários plurais de ensino e aprendizagem, inspirados por diferentes lógicas que carregam as contradições e possibilidades do tempo histórico que as produz, repõe a necessidade de explorar criticamente como atuam diferentes forças sociais na proliferação de tantos arranjos educativos e o compromisso ético-político da prática pedagógica na transformação de condições que atualizam sistemas de desumanização (FREIRE, 1979). Nesse sentido, o debate em torno da Educação Não Escolar engloba o trabalho de produzir uma compreensão histórica sobre os ideais de formação humana que se tensionam na configuração do que se tem chamado de sociedade do conhecimento e sobre o engajamento profissional de pedagogos(as) na materialização desses ideais em diversos espaços mais além da escola.

É, pois, nesse horizonte de problematização das relações sociais traduzidas em arranjos educativos que criam novos cenários de atuação do(a) pedagogo(a) que este capítulo desenvolverá uma reflexão acerca de pistas conceituais para definição da Educação Não Escolar como uma questão emergente para a agenda de formação e prática profissional em Pedagogia[36]. Essa reflexão estrutura-se sob o pressuposto de que:

a) a profissão pedagógica tem-se reinventado no contato com saberes e modos de ação que constituem âmbitos de trabalho educativo não escolares muitas vezes invisibilizados pelo curso de Pedagogia, ainda que tenham adquirido maior reconhecimento público nas últimas três décadas;
b) cabe à Pedagogia, como Ciência da Educação, ou seja, campo de conhecimento sobre os diferentes sentidos e modos de educar entendidos como expressão de sociabilidades vinculadas a contextos sociais, históricos e políticos distintos, configurar repertórios teórico-metodológicos que problematizem esses âmbitos e fundamentem a ação crítico-reflexiva de pedagogos(as) que neles se inserem.

Mesmo com a possibilidade aberta pelas Diretrizes Curriculares Nacionais do curso de Pedagogia (BRASIL, 2006) para incorporar a Educação Não Escolar como objeto formativo, esse curso, de modo geral, tem sido mobilizado por um *ethos* que, assumindo a docência como conceito-síntese das diferentes práticas pedagógicas, se constitui em um dos obstáculos para o diálogo entre a formação de pedagogos(as) e as demandas formativas emergentes para além da escola, em função de uma representação restritiva da própria Pedagogia como campo de conhecimento, formação e prática profissional.

Nessas práticas invisibilizadas pelas tramas curriculares que essencializam a Pedagogia na formação de professores(as), operam-se lógicas educativas plurais que desafiam o modo unitário de tratar os sujeitos educativos a partir do binômio "professor(a)-aluno(a)", os saberes educativos como "conteúdos de ensino" e a organização do trabalho pedagógico como processo instrucional.

---

36 Tal reflexão também pode, em certa medida, ser estendida às demais formações no campo das Licenciaturas; contudo, este texto não alcança tal investidura.

Defender a pertinência da Educação Não Escolar como questão pedagógica se apoia na constatação de que "muy poco de lo que parece deseable decir y hacer en nombre de la educación puede sustraerse a su consideración como una práctica social a la que se han ido asociando distintas formas de imaginar y desarrollar las sociedades" (CARIDE GÓMEZ, 2012, p. 450).

Desse modo, nós nos somamos, com a reflexão que estrutura este texto, a um coletivo pensante de novos modos de reconhecimento de uma Pedagogia plural, de outras formas possíveis de Educação que ampliam e transcendem os sentidos atribuídos à prática pedagógica no horizonte do que é inédito e viável, de que tratava Freire (1979).

Assumir essa justificativa de relevância como pressuposto para o debate sobre as práticas educativas fora da escola não implica deslegitimar a função social da escolarização, mas reconhecer que a essa função se atrelam objetivos e possibilidades em um marco histórico e cultural específico. A escola não é a única instituição responsável pela formação humana, visto que as possibilidades de ensinar e aprender que estão na base das dinâmicas sociais contemporâneas residem na articulação integradora de experiências formativas que se dão em diversos tempos e espaços sociais.

2. As tramas conceituais da Educação Não Escolar

Definir uma perspectiva conceitual de Educação Não Escolar consiste em um esforço de síntese de diversas compreensões sobre as práticas educativas para além da escola que, historicamente, têm sido capturadas por meio da categoria Educação Não Formal. A recorrência ao uso categoria se exibe vigorosamente nas últimas décadas em face do reconhecimento dos movimentos de "pedagogização" dos processos sociais que manifestam influência ou possibilidades educativas como um elemento caracterizador do modo pelo qual se comporta a sociedade no horizonte da globalização econômica e cultural.

Canário (2006) usou a metáfora "face invisível da lua" para se referir à definição do escopo da Educação Não Formal (ENF), examinando a pouca visibilidade que essa categoria apresenta no campo dos estudos educacionais. No entanto, do ponto de vista das práticas, as situações que se enquadram nelas, segundo o autor, teriam florescido intensamente nas últimas três décadas na esteira de uma narrativa política que valoriza saberes e experiências que atravessam diferentes tempos e espaços sociais a partir da constatação sobre a crise da escola e de seus limites, diante das narrativas preponderantes.

Proposta por Coombs (1968), a partir do livro intitulado *A crise mundial da educação*, essa categoria surge em um contexto histórico que se liga ao transcurso das décadas de 60 e 70 do século XX. Nesse contexto, organismos e setores sociais sugeriam a necessidade de corresponder às demandas sociais da Educação por meio de mecanismos educativos situados fora do marco escolar, visto que a escola passou a ser alvo de críticas quanto à sua finalidade formativa. Primeiramente, as análises macroeducativas denunciavam a insuficiência da escola para atender a um universo de demandas e populações com necessidades específicas geradas por mudanças sociais e econômicas. Trilla, Gros, López e Martin (2011) sublinham que, com as análises macroeducativas fundamentadas em referenciais sociológicos, surgiram também, coincidentemente, reflexões fundadas em perspectivas que questionavam aspectos radicais do funcionamento e da cultura escolar, em alinhamento com Vincent, Lahire e Thin (2001), quando tratam da hegemonia da forma escolar de socialização.

Desse modo, a emergência da categoria ENF responde a dois interesses que expressam sentidos antagônicos: denominação e criação de um campo de intervençoes socioeducativas para a difusão de elementos que construíssem um perfil de sujeito vinculado às demandas do setor produtivo e, por outro lado, de um campo que atendesse a uma proposta popular de Educação dissociada dos discursos que engessam a escola em um paradigma de formação centrado em conteúdos pragmáticos e instrumentais desvinculados dos contextos de experiência social dos grupos humanos. Em ambos, uma marca firmada entre o assistencialismo e a assistência social, o que por vezes descaracteriza a sua dimensão educativa.

Em uma argumentação que aponta às limitações do uso da categoria ENF para classificar as práticas educativas fora do marco escolar, organizadas sob um fundamento pedagógico específico e que se expressa em seus objetivos e modos de ação, Moura e Zucchetti (2010) afirmam que os processos inscritos em seu âmbito demonstram um nível de formalização cada vez mais acentuado. As autoras (2010, p. 631) exemplificam que as atividades socioeducativas com crianças e adolescentes, tidas comumente como expressão da ENF,

> [...] possuem marcadores "institucionalmente" legitimados, tais como: legislações, metas, tempos, princípios, obrigatoriedade, entre outros, embora se diferenciem das práticas escolares no que diz respeito à inexistência de um currículo.

Nas práticas classificadas normalmente como não formais há mediações pedagógicas viabilizadas pela organização sistemática do trabalho de educadores(as), inclusive podendo ser atravessadas por tendências tão tradicionais quanto aquelas empregadas pela escola para alcançar objetivos de formação burocratizados e técnicos.

Sirvent *et al.* (2006) corroboram com essa análise, apontando que a aplicação da ENF para captar o que chamam de "educación mas allá de la escuela" tem implicado na desvalorização da organização do trabalho pedagógico em experiências fora da escola, na estigmatização dessas experiências como uma Educaçao de segunda classe para os pobres e na simplificação das políticas, gestão e desenvolvimento das mesmas, de modo que sua "[...] complejidad y especificidad [...] quedan simplemente reducidas a la negación de lo escolar" (SIRVENT *et al.*, 2006, p. 5).

Considerando-se as críticas anteriormente apontadas à categoria de Educação não Formal (ENF), recentemente tem sido empregado o termo que nomeamos como Educação Não Escolar (ENE). O uso dessa categoria expressa uma lógica de categorização de práticas pedagógicas a partir do contexto em que são desenvolvidas e não em oposição ao grau de formalidade das práticas escolares e às intencionalidades que permeiam as mesmas.

Trata-se, nesse sentido, de uma categoria situacional (SEVERO, 2015) que se aplica à delimitação de um território de práticas pedagógicas plurais, associadas a modelos metodológicos, fundamentos ético-políticos e educacionais distintos, sem ater-se ao pressuposto de negação da formalidade que imprimiria em tais práticas um caráter metódico, sistemático e conceitualmente respaldado.

A ENE praticada institucionalmente por organismos que operam estratégias de planejamento, desenvolvimento e avaliação educativa é, assim como a escola, formal ou formalizada, porém não sob as diretrizes e parâmetros normatizadores que configuram o repertório de legislação aplicado, especificamente, à organização e funcionamento dos sistemas escolares regulares.

Compreendida assim, a ENE poderia ser conceituada como um tipo de prática educativa exercida no campo social que demanda aportes transdisciplinares para a reflexão acerca de como se situa na conjuntura da sociedade, de como se constrói como uma forma de intervenção e de como deve ser objetivada em currículos de formação de pedagogos(as).

Na compreensão de Moura e Zucchetti (2010, p. 646), a ENE não se constituiria como uma disciplina ou um modelo teórico em si mesma,

> [...] mas uma 'indisciplina' do pensamento de quem aceita os riscos de articular distintas formulações teóricas para fundamentar as práticas educativas que ocorrem no entremeio das relações sociais.

No contexto descrito, a recorrência de uso da ENE na literatura pedagógica brasileira é impulsionada pela incorporação dessa categoria nas Diretrizes Curriculares Nacionais para o curso de Pedagogia (BRASIL, 2006), ainda no seu art. 4º, as quais introduziram, sob o princípio da docência como base formativa, uma orientação presente nos currículos de formação de pedagogos(as) desde o início dos anos 2000 e, por isso mesmo, não estruturado: o não escolar como dimensão dos processos docentes dos quais o curso de Pedagogia se ocuparia de forma mais específica. Ocorre que essa orientação, até hoje, não impactou, no cenário nacional, um modo mais consistente e orgânico de inserção da ENE na formação inicial de pedagogos(as), pois os processos curriculares se centram no magistério escolar e ignoram as especificidades dos diferentes saberes e práticas em ENE, subsumindo-as a disciplinas genéricas e pouco articuladas aos demais componentes e atividades curriculares (SEVERO, 2018).

Acrescenta-se a esses fatores o rechaço exercido pelos(as) professores(as) formadores(as) em temas relativos à atuação de profissionais em espaços distintos da escola pela compreensão de que se estaria negando a escola. Portanto, desviando da formação docente do seu princípio formativo e concedendo margem para ingerências do capitalismo nos currículos, as quais concebem perfis ocupacionais de pedagogos(as) como fiscais reguladores da aprendizagem humana nos diferentes contextos sociais, em conformidade com interesses pautados pela lógica do mercado, no caso de intervenções no âmbito da Pedagogia Empresarial. Nessa leitura, a ENE na Pedagogia se configuraria como um dispositivo das relações de poder-saber que enquadram os tempos e espaços da formação humana em propósitos normatizadores e funcionais à agenda neoliberal.

Embora práticas de ENE possam parecer, à primeira vista, um fenômeno recente, como campo de intervenção de políticas de assistência social, vale atribuir-lhes historicidade. Obviamente que carregada de outros sentidos, de outras formas de nomeação, endereçamento a determinados sujeitos específicos, nós nos vemos mediante um conjunto de estratégias que serviram, por muito tempo, para proceder o controle de pessoas piores situadas socialmente e que representavam algum risco para os ideários das elites brasileiras.

É possível desdobrar experiências que remetem a práticas de ENE, primeiramente, por seu caráter assistencial e/ou assistencialista como o exposto acima, mesmo que de forma breve. Na sequência vale ressaltar outra dimensão tomando, prioritariamente, a questão do espaço, isto é, recorrendo a atividades/projetos que ocorriam fora da escola e, muitas vezes, em sua substituição. Em especial, naqueles casos em que eram identificados os que não se adaptavam de modo adequado aos preceitos do ambiente escolar.

É importante lembrar que é recente na história do Brasil a universalização do acesso à Educação Pública, mais especificamente, no que tange ao Ensino Fundamental.

Por fim e mais recentemente, a dimensão espacial perde centralidade dando prioridade à ideia de formação de sujeitos em sua integralidade. Essa versão privilegia menos o não escolar, enquanto o local onde ocorrem tais experiências, afirmando-lhe mais a sua intencionalidade na busca por fazer dialogar diferentes lócus de práticas realizadas por diferentes instituições. Entre essas instituições, inserem-se as educativas, de saúde, assistenciais, da justiça, do setor produtivo, no que temos denominado de intervenções intersetoriais, resultado da complexidade da realidade contemporânea e da própria concepção do que seja educar. Talvez esta seja uma dimensão importante a explorar, não somente o que se expressa no campo da política de Educação e suas relações na perspectiva da intersetorialidade – desde onde é improvável que se possa retornar –, mas na formação de pedagogos(as) considerando esta questão e sua atualidade cada vez mais reafirmada no contexto da realidade social.

Tal é a importância deste fenômeno crescente que, ainda no início dos anos 2000, as Instituições de Ensino Superior (IES) iniciaram a oferta de disciplinas nos cursos de Licenciatura, mais especificamente nos de Pedagogia. Nesses cursos, diversos componentes propunham o diálogo de saberes de práticas da Assistência Social, da Saúde e da Educação buscando dar à formação uma abrangência não somente do que seja educar, mas o sentido de buscar a compreensão de que as crianças, adolescentes e suas famílias são sujeitos complexos. Entre os objetivos, tais programas de aprendizagem buscam, ainda hoje, demonstrar às atividades de saúde e programas de assistência que não podem prescindir da Didática e de estratégias pedagógicas para se sustentar e atingir suas finalidades.

Nesse sentido, os estudos de Moura e Zucchetti (2010) buscam demostrar que atributos formais têm sustentado tais práticas, sendo este um dos quesitos para fazer transitar a categoria de Educação não formal para a de Educação não escolar, como discutido anteriormente, a exemplo da presença de um corpo docente, metodologias predefinidas, mecanismos de avaliação interna e externa, entre outros.

3. Potencialidades pedagógicas da Educação Não Escolar

O conhecimento pedagógico move-se em uma diversidade de espaços, conceitos e práticas. A diversidade é um traço natural do saber pedagógico, por isso não parece ser apropriado vinculá-lo a um tipo específico de prática ou tema em particular, como erroneamente se faz ao associar Pedagogia apenas à instrução ou a processos de sala de aula. O saber pedagógico se opera onde as práticas pedagógicas se efetivam, como meio e como resultado destas, como produto da práxis elaborada pelos(as) sujeitos(as) (PIMENTA, 2010) e fundamento que subsidia o aperfeiçoamento permanente da práxis na compreensão/proposição dos processos educativos diante da complexidade que os encerra (SEVERO, 2015).

Não é sem críticas ao modo predominante de socialização escolar que as potencialidades pedagógicas da ENE se consubstanciam. Moura e Zucchetti (2019) destacam, antes de tudo, que tais práticas são experiências que ocupam um espaço da formação humana e que evidenciam intencionalidades. Se, por um lado, podem reafirmar, por meio das estratégias pedagógicas, a confirmação de desfavorecimento cumprindo-se o ciclo que, em geral, é destinado aos piores situados socialmente, também podem compor um cenário mais amplo capaz de instaurar um processo de produção de sujeitos com vista à emancipação social, desfazendo-se desta forma a ideia de lugares sociais previamente determinados.

Merece destaque, nessa segunda possibilidade, a aposta feita pelas instituições sociais e educativas à presença de mediadores(as), gestores (as) e educadores(as) com perfis diversos, por meio dos quais se instaura, via de regra, uma relação educador-educando menos verticalizada, mais comprometida, aproximativa, muitas vezes bastante implicada e, então, afetiva. Ou seja, na qual se considera a relação educativa como relação entre sujeitos.

Na perspectiva de práticas de ENE mais engajadas faz-se alusão, também, aos conhecimentos que são, historicamente, menos sistematizados. Referimo-nos àqueles saberes que são mais próximos dos saberes locais e/ou deles partem. Esses saberes – fortemente contextualizados – demandam uma Pedagogia plural capaz de se enraizar na experiência colaborativa das pessoas e no diálogo com temas que desafiam a sociedade contemporânea, especialmente derivados do aprofundamento do capitalismo, da globalização cultural e das novas formas de sociabilidade humana; uma Pedagogia que valide outras relações com o conhecimento diferentes da tradição disciplinar que impera nos currículos escolares, bem como outras formas possíveis de abordagem didática, diferindo da tendência escolacêntrica tradicional.

Em uma concepção crítica de ENE, entendemos que os processos formativos podem abrir espaço para uma Pedagogia intérprete dos moldes educativos que configuram tais processos como dispositivos culturais, problematizando quais intencionalidades, conteúdos e dispositivos são acionados para educar o sujeito social e forjar distintas sociabilidades e *status* da cultura.

À Pedagogia, como campo de saberes e práticas, cabe a decantação das possibilidades educativas decorrentes da interpretação das lógicas e dispositivos culturais em diferentes contextos de socialização. Nesse processo, a Pedagogia forjada nos territórios socioculturais se exprime como um *puzzle*, incorporando saberes e linguagens múltiplas que se articulam em torno das ferramentas necessárias para a leitura e a proposição de estratégias educativas nesses territórios, circunstância que impacta diretamente um trabalho pedagógico investigativo-operativo inventivo e que, por isso mesmo, se revela de modo complexo, fluido e transdisciplinar.

Uma dimensão fundante da decantação pedagógica do social é o desenvolvimento de currículos culturais distribuídos em espaços-tempos institucionais e não institucionais distintos da escola, valorizando saberes e experiências que se inscrevem na trajetória de comunidades cuja condição cultural muitas vezes foi negada pelas instituições escolares. Nesse sentido, essa Pedagogia traduz e ensina repertórios de textos culturais "[...] associados a coletivos em busca de significar suas experiências e instaurar processos socializadores" (GIROUX; MCLAREN, 1995, p. 75).

A potência da Pedagogia na construção de possibilidades de formação humana orientadas ao desenvolvimento cultural e social das comunidades, se inclinando, como o saber-instrumento sensível às suas histórias, projetos e linguagens, é compreendida no contexto da promoção de experiências que ampliem a consciência dos sujeitos sobre si mesmos, dos contextos em que estão inseridos em suas múltiplas determinações e interações constitutivas, fomentando ações transformadoras nos níveis individual e coletivo (ÚCAR, 2016).

Na análise de Úcar (2016), a Pedagogia do(no) social figura em práticas orientadas por uma diversidade de finalidades e estruturas axiológicas, desde aquelas que se prestam à regulação cultural àquelas que apontam caminhos para a promoção das diversidades, de sociabilidades não opressoras e da justiça social. Assim, é preciso indagar à Pedagogia e suas práticas acerca de que tipo de sujeito buscam construir, de que interesses sociopolíticos orbitam em torno de suas finalidades e modos de ação, bem como sobre o devir social que intencionam concretizar.

Dessas experiências educativas, com frequência, observa-se o quanto se recorre aos estudos de Paulo Freire para sustentar não somente as práticas sociopedagógicas, as formações que em geral se dão em serviço, na perspectiva da atuação em redes, mas também na elaboração dos projetos político-pedagógicos que as instituições sociais mantêm. Esses, em geral, estão alinhados às legislações anteriormente referidas, às propostas de suas mantenedoras, sejam governamentais, sejam não governamentais, sejam de terceiro setor empresariais, sejam de/ou de ordens religiosas, contudo, nem sempre as práticas socioeducativas estão alinhadas a tais pressupostos (SANTOS, 2015).

No nosso entendimento, é necessário que se criem estratégias pedagógicas que priorizem o agir – um agir engajado, que considere os saberes da experiência e a oportunidade de saber-se pelo conhecimento presente no ato educativo –, também para se diferenciar do modelo escolar, desde onde é fundamental priorizar a presença do coletivo que foca a prática pedagógica mais no grupo que na pessoa.

Dito isso, vale ressaltar que são inócuas as práticas educativas que se dizem afirmativas quando desconsideram as realidades excludentes que as produzem. Esta afirmativa precisa orientar os propósitos das práticas dos que atuam na Educação não escolar, o "por quê não?" de todos os(as) professores(as) que estão nas escolas.

4. Identidade profissional de pedagogos(as) na ENE

É possível identificar que, nos últimos anos, se produziu um discurso e, consequentemente, um arcabouço teórico sobre o que nomeamos de ENE. Inicia-se com a emergência de debates sobre as representações acerca da Educação não formal, informal, a Educação própria dos movimentos sociais. Segue-se com a adesão à linhas de pensamento que vinculam tais práticas à Pedagogia Social, a partir de modelos externos à realidade brasileira, para, aproximando-se da Educação Popular freireana, elaborar um constructo teórico com pertinência às práticas em vigor. Esse percurso mais bem trabalhado na primeira seção deste texto nos permite retomar como vem se constituindo uma identidade para as práticas de Educação que estiveram, por muito tempo, alheias ao sistema oficial de ensino brasileiro.

Talvez a emergência de um conceito ainda pouco explorado referente à práticas educativas não escolares nos permita não somente referendar a amplitude do que seja educar, no sentido de extrapolar a instituição escolar como núcleo hegemônico dos processos de ensinar, mas de a ela aproximar inúmeras outras instituições que resgatam, entre as suas finalidades, a importância da mediação pedagógico-didática na formação humana. Nesse complexo contemporâneo, os(as) professores(as) têm sido convocados a repensar a Educação escolar; não somente por conta das legislações em vigor, mas especialmente na Educação Pública, mediante a realidade dos que chegam à escola e nela devam permanecer. A permanência, entretanto, precisa estar colada no direito ao aproveitamento, o que extrapola a tão propalada qualidade da Educação.

Todas essas considerações incidem sobre a identidade profissional do(a) pedagogo(a) e não somente do(a) que atua nas escolas. A presença pedagógica nos diferentes territórios sociais é uma chave importante na construção das alternativas de Educação para o desenvolvimento humano na medida em que se identifica com práticas orientadas por um princípio ético-político de promoção de direitos, valorização da diversidade, inclusão social, formação de consciências críticas, comprometimento emancipatório e engajamento comunitário. Agindo por meio de e para processos de interação e aprendizagem, os motes de ação da presença pedagógica em espaços de Educação não escolar revelam traços autênticos de concepção de identidade profissional que Formosinho (2010) designa de profissional do desenvolvimento humano.

Segundo o autor (2010, p. 7), essa concepção

> [...] abrange as profissões que trabalham com pessoas em contato interpessoal directo, sendo essa interacção o próprio processo e parte significativa do conteúdo da intervenção profissional. Os efeitos desses processos de desenvolvimento humano assumem a forma de aprendizagem e desenvolvimento, modificação de comportamento, atitudes ou hábitos, adesão a normas ou modos de vida, conforme as áreas de intervenção [...].

Consideramos importante situar essa concepção como elemento estruturante da compreensão da identidade do(a) pedagogo(a) quando atuando em espaços não escolares. A maior visibilidade de práticas educativas não escolares que constituem cenários de engajamento profissional de pedagogos(as) sinaliza que a dinâmica da sociedade atual tem reposicionado o lugar da Pedagogia e, como desdobramento, é necessário avançar no debate sobre a identidade profissional do(a) pedagogo(a) para além do referencial comum que o(a) associa à figura do(a) professor(a).

Resulta da compreensão de que a identidade do(a) pedagogo(a) incorpora elementos que transcendem o âmbito da docência, à ideia de que um curso de Pedagogia como Licenciatura para formação de professores(as), tal qual está estabelecido nas DCN, não propiciaria a formação do que Libâneo (2001) chamou de pedagogo *stricto sensu*, "[...] um profissional qualificado para atuar em vários campos educativos para atender a demandas socioeducativas de tipo não formal e informal [...]" (LIBÂNEO, 2001, p. 31). Considerado como um dos pesquisadores expoentes do movimento crítico com relação ao sentido da Pedagogia, da formação e do trabalho pedagógico, em outro texto Libâneo (2006, p. 873) comenta que:

> Com efeito, o esfacelamento dos estudos no âmbito da ciência pedagógica, com a consequente subsunção do especialista no docente, e a improcedente identificação dos estudos pedagógicos com uma Licenciatura talvez sejam dois dos mais expressivos equívocos teóricos e operacionais da legislação (DCN), herdados do movimento de reformulação dos cursos de formação do educador, no que se refere à formação do pedagogo.

Diferenciando o trabalho docente do trabalho pedagógico, não em uma perspectiva de dicotomizá-los como polos excludentes entre si, mas na tentativa de explicitar que possuem naturezas distintas, ainda que articuladas e, até certo ponto, permeáveis, é que se pode afirmar o ser pedagogo(a) como uma profissão pedagógica e não somente docente ou escolar. O sentido do pedagógico determina a abrangência da profissao de pedagogo(a), pois estando vinculado a um universo mais amplo de saberes, intervenções e cenários educativos, reconhecemos que a atuação desse(a) profissional se dá de forma plural conforme a especificidade dos diferentes espaços de atuação, distinta do trabalho docente e requer uma formação mais específica no que tange ao domínio de saberes e técnicas necessárias ao seu engajamento em espaços de ENE.

Como afirmam Libâneo e Pimenta (2002), subsumir o(a) pedagogo(a) no(a) professor(a) descaracteriza a profissão pedagógica e esvazia a teoria da Pedagogia na medida em que uma das muitas práticas pedagógicas passa a ser o centro de seu campo teórico. Ou seja, como também sublinha Franco (2008), reduz-se um campo epistemológico a uma prática social, além de transpor a lógica que define o funcionamento dessa prática a outros processos pedagógicos que se diferenciam dela como se fossem regidos por uma mesma ordem.

Com base nessa argumentação, a legitimidade da ENE como campo de exercício laboral da profissão pedagógica resulta como uma consequência derivada do entendimento da especificidade da Pedagogia. Sendo a Pedagogia a Ciência da Educação e não a tecnologia da docência, o(a) pedagogo(a) é um(a) profissional da Educação no sentido amplo e não somente um(a) professor(a), embora o(a) possa ser em circunstâncias específicas.

Quando se faz essa afirmação, ressalta-se que se está tratando do que define o caráter identitário, portanto, a matriz que serve para identificar a natureza de uma profissão, embora que em sua realização no campo das práticas sociais, ela possa se manifestar de diversas formas. Assim, torna-se possível e legítimo falar que a profissão pedagógica inclui a docência como atividade, mas que não se define a partir dela, ou, em outras palavras, compreender a "[...] pedagogia como elemento de identidade à prática docente e não na prática docente como elemento identificador da identidade da pedagogia" (FRANCO, 2008, p. 114).

Apostamos na concepção de que o(a) pedagogo(a) é um(a) profissional que, sob o uso dos recursos teóricos, metodológicos e técnicos da Pedagogia, exerce, de maneira distinta e discriminada de outras profissões, as ações de concepção, pesquisa, planejamento, execução e avaliação de processos educativos escolares e não escolares. Insere-se na realidade histórica que dinamiza a Educação como prática social atravessada por demandas formativas contextuais, e se constitui como agente crítico e consciente de sua função profissional implementada como práxis transformadora no contexto da sociedade contemporânea.

A profissão realiza-se formalmente em práticas escolares e não escolares institucionalizadas, especialmente por meio de aparelhos institucionais e não institucionais, operando a transição de processos educativos para processos pedagógicos gestados no âmbito da racionalidade da Pedagogia. Também se faz a partir do diálogo com a multiplicidade de saberes e práticas científicas e culturais, qualificando e potencializando possibilidades de formação humana.

Nessa perspectiva, o(a) pedagogo(a) será reconhecido(a) por seu fazer pedagógico que é, ao mesmo tempo, investigativo e operativo, revelando uma natureza práxica que alia pesquisa e intervenção social, a fim de que possa, concomitantemente à ação prática, interferir nas dinâmicas do contexto em que se insere para produzir transformações (Pimenta, 2010).

Particularmente no caso brasileiro, é necessário intensificar reflexões e experiências inovadoras que demonstrem as possibilidades de se operar uma mudança radical no centro do currículo da Pedagogia, deslocando seu foco "[...] de prioritariamente professor, para prioritariamente pesquisador da educação como prática social [...]" (FRANCO, 2008, p. 125).

Segundo Houssaye (2004, p. 10), tendo como eixo de estruturação o modo de se engajar profissionalmente nos diversos espaços educativos, a articulação entre pesquisa e trabalho pedagógico concebe que

> o pedagogo é aquele que procura conjugar a teoria e a prática a partir da sua própria ação. É nessa produção específica de relação teoria-prática em educação que se origina, se cria, se inventa e se renova a pedagogia.

O marco de definição da identidade profissional do(a) pedagogo(a) como um(a) teórico(a)-prático(a) da Educação, no sentido mais amplo que essa conjugação representa, permite conjecturar uma estrutura de saberes formativos que fortalecem a ENE como objeto de formação e trabalho pedagógico.

A afirmação de saberes plurais inspirados nesse marco, por sua vez, gera a demanda de delimitação mais precisa dos espaços ocupacionais que representam as novas possibilidades de engajamento profissional do(a) pedagogo(a) em ENE, ainda que ela seja, atualmente, uma categoria genérica cuja categorização, como alternativa para precisá-lo, ainda é uma tarefa a ser feita, de acordo com as instituições, cenários e tipos de práticas exercidas pelos(as) pedagogos(as) não escolares.

Essa tarefa se abre não apenas para Instituições de pesquisa e formação, mas também para entidades e organismos de representação profissional, os quais necessitam ser criados e fortalecidos na esfera da profissão pedagógica no Brasil.

Em um esforço inicial de características para as principais áreas de atuação do(a) pedagogo(a) em ENE no Brasil atualmente, com base no que se conhece a partir da literatura disponível, trata-se de discutir, no próximo tópico, a configuração dos espaços de ENE.

A discussão que será feita consiste em uma tentativa preliminar de evidenciar novos campos de engajamento profissional e não pretende, com efeito, abordar a totalidade de cenários e suas respectivas variações nos diversos contextos em que os(as) pedagogos(as) atuam.

5. Âmbitos da atuação profissional de pedagogos(as) na ENE: um mosaico de possibilidades

Entre um grande número de espaços e de práticas variadas ainda não catalogadas, no Brasil, como práticas educativas, alguns cenários emergentes conquistaram maior visibilidade como espaços de inserção profissional do(a) pedagogo(a). É interessante assinalar que a inserção e presença efetiva do(a) pedagogo(a) como profissional nesses espaços, todavia, se encontram como um processo em construção.

Considerando esse aspecto como contextualização do quadro geral preliminar da situação da ENE como cenário de ação da profissão pedagógica, destaca-se que, especialmente no Brasil, mas também em países ibero-americanos, a inserção de pedagogos(as) se mostra mais expressiva nos âmbitos da Educação Laboral ou Organizacional, também conhecida como Pedagogia Corporativa, Pedagogia Empresarial, Pedagogia Laboral, Pedagogia do Trabalho, entre outras denominações; Educação Sociocomunitária, envolvendo as ações no âmbito de Políticas de Assistência Social, Terceiro Setor, Organizações Não Governamentais e Movimentos Sociais; Educação Especializada em contextos de Saúde; Pedagogia Jurídica; e Educomunicação.

A Educação Laboral ou Organizacional é vista como uma vertente que se estrutura como resultado da relação entre a prática educativa e os processos de formação para o desenvolvimento de saberes e habilidades em contextos de trabalho. Corresponde aos mecanismos e tecnologias educativas utilizadas para desencadear processos de formação continuada e permanente alimentados por demandas relacionadas aos modos de atuação de profissionais e trabalhadores(as) nas organizações em que estão inseridos.

Ainda que, essencialmente, assuma como principal finalidade o foco formativo para o desenvolvimento de aprendizagens vinculadas a perspectivas de saberes e habilidades para o exercício de um determinado tipo de profissão ou ocupação a partir de iniciativas de formação continuada e permanente ofertadas pelas organizações ou viabilizadas por consultorias especializadas, a Educação Laboral ou Organizacional se diversifica quanto ao seu objeto e modo de concretização.

O caráter funcional dessa vertente pode sugerir que as práticas que lhe são correspondentes estão condicionadas aos ideais de produtividade econômica e, nesse sentido, atuam como mecanismos de alienação do(a) trabalhador(a) por fortalecerem a sua submissão ao modo de produção capitalista. Acusa-se que tais práticas são reflexos de uma política neoliberal que valoriza o conhecimento e a cultura produzida pelo sujeito como um capital humano que determina o nível de qualidade, inovação e competitividade nas organizações.

Porém, apostamos que a atuação do(a) pedagogo(a) na Educação Laboral ou Organizacional pode significar a possibilidade de promoção de processos formativos comprometidos com o aprofundamento da capacidade de reconhecer, ativar e aperfeiçoar o modo de consciência e ação do indivíduo no contexto do trabalho.

Para tanto, torna-se necessário que o(a) pedagogo(a) participe efetivamente da concepção dos processos educativos que serão desenvolvidos e não seja apenas um(a) reprodutor(a) ou executor(a) de planos, programas e projetos, os quais, por vezes, são estruturados sob perspectivas didáticas tradicionais cujo sentido e modo de operacionalização já foram superados pela Ciência Pedagógica, embora sejam praticados frequentemente em espaços escolares e não escolares.

Os arranjos institucionais que levam a cabo a Educação Laboral ou Organizacional são múltiplos e variam desde atividades presenciais ou mediadas por tecnologias com duração breve até cursos mais estruturados em ambientes organizacionais especificamente educativos que compreendem um maior tempo de realização, como também podem envolver atividades contínuas de gestão de pessoas. Há, ainda, os programas de formação em serviço e o trabalho de consultoria e análise pedagógica em rotinas de recrutamento, seleção e inserção de colaboradores. Esses arranjos são comuns em organizações e instituições públicas e privadas, nas quais o(a) pedagogo(a) atua como assessor(a), consultor(a), gestor(a), analista e/ou professor(a).

No Brasil, a Educação Laboral ou Organizacional é frequentemente conhecida como Pedagogia Empresarial. Reconhecendo a proximidade entre essas duas orientações que definem a natureza e as características do trabalho pedagógico, centrado nas relações entre aprendizagem e trabalho em ENE, optamos em não utilizar o último termo por pressupor que a dimensão empresarial é uma entre muitas dimensões que compõem a esfera organizacional.

A Educação Laboral ou Organizacional, na perspectiva da Pedagogia Empresarial, funciona como atividades para o desenvolvimento de habilidades no marco de uma concepção simplista e reducionista, intrínseca aos programas de capacitação e treinamentos episódicos, e com finalidades de ajustar os sujeitos aos moldes do que a empresa necessita. Há aqui um campo de dissensos percebido, especialmente nos relatos de práticas de pedagogos e pedagogas que atuam na Pedagogia Empresarial. Desses relatos, apreende-se que a emancipação, como finalidade da Pedagogia, é um princípio fortemente ameaçado, na medida em que as intervenções no âmbito das empresas parecem situar os trabalhadores subsumidos ao processo produtivo e, portanto, aos interesses do capital.

Assim, na medida em que se insere no âmbito organizacional, a Pedagogia deve promover espaços de reflexão sobre o sentido do trabalho para o próprio indivíduo e para a sociedade. Ou seja, deve colaborar com a compreensão dos mecanismos que se operam na divisão social do trabalho e reprodução das desigualdades em um contexto marcado pela apropriação da capacidade humana de produzir segundo os interesses puramente mercadológicos, em contraposição ao ideal de bem viver associado a formas de economia mais colaborativa e sustentável.

Englobando espaços e processos que visam desenvolver indivíduos e grupos para o exercício da cidadania a partir da aprendizagem de direitos e deveres, bem como para a inclusão social, a Educação Sociocomunitária consiste em um conjunto de intervenções pautadas por um sentido integrador e emancipatório em contextos conformados por problemáticas socioeconômicas e culturais que demandam uma abordagem amplamente fundamentada no reconhecimento do cotidiano dos sujeitos, assumindo um viés crítico e reflexivo para impregnar a prática educativa de um caráter transformador e catalisador de mudanças sociais associadas ao desenvolvimento educativo das pessoas e dos grupos humanos.

Na medida em que socializam conhecimentos e práticas significativas aos contextos e anseios dos indivíduos e grupos, as práticas de Educação Sociocomunitária introduzem caminhos para a transformação social e fortalecimento da sociedade civil como esfera de controle, participação e mudança política. A ação do(a) pedagogo(a) nesses contextos consiste em organizar processos que possibilitem o aumento da consciência e participação social das pessoas com a aquisição de conhecimento, construção do saber e diálogo com a realidade histórica contemporânea.

A Educação Sociocomunitária como âmbito de ação do(a) pedagogo(a) em ENE abrange a assessoria, gestão e execução de projetos educativos em grupos associativos, organizações não governamentais, instituições de intervenção educativa com pessoas e comunidades em situação de risco e vulnerabilidade, em cenários de ação cultural para e no tempo livre (centros infantojuvenis, desportivos, de convivência, brinquedotecas, centros de idosos, entre outros), em movimentos sociais, em instituições filantrópicas, em setores de responsabilidade social de organizações do setor produtivo, instituições que executam medidas socioeducativas e protetivas, em organismos do setor público ligados a políticas de Educação para o trânsito e para habitação e mobilidade urbana, por exemplo, e em tantos outros coletivos em que as pessoas sejam ou estejam sendo organizadas para o desenvolvimento de ações que impactem no desenvolvimento social e na ampliação de práticas cidadãs.

Por Educação Especializada em Contextos de Saúde, entendemos processos de natureza formativa que se dirigem à socialização de saberes e práticas integrados à promoção da saúde, incluindo a gestão e desenvolvimento de ações que impactem positivamente na qualidade de vida das pessoas.

Com base em Trilla *et al.* (2011, p. 117), inserida no marco geral das políticas e práticas de Educação em e para a Saúde, as práticas educativas especializadas gestadas por pedagogos(as) em ambientes de saúde têm duas vertentes, referindo-se, primeiramente,

> [...] a la educación sanitaria que se vehiculiza a través de medios no formales; en segundo lugar, hay que contemplar también las tareas educativas [...] que, cada vez más, asumen los centros hospitalarios.

A permeabilidade dos processos educativos nesses contextos é sustentada por uma mudança na concepção acerca da própria saúde como prática social, como direito, processo cultural e fenômeno humano. A complexidade da saúde apresenta dimensões que envolvem a assistência às pessoas em situação de doença e a realização de práticas individuais e coletivas, institucionalizadas e não institucionalizadas, que organizem condições para que o ideal de qualidade de vida seja alcançado. Desse modo, a Educação configura-se como instrumento para a saúde na dimensão das práticas que geram e mantêm a qualidade de vida.

Tem-se tornado mais regular a incorporação de pedagogos(as) em quadros funcionais de organismos públicos da gestão da saúde, a exemplo de secretarias estaduais e municipais que detêm departamentos específicos de Educação/Promoção em Saúde, entendendo que a presença de um(a) profissional especializado(a) em processos educativos é um elemento que potencializa o alcance e aprofundamento das ações desenvolvidas.

A segunda vertente da Educação Especializada em Instituições de Saúde abrange as intervenções de pedagogos(as) em atividades educativas no contexto de instituições hospitalares, casas de longa permanência, centros de reabilitação e de Saúde Mental. Referem-se às atividades que objetivam o desenvolvimento de capacidades que auxiliam na recuperação, tida como processo de restauração global do bem-estar do indivíduo, e, no caso da classe hospitalar, a reinserção de crianças e adolescentes na escola após o período de estadia no hospital e casas de recuperação. A intervenção do(a) pedagogo(a) também se mostra significativa para projetos de Educação continuada e permanente de profissionais e trabalhadores(as) em saúde, cuja realização se dá de forma colaborativa em equipes multidisciplinares.

A classe hospitalar é um cenário de ação que está estabelecida oficialmente no contexto das políticas educacionais brasileiras por meio de normativa própria, embora, na realidade, acabe sendo pouco praticada. No Brasil, convencionou-se chamar de Pedagogia Hospitalar a área de atendimento educacional hospitalizado à criança e ao adolescente hospitalizado ou em centros de reabilitação, na perspectiva de estabelecer um elo entre o desenvolvimento escolar e a situação de internação, mas não somente. A atuação do(a) pedagogo(a) se dá em muitos casos por meio da modalidade de práticas inspiradas na ludicidade, por meio de atividades em brinquedotecas, por exemplo.

O Estatuto da Criança e do Adolescente, no art. 4º, prevê que os referidos sujeitos têm o "direito de desfrutar de alguma forma de recreação, programas de educação em saúde e acompanhamento do currículo escolar durante sua permanência hospitalar" (BRASIL, 1995).

O Ministério da Educação, por meio da Secretaria de Educação Especial, publicizou, em 2002, um documento contendo diretrizes e princípios operacionais para o atendimento educativo a menores hospitalizados. Esses marcos legais funcionam como elementos que fortalecem e asseguram a inserção do(a) pedagogo(a) no contexto hospitalar e reconhecem a função educativa especializada a qual tal inserção se refere.

A Pedagogia Jurídica é o termo que tem sido usado para designar o trabalho do(a) pedagogo(a) nas equipes interprofissionais que compõem o Poder Judiciário, prioritariamente nas Varas de Infância e da Juventude, mas também em Juizados da Violência Doméstica, Familiar e contra a Mulher. O trabalho do(a) pedagogo(a) jurídico pode ocorrer na esfera da atuação processual e da extraprocessual. Na primeira, situam-se os estudos psicossocial e pedagógico que subsidiam processos nas Varas de Infância e Juventude, de Família, de Execução de Penas, do Idoso, da Mulher, entre outros, atendimentos individuais às crianças, jovens, familiares ou responsáveis, estudos de campo (visitas institucionais em escolas, unidades de cumprimento de medidas socioeducativas e protetivas, entre outros), participação em audiências judiciais, por exemplo. Os processos que demandam estudo e participação de pedagogos(as) na análise de casos envolvem adoção, guarda, tutela, destituição e suspensão do poder familiar, busca e apreensão, habilitação para adoção, crimes contra crianças e adolescentes, medidas socioeducativas e protetivas, Lei Maria da Penha, entre outros (BRASIL, 2006 b).

Já na esfera extrajudicial, o trabalho pode se dar na participação em programas e ações voltado a temas socioeducativos, na atuação em redes socioassistenciais que operacionalizam sistemas de garantia de direitos de minorias, estudos e pesquisas associados a organismos acadêmicos, especialmente por meio de práticas extensionistas, consultoria para Educação permanente de profissionais do setor judiciário, produção de materiais educativos, entre outros.

A Educomunicação também tem se configurado em um âmbito de atuação de pedagogos(as) por demandar profissionais com *expertise* para análise, *design* e gestão de tecnologias, produtos e processos midiáticos com finalidades educativas, desde programas de rádio e televisão, conteúdos para internet a serviços de consultoria a editoras na elaboração de guias, livros e outros materiais instrucionais.

Há, por certo, uma grande parcela de práticas e espaços que permeiam ou orbitam esses âmbitos não mencionado explicitamente neste texto, a exemplo da Educação em Museus, o que nos leva a retomar nossa intenção de traçar um panorama inicial de possibilidades de engajamento profissional de pedagogos(as) na ENE.

6. Considerações finais

Este texto centrou sua problemática na busca por pistas conceituais e apostas profissionais desde a Pedagogia e o campo da Educação Não Escolar. Tal exercício representa o modo como tendemos a pensar e falar sobre a Pedagogia nestes tempos que demandam crítica embasada à formação de pedagogos(as).

É a experiência docente que nos tem permitido, por meio das instâncias da pesquisa, do ensino e da extensão, identificar a ação educativa a transformar-se. A profissão pedagógica tem se deparado com saberes e modos de ação no âmbito do trabalho com práticas que, por muitas décadas, foram desprezadas e/ou desprestigiadas em seu teor educativo. Concomitante a isto, no ensino, disciplinas teóricas, seminários de práticas e estágios curriculares foram, aos poucos, aproximando os(as) acadêmicos(as) da atuação em instituições, programas e ou projetos em que a Educação dialoga diretamente com as políticas da saúde, da assistência social, entre outras. Na extensão, passaram a atuar em realidades que extrapolam os limites do conhecido para além do espaço restrito da escola. Na pesquisa, pouco a pouco os Trabalhos de Conclusão de Curso começam a abordar questões atinentes à Educação não escolar. As atividades de Iniciação Científica também abrem possibilidades em grupos constituídos que investigam estas práticas.

Como campo de trabalho, propriamente dito, é crescente a presença de pedagogos(as) compondo equipes profissionais, multi e interdisciplinares em âmbitos diversos, conforme demarcado na seção anterior. Permanecem como questão, entretanto, em nosso entendimento, as adequações curriculares para que tensionem os espaços-tempos institucionais e não institucionais distintos da escola e que, nesse sentido, permitam ampliar a consciência de pedagogos(as) sobre si e em relação à realidade social. Desse modo, é importante que o curso de Pedagogia atribua às mais diversas formas de manifestações sociais, históricas e políticas leituras e intervenções que problematizem e façam o enfrentamento às desigualdades sociais por meio de redes educativas que, articuladas à escola, colaborem com a afirmação e materialização do direito humano à aprendizagem de qualidade como elemento estruturante da Educação ao longo da vida.

Por fim, cabe esclarecer que não se trata de inserir a ENE como habilitações específicas nos cursos de Pedagogia, mas de tematizar outros espaços de atuação de pedagogos(as) como possibilidades de intervenção profissional. Nesse contexto da formação, caberia à Universidade se constituir em um espaço para especializar, em formação continuada, os sujeitos que se inserirem profissionalmente nessas amplas (e ricas) possibilidades que a ENE pode oferecer ao projeto emancipatório, na perspectiva freireana.

Referências

BRASIL. CONSELHO NACIONAL DE JUSTIÇA. *Recomendação n. 2 do CNJ, de 25 de abril de 2006.* Disponível em: https://atos.cnj.jus.br/atos/detalhar/854. Acesso em: 20 jun. 2020.

BRASIL. Resolução n. 1, de 15 de maio de 2006. Institui Diretrizes Curriculares Nacionais para o Curso de Graduação em Pedagogia, Licenciatura. *Diário Oficial da União*, Brasília, DF, n. 92, p. 11-12, 16 maio 2006.

BRASIL. Resolução n. 41, de 13 de outubro de 1995. Refere-se aos Direitos da Criança e do Adolescente Hospitalizados. *Diário Oficial da União*, Brasília, DF, 1995.

CANÁRIO, Rui. Aprender sem ser ensinado: a importância estratégica da educação não formal. *In*: AAVV. *A educação em Portugal (1986- 2006):* alguns contributos de investigação. Lisboa: Sociedade Portuguesa de Ciências da Educação. Conselho Nacional de Educação. 2006, p. 159-206.

COOMBS, Philip. H. *A crise mundial da educação.* São Paulo: Perspectiva, 1968.

FORMOSINHO, João Oliveira. Dilemas e tensões da atuação da universidade frente à formação de profissionais de desenvolvimento humano. *In*: PIMENTA, Selma Garrido; ALMEIDA, Maria I. (orgs.). *Pedagogia universitária:* caminhos para a formação de professores. São Paulo: Cortez Editora, 2010.

FRANCO, Maria Amélia Santoro. *Pedagogia como ciência da educação.* 2. ed. São Paulo: Cortez Editora, 2008.

FREIRE, Paulo. *Conscientização:* teoria e prática da libertação. São Paulo: Cortez Editora & Moraes, 1979.

GIROUX, Henry A.; MCLAREN, Peter. Por uma pedagogia crítica da representação. *In*: SILVA, Tomaz Tadeu da; MOREIRA, Antônio Flávio (orgs.). *Territórios contestados*. o currículo e os novos mapas políticos e culturais. Petrópolis: Vozes, 1995. p. 144-158.

GÓMEZ, José Antonio Caride. E. De la pedagogía social: acerca de los nuevos y viejos desafíos de la educación social. *Revista de Educação Pública,* [S. l.], v. 18, n.

38, p. 449-468, ago. 2012. Disponível em: http://periodicoscientificos.ufmt.br/ojs/index.php/educacaopublica/article/view/391. Acesso em: 9 jun. 2020.

HOUSSAYE, Jean. Para uma definição da pedagogia. *In*: HOUSSAYE, Jean; SOËTARD, Michel; HAMELINE, Daniel; FABRE, Michel. *Manifesto a favor dos pedagogos.* Porto Alegre: Artmed, 2004. p. 12-38.

LIBÂNEO, José Carlos. Diretrizes Curriculares da Pedagogia: um adeus à pedagogia e aos pedagogos? *In:* SILVA, Alda Maria Monteiro (org.). *Novas subjetividades, currículo, docência e questões pedagógicas na perspectiva da inclusão social.* Recife: Endipe, 2006, p. 39.

LIBÂNEO, José Carlos. *Pedagogia e pedagogos, para quê?* São Paulo: Cortez Editora, 2001.

LIBÂNEO, José Carlos; PIMENTA, Selma Garrido. Formação de profissionais da educação: visão crítica e perspectivas de mudança. *In:* PIMENTA, Selma Garrido (org.). *Pedagogia e pedagogos:* caminhos e perspectivas. São Paulo: Cortez Editora, 2002.

MOURA, Eliane P. G.; ZUCCHETTI, Dinora T. A dimensão educativa da educação não escolar. *Educação,* Porto Alegre, v. 42, n. 1, p. 150-158, jan.-abr. 2019. Disponível em: http://revistaseletronicas.pucrs.br/ojs/index.php/faced/article/download/27950/17874. Acesso em: 27 mar. 2020.

MOURA, Eliane P. G.; ZUCCHETTI, Dinora T. Educação além da escola: acolhida de outros saberes. *Cadernos de Pesquisa,* São Paulo, v. 40, n. 140, p. 629-648, maio/ago. 2010. Disponível em: http://publicacoes.fcc.org.br/ojs/index.php/cp/article/view/180/198. Acesso em: 27 mar. 2020.

PIMENTA, Selma Garrido. Epistemologia da prática ressignificando a didática. *In:* FRANCO, Maria Amélia Santoro; PIMENTA, Selma Garrido (orgs.). *Didática: embates contemporâneos.* São Paulo: Edições Loyola, 2010. p. 12-48.

SANTOS, Karine Intencionalidades em conflito: um estudo das práticas educativas de ONGs. 187 f. 2015. Tese (Doutorado em Educação) – São Leopoldo, Universidade Vale do Rio dos Sinos, 2015.

SEVERO, José Leonardo Rolim de Lima. Educação não escolar como campo de práticas pedagógicas. *Revista Brasileira de Estudos Pedagógicos,* Brasília, DF, v. 96, n. 244, p. 561-576, Dec. 2015. Disponível em: http://www.scielo.br/scielo.php?pid=S2176-66812015000300561&script=sci_abstract&tlng=pt. Acesso em: 27 mar. 2020.

SEVERO, José Leonardo Rolim de Lima Perspectivas curriculares sobre a formação do pedagogo para a educação não escolar. *Educação em Revista*, Belo Horizonte, v. 34, p.1-24, 2018. Disponível em: http://www.scielo.br/pdf/edur/v34/1982-6621-edur-34-e176656.pdf. Acesso em: 27 mar. 2020.

SIRVENT, Maria Teresa; TOUBES, Amanda; SANTOS, Hilda; LLOSA, Sandra; LOMAGNO, Claudia. Revisión del concepto de Educación no Formal. *Cuadernos de Cátedra de Educación no Formal*, Buenos Aires, p. 3-12, 2006.

TRILLA, Jaume; GROS, Begoña; LÓPEZ, Fernando; MARTÍN, María Jesús. *La educación fuera de la escuela*: ámbitos no formales y educación no-formal. Barcelona: Ariel, 2011.

ÚCAR, Xavier. *Pedagogías de lo social*. Barcelona: Editorial UOC, 2016.

VINCENT, Guy; LAHIRE, Bernard; THIN, Daniel. Sobre a história e a teoria da forma escolar. *Educação em Revista*, Belo Horizonte, n. 33, p. 7-47, jun. 2001. Disponível em: http://www.piraquara.pr.gov.br/aprefeitura/secretariaseorgaos/educacao/uploadAddress/Sobre_a_histu00F3ria_e_a_teoria_da_forma_escolar%5B1273%5D.pdf. Acesso em: 7 jul. 2020.

Autores e autoras

Adalberto Dias de Carvalho

Professor catedrático aposentado da Universidade do Porto (Portugal) e atualmente diretor do Instituto Superior de Ciências Empresariais e do Turismo (ISCET). É doutorado em Filosofia pela Universidade do Porto e em Turismo pela Universidade de Girona. Possui a agregação em Filosofia da Educação pela Universidade do Porto e o DEA em Psicologia e Ciências da Educação pela Universidade de Toulouse. Foi professor convidado das Universidades de Rouen e de Paris 8, na França, da Universidade Eduardo Mondlane, em Moçambique, e da Universidade Católica do Porto. É diretor da revista *Percursos e Ideias* e vice-presidente da Sociedade de Filosofia da Educação dos Países de Língua Oficial Portuguesa (Sofelp). Escreveu diversos livros e artigos científicos, ressaltando-se a obra *Antropologia da exclusão ou o exílio da condição humana* (Porto Editora, 2012), publicada em Portugal e com traduções editadas nas línguas francesa e espanhola. *E-mail*: adalberto.carvalho@iscet.pt

Celestino Alves da Silva Junior

Possui graduação em Pedagogia pela Universidade do Sagrado Coração, mestrado em Educação pela Universidade de São Paulo (USP) e doutorado em Educação: História, Política, Sociedade, pela Pontifícia Universidade Católica de São Paulo (PUC-SP). Livre-docente e professor titular pela Universidade Estadual Paulista (Unesp), possui experiência na área de Educação, com ênfase em Educação, atuando principalmente nos seguintes temas: Política Educacional, Administração Educacional, Organização do Trabalho na Escola, Ensino Superior e Avaliação Educacional.

Cristina Maria D'Avila Teixeira (Cristina d´Ávila)

Graduada em Pedagogia, possui mestrado em Educação e doutorado em Educação pela Universidade Federal da Bahia (UFBA). Possui pós-doutorado pela Universidade de Montreal, no Canadá, na área de Didática, e pós-doutorado pela Universidade Sorbonne, Paris-Descartes, na França, em docência universitária. Atualmente, é professora titular de Didática, na UFBA. Atua na área da Didática, Docência no Ensino Superior, Formação de Professores e Ludicidade. É presidente da Associação Nacional de Didática e Práticas de Ensino (Andipe), vice-presidente da Rede Inter-regional Norte, Nordeste e Centro-Oeste para a Docência na Educação Básica e Superior (Rides) e vice-coordenadora do Programa de Pós-graduação em Educação (PPGEDU/UFBA). Coordena o Grupo de Estudos e pesquisas em Educação, didática e Ludicidade (Gepel), pelo PPGEDU/UFBA. *E-mail*: cristdavila@gmail.com

Dermeval Saviani

Doutor em Filosofia da Educação (PUC-SP) e livre-docente em História da Educação pela Universidade Estadual de Campinas (Unicamp), tendo feito "estágio sênior" na Itália. Orientou mais de uma centena de trabalhos (mestrado, doutorado e pós-doutorado). Foi membro do Conselho Estadual de Educação de São Paulo, coordenador do Comitê de Educação do Conselho Nacional de Desenvolvimento Científico e Tecnológico (CNPq), coordenador de pós-graduação na Universidade de São Carlos (UFSCar), PUC-SP e Unicamp. Recebeu várias homenagens, entre outras, Medalha do Mérito Educacional do Ministério da Educação (MEC), três Prêmios Jabuti e Doutor "Honoris Causa" pelas Universidades Tiradentes (Uninter), de Sergipe (UFS), da Paraíba (UEPB) e de Santa Maria (UFSM). Atualmente é professor emérito da Unicamp, pesquisador emérito do CNPq, coordenador-geral do *HISTEDBR* e professor titular colaborador permanente da Pós-Graduação em Educação da Unicamp.

Dinora Tereza Zucchetti

Possui graduação em Serviço Social pela Universidade de Caxias do Sul (UCS) e doutorado em Educação pela Universidade Federal do Rio Grande do Sul (UFRGS). É professora titular da Universidade Feevale, no Programa de Pós-Graduação em Diversidade Cultural e Inclusão Social, bolsista produtividade em Pesquisa (CNPq) e pesquisadora convidada do Instituto Politécnico de Leiria, em Portugal. Possui experiência na área de Educação, com ênfase em Políticas Públicas, Educação no Campo Social e Educação e Trabalho, atuando principalmente nos seguintes temas: educação não escolar, educação em tempo integral e formação de educadores. Líder do Grupo de Pesquisa Estudos, Pesquisas e Práticas em Educação Não Escolar (CNPq). Conselheira do Conselho Municipal de Educação de Novo Hamburgo (RS) e membro do Fórum Municipal de Educação dessa cidade.

Isabel Maria de Carvalho Baptista

Professora Associada da Faculdade de Educação e Psicologia da Universidade Católica Portuguesa (FEP-UCP). Doutora em Filosofia pela Faculdade de Letras da Universidade do Porto e mestre em Filosofia da Educação pela mesma universidade. Provedora de Ética (UCP-Porto) e presidente do Conselho de Ética da Sociedade Portuguesa de Ciências da Educação (SPCE). Diretora da revista *A Página da Educação* (www.apagina.pt), investigadora do Centro de Investigação em Desenvolvimento Humano/Fundação para a Ciência e Tecnologia (CEDH/FCT), tendo linha de investigação: Ética e Educação. Coordenadora dos cursos de Mestrado em Ciências da Educação (FEP-UCP). Principais áreas de investigação e publicação: Pedagogia Social e Ética Educacional. *E-mail*: ibaptista@porto.ucp.pt

Isaneide Domingues

Doutora em Educação pela Universidade de São Paulo, mestre em Educação pela Universidade de São Paulo e graduada em Letras pela Universidade Cidade de São Paulo. Atuou como docente na Educação Básica e ocupou cargo de Coordenação Pedagógica na rede pública de ensino. Atua como pesquisadora do Grupo de Estudo e Pesquisa sobre Formação do Educador (Gepefe) Feusp e na formação contínua de professores. Tem-se dedicado à pesquisa em que enfatiza temas como profissionalidade docente, formação contínua de educadores, coordenação pedagógica e formação de professores nos cursos de Pedagogia. Possui experiência na área de Educação, atua principalmente nas temáticas: Alfabetização, Coordenação Pedagógica, Profissionalidade Docente e Formação de Professores.

José Carlos Libâneo

Doutor em Filosofia e História da Educação pela Pontifícia Universidade Católica de São Paulo (PUC-SP), pós-doutor pela Universidade de Valladolid, na Espanha. Atualmente, é professor titular da Pontifícia Universidade Católica de Goiás (PUC-GO). É professor titular aposentado da Universidade Federal de Goiás. Atua na área de Educação, pesquisa e escreve sobre os seguintes temas: Teorias da Educação, Teoria Histórico-Cultural, Ensino para o Desenvolvimento Humano, Didática, Formação de Professores, Ensino e Aprendizagem, Políticas para a Escola, Organização e Gestão da Escola.

José Dujardis da Silva

Licenciado em Pedagogia, Matemática e Ciências (Habilitação em Biologia). Mestre em Educação pela Universidade São Francisco e doutor em Educação pela Universidade Estadual de Campinas (Unicamp). Professor da Federação Municipal de Educação de Bragança Paulista. Professor da Universidade São Francisco. Supervisor de Ensino do Sistema Público Estadual de São Paulo. Membro do Laboratório de Gestão Educacional (Lage), na Unicamp.

José Leonardo Rolim de Lima Severo

Pedagogo, doutor em Educação, professor adjunto da Universidade Federal da Paraíba (UFPB), atuando no Programa de Pós-Graduação em Educação. Líder do Grupo de Estudos e Pesquisas em Pedagogia, Trabalho Educativo e Sociedade (GEPPTES). Membro do GT 4 – Didática, da Associação Nacional de Pós-Graduação e Pesquisa em Educação (ANPEd).

E-mail: leonardorolimsevero@gmail.com

José Manuel Touriñán-López

Possui curso de Maestro de Enseñanza Primária. Licenciado e doutor em Pedagogia com prêmio extraordinário em ambos os casos. É professor catedrático da Universidade de Santiago de Compostela e avaliador de programas universitários, projetos de investigação e publicações científicas em órgãos oficiais e revistas acadêmicas. Escreveu mais de 250 estudos (na forma de artigos de revistas acadêmicas e capítulos de livros especializados), é autor de quarenta livros e de dez livros em coautoria. Recebeu prêmios nacionais e internacionais. Com 47 anos de docência no

Ensino Superior, atualmente ministra disciplinas de Teoria da Educação, Política da Educação e Função Pedagógica na Universidade de Santiago de Compostela. Desenvolve pesquisas no campo da Pedagogia Mesoaxiológica e Construção de Âmbitos da Educação. *Sites* pessoais: http://dondestalaeducacion.com/; https://www.youtube.com/channel/UCzbNAzwFApNMViix5_HDzow; http://www.researcherid.com/rid/L-1032-2014; http://orcid.org/0000-0002-7553-4483

Lenilda Rêgo Albuquerque de Faria

Doutora em Educação pela Faculdade de Educação da Universidade de São Paulo (FE/USP), na área de Didática, Teorias de Ensino e Práticas Escolares. É mestre em Educação, na área de concentração História e Filosofia da Educação pela Universidade Estadual de Campinas (Unicamp). Possui graduação em Pedagogia, com habilitação em Supervisão Escolar e Alfabetização pela Universidade Federal do Acre (UFAC). Atualmente, é professora associada da Universidade Federal do Acre, lotada no Centro de Educação, Letras e Artes (Cela/UFAC). Desenvolve pesquisas privilegiando temáticas relativas à Pedagogia, à Didática e à Formação de Professores, ancoradas na Teoria do Materialismo Histórico-Dialético, Pedagogia Histórico-Crítica e aproximações com a Teoria Histórico-Cultural. Participante do Grupo de Estudos e Pesquisa sobre Formação de Educadores da Faculdade de Educação da Universidade de São Paulo (Gepefe/FE-USP) e do Grupo de Estudos e Pesquisas em Trabalho Docente e Desenvolvimento Profissional (Cela/UFAC).

Maria Amélia Santoro Franco

Graduada em Pedagogia e pós-graduada especialista em Administração Escolar pela Pontifícia Universidade Católica de Campinas (PUC-CAMP). Especialista em Psicologia da Educação e mestre em Educação pela Pontifícia Universidade Católica de São Paulo (PUC-SP). Doutora em Educação pela Universidade de São Paulo (USP). Possui pós-doutorado em Pedagogia e Prática Docente pela Universidade de Paris VIII (UP-VIII) e pela Universidade Federal de Sergipe (UFS). Atua como professora titular e pesquisadora do Programa de Pós-Graduação em Educação da Universidade Católica de Santos (UCS), sendo coordenadora e vice-coordenadora. Líder do grupo de pesquisa Pedagogia Crítica: Práticas e Formação, da UCS, e vice-coordenadora da Cátedra Paulo Freire, na mesma instituição. Pesquisadora do CNPq, possui experiência na área de Pedagogia, com destaque para atividades de ensino e gestão escolar, tanto em instituições de Educação Básica quanto instituições de Educação Superior. Suas pesquisas estão inseridas nos seguintes temas: Epistemologia da Pesquisa em Educação, Pesquisa-Ação, Práticas Pedagógicas, Formação de Professores e Pedagogia Crítica.

Rosângela Aparecida Ferini Vargas Chede

Doutora em Educação pelo Departamento de Filosofia e História da Educação e mestre em Educação pela Universidade Estadual de Campinas (Unicamp), na área de Sistemas Educativos e Políticas. Habilitação para o Magistério dos Anos Iniciais, Licenciatura em Ciências Físicas e Biológicas e em Pedagogia. Profissional de Carreira do Magistério Público Estadual Paulista, tendo ocupado os cargos de professora, diretora de escola e, por fim, supervisora de ensino. Exerceu funções de professora-coordenadora, vice-diretora e formadora em diferentes projetos, tanto na esfera estadual quanto na municipal. Possui experiência na área educacional, com ênfase em Administração Educacional, principalmente nos seguintes temas: Políticas Públicas, Supervisão de Sistema, Políticas Públicas Educacionais, Didática e Metodologia do Ensino Superior e Gestão Educacional. Integrou o Conselho Estadual de Educação de São Paulo e foi consultora e assessora em ações formativas para gestores. Atualmente preside o Sindicato dos Supervisores de Ensino e Magistério Oficial no Estado de São Paulo (Apase).

Selma Garrido Pimenta

Pedagoga, doutora em Educação (Filosofia da Educação), professora titular sênior da Faculdade de Educação da Universidade de São Paulo (USP), em que coordena (em parceria) o Grupo de Estudos e Pesquisas sobre Formação do Educador (Gepefe). Professora associada no Programa de Pós-Graduação em Educação (*stricto sensu*) da Universidade Católica de Santos (UCS). Membro do GT 4 - Didática da ANPEd. Pesquisadora 1A CNPq. *E-mail*: sgpiment@usp.br

Umberto de Andrade Pinto

Pedagogo com especialização em Filosofia da Educação, pela Pontifícia Universidade Católica de São Paulo (PUC-SP). Possui mestrado em Educação Superior pela Pontifícia Universidade Católica de São Paulo (PUC-SP), doutorado em Educação pela Universidade de São Paulo (USP) e pós-doutoramento em Ciências da Educação pela Universidade Católica Portuguesa, do Porto. É professor associado da USP, no Departamento de Educação, em que leciona e desenvolve pesquisas no Curso de Pedagogia, no Curso de Pós-Graduação em Educação e no curso de Pós-Graduação em Educação e Saúde na Infância e na Adolescência. Integra dois grupos de pesquisas: Gepepinfor/Unifesp e Gepefe/Feusp. É autor de *Pedagogia Escolar: coordenação pedagógica e gestão educacional* (2011), e co-organizador de *Curso de Pedagogia: avanços e limites após as diretrizes curriculares nacionais* (2020) e *Cursos de Pedagogia: inovações na formação de professores polivalentes* (2019), todos publicados pela Cortez Editora. *E-mail*: uapinto@gmail.com

Valéria Cordeiro Fernandes Belletati

Possui graduação em Matemática pela Universidade de São Paulo (USP), graduação em Pedagogia pela Universidade Nove de Julho, mestrado em Educação e doutorado em Educação pela USP. Atualmente é integrante do grupo de pesquisa da Faculdade de Educação da USP (Gepefe) e professora da Faculdade de Ciências da Saúde. Possui experiência na área de Educação, com ênfase em Didática, Teorias de Ensino e Práticas Escolares, atuando principalmente nos seguintes temas: Formação Inicial de Professores, Formação Contínua, Pedagogia Universitária, Avaliação de Aprendizagem.

Este livro foi composto em Maecenas
para a Cortez Editora, na cidade de São Paulo e impresso
no ano do centenário de nascimento de Paulo Freire (1921-2021)

www.cortezeditora.com.br

CORTEZ EDITORA